未来社区

全过程咨询的浙江理念与实践

李雄坤　郭树锋　编著

ZHEJIANG UNIVERSITY PRESS
浙江大学出版社

2020 年，习近平总书记在浙江考察时强调："要把保护好西湖和西溪湿地作为杭州城市发展和治理的鲜明导向，统筹好生产、生活、生态三大空间布局，在建设人与自然和谐相处、共生共荣的宜居城市方面创造更多经验。"[①]

中国的城市发展已经站在新的历史起点上，然而不容回避的是，在实现城市高质量发展、推动共同富裕建设的进程中，许多城市面临着新的挑战，主要存在两大矛盾：一是经济发展缺乏后劲，二是政府负债过高。政府负债的主要原因是城市经济类、社会类、生态类基础设施建设带来的巨额债务。城市基础设施具有双重属性。首先，城市基础设施是公共产品，必须适度先行，政府必须带头干，甚至负债干。其次，城市基础设施会产生溢出效应，产生"级差地租"，带来城市增值，因此，政府必须做到基础设施溢价应收尽收，取之于民、用之于民。

当前，党中央赋予浙江高质量发展建设共同富裕示范区的光荣使命。未来社区是实现共同富裕现代化的基本单元，是城市实现"三生融合"的空间载体。立足后疫情时代、"双循环"新格局，在不增加政府负债的前提下，未来社区建设要系统性解决好"钱从哪里来和去、地从哪里来和去、人从哪里来和去、手续怎么办"四大难题，特别是破解三大类城市基础设施建设的大量资金投入问题，关键要准确把握城市基础设施的双重属性，坚持 TOD 模式、XOD 模式、城市基础设施社区化三大理念，做好"级差地租"的文章，确保城市基础设施建设少负债乃至不负债。

一是坚持 TOD 模式。交通设施是城市发展最重要的基础设施之一。所谓 TOD 模式（transit oriented development），就是指以公共交通为导向的城市空间开发模式。该模式是

---

① 统筹推进疫情防控和经济社会发展工作　奋力实现今年经济社会发展目标任务 . 人民日报，2020-04-02.

一种交通导向的"紧凑开发"模式，是基于土地利用的交通战略开发模式。2019 年 11 月浙江省人民政府办公厅发布的《关于高质量加快推进未来社区试点建设工作的意见》提出："按照公共交通导向开发（TOD）理念，有效进行疏密有致、功能复合开发。"2020 年 4 月上海市规划和自然资源局发布的《关于加强容积率管理全面推进土地资源高质量利用的实施细则（2020 年版）》提出："加强轨道交通导向的土地利用。倡导以公共交通为导向的城市空间发展模式，围绕轨道交通站点集聚城市功能，适度提高站点周边土地开发强度""鼓励开发规模向轨道交通站点及周边街坊转移""轨道交通站点 600 米范围内适用'特定强度区'政策"。这些政策的出台充分彰显了 TOD 模式的理念，也为未来社区规划建设提供了思路与借鉴，值得高度关注。

二是坚持 XOD 模式。所谓 XOD 模式，就是指以城市经济、社会、生态三大类基础设施为导向的城市空间开发模式，是 TOD 模式的拓展。根据城市基础设施的不同可具体划分为 EOD 模式（educational facilities oriented development，以学校等教育设施为导向）、COD 模式（cultural facilities oriented development，以博物馆、图书馆、文化馆、歌舞剧院等文化设施为导向）、HOD 模式（hospital oriented development，以医院等综合医疗设施为导向）、SOD 模式（stadium and gymnasium oriented development，以体育场馆等体育运动设施为导向）、POD 模式（park oriented development，以城市公园等生态设施为导向）等。要探索应用"XOD+PPP+EPC"复合型新模式，以城市基础设施和城市土地一体化开发利用为理念，提高城市土地资产的附加值和出让效益，创新融资方式，拓宽融资渠道，鼓励社会资本特别是民间资本积极进入城市基础设施建设领域，形成多元化、可持续的资金投入机制，提升公共服务的供给质量和效率，使基础设施作为整体最大限度地呈现其社会、经济、生态环境等综合效益。

三是坚持城市基础设施社区化。城市基础设施社区化是实现城市基础设施溢出效应最大化，进而实现城市基础设施建设少负债甚至不负债的不二法门。所谓"城市基础设施社区化"，就是指在传统城市社区范畴的基础上增加"未来社区""特色小镇""产业园区"等新空间、新载体、新功能的基本单元，引导政府、居民、物业公司 / 运营公司等多元社会主体参与基础设施规划、建设、实施、管理、经营、更新全过程，以全生命周期的资金平衡测算为评价指标，打造"15 分钟生活圈＋15 分钟通勤圈·就业圈·消费圈·社交圈·教育圈·医疗圈·运动圈·休闲圈·生态圈"的新型社区共同体。一方面，"城市基础设施社区化"不是城市社区基础设施的大拼盘，也不是基础设施集中建在某个特定社区，而是基于多规合一、产城融合、职住平衡、三生融合、线上线下相结合的理念，打造政府主导、市场调配、企业主体、商业化运作、规建管营一体化的城市基础设施建设新模式。另一方面，城市基础设施社区化要按照高质量发展、高品质生活、高水平治理的要求，打造"十圈十美"的新型城市功能单元和国土空间格局，建设有归属感、舒适感、未来感的未来社区、未来园区、未来街区、未来城区、未来城市，探索逐步实现高质量发展与共同富裕的系统解决方案。

如何提升未来社区建设全生命周期的集成创新与可持续发展能力，是新挑战，也是新机遇。自 2019 年未来社区建设启动以来，杭州城投建设有限公司致力于未来社区的理论研究、政策分析、技术应用、管理更新等层面的探索与实践，对于未来社区建设"投、管、建、运"一体化管理积累了丰富的实践经验，通过系统总结未来社区的全咨模式和实施要点，编著了《未来社区：全过程咨询的浙江理念与实践》一书。该书对于在未来社区建设中推广全过程咨询服务具有指导意义，对破解未来社区建设全周期的各类难题具有参考价值，谨向该书的出版致以热烈祝贺！

总之，城市让生活更加美好，城市基础设施让发展更可持续。在高质量发展建设共同富裕示范区的伟大历史进程中，未来社区代表着现代人居环境提升的创新方向，未来社区规划建设必将是一项长期而富有挑战性的工作，未来社区时代正朝我们阔步走来。

王国平

2022 年 3 月于杭州

  未来社区被视为浙江省全面建设"重要窗口"的标志性成果，是推进共同富裕的现代化的基本单元。我们致力于成为城市建设项目的建设者、人民美好生活的守护者、创新未来社区的先行者，始终站在未来社区全过程咨询行业的第一方阵。通过组织内部专家，携手高校、知名行业机构，深入研究未来社区的理论和政策体系，汲取在未来社区创建环节的有关经验，我们总结全过程咨询有关的专项要点并汇编成书。

  本书共分为四章，分别是未来社区的建设总论、全过程咨询模式对比及系统方案、全过程咨询专项要点及建设展望。我们坚持未来社区的创建工作应以满足人民对美好生活的向往为精神内核，立足于"人本化、生态化、数字化"三维价值坐标，不断深化"重大民生工程"的定位。在融合上述理念的基础上，本书为读者厘清了未来社区建设主体、实施主体及用地主体的工作界面，并按照"系统设计、去房地产化"要求，总结了"三化九场景"的实施路径。针对整合提升类、全拆重建类、拆改结合类、规划新建类等不同类别下单点未来社区的创建要点进行归纳和总结，并在此基础上，展望未来社区建设的发展。通过对上述不同类型的未来社区全过程咨询模式的深入分析，梳理出未来社区系统方案编制环节的核心要素，提炼出开发模式选择、土地"带方案"出让、动态资金平衡及全过程绩效管理等方面的专项要点。我们认为本书的内容具有较强的创新性和实操性，可以帮助读者理解未来社区，对落实未来社区建设工作也具有指导意义。

  由于编者的理论知识和实操经验有限，本书尚存待提升之处。敬请各位读者朋友提出宝贵的意见和建议，我们将不断完善书中的观点及内容，为在未来社区建设中推广全过程咨询服务贡献微薄之力。

  在此特别感谢公司董事长潘明浪先生对于本书编制工作的指导和支持。本书还邀请了公司内部专家及一线工作人员对书中部分章节进行编写，他们为本书的出版付出了辛勤的汗水，在此对他们的工作表达衷心的感谢。人员名单及编制章节如下：

王振阳、陈凯、陈子渊、毛兆众编写第二章第二节：未来社区全过程咨询的服务系统；

刘泗嘉、金若妮、黄乙然编写第三章第三节：土地"带方案"出让；

程芳、雷秋玲编写第三章第四节：合同体系设计与履约监管；

周梦芸、齐依蕾、张海婷编写第三章第七节：动态资金平衡与全过程预算绩效管理。

2021 年 12 月

目 录

第三章 未来社区全过程咨询专项要点

第四章 未来社区建设展望

第一章　未来社区建设总论

第一节　浙江未来社区建设理念

一、概念内涵

我国仅用了几十年的时间就走过了西方国家200多年的现代城市发展道路。改革开放以来，中国经济实现了跨越式的发展，城镇化建设交出了一份令世人瞩目的成绩单。2020年年底，我国城镇化率已超过60％，北上广深等一线城市的城镇化率甚至超过85％。随着我国城镇化率和服务业占GDP比重均超过50％，快速的城镇化在促进城市发展的同时也带来了一系列亟须解决的问题，传统的土地利用方式和经济增长方式已难以为继，城市发展也开始从增量扩张为主转向存量更新为主的新阶段。

同时，我国经济已从高速增长阶段转向高质量发展阶段，面临动力转换、方式转变和结构调整的新任务。随着我国的城镇化进程逐步迈向中后期，存量空间的改造调整和优化提升逐步成为城市发展增量的主要来源。在城市发展从增量模式逐渐转为存量模式的背景下，以对存量土地的再利用、再开发为目的，提升城市经济、物质、社会和环境效应的城市更新逐渐成为新型城镇化建设的重要推动力，城市更新在很大程度上影响着新型城镇化推进的效果。

为了实现城市升级转型以及满足人民对美好生活的向往，浙江省在国内率先提出未来社区这一概念，自2019年未来社区被写入浙江省政府工作报告以来，已发布了几十篇相关的省级文件，并进行了多批试点及创建项目的实践。

未来社区作为"美好家园"的浙江方案，其概念和内涵也在具体的实践中持续迭代和深化。从总体上看，未来社区以构建共同富裕示范区基本单元为核心目标，是对中国传统城市社区体系的解构与重组；是对现代化城市居民生活方式的系统性与整体性改造；是基于5—10—15分钟社区生活圈，以满足人民对美好生活的向往为宗旨，以"三化九场景"为指引，通过数字化社会高效组织未来生活场景，打造具有融入感、舒适感、未来感的新型城市功能单元。与城市现有社区相比，未来社区具有美好生活、美丽宜居、智慧互联、绿色低碳、创新创业、和睦共治等六大独特内涵（见图1-1）。

图1-1　未来社区独特内涵
资料来源：浙江省发展规划研究院。

在不断深化未来社区概念的同时，要深刻把握未来社区是绿色低碳智慧的"有机生命体"、宜居宜业宜游的"生活共同体"、资源高效配置的"社会综合体"，以及数字社会城市基本功能单元系统的内涵特征，坚持现代化属性、家园属性、民生属性以及普惠属性，科学有序推进未来社区创建。随着未来社区支持政策逐渐完善以及创建成果逐渐显现，在总体定位及基本要求不变的前提下，浙江省发展改革委和省建设厅《关于开展2021年度未来社区创建的通知》中首次提出未来社区的创建类型主要分为整合提升类、全拆重建类、拆改结合类、规划新建类和全域类。

整合提升类主要针对整体建筑质量与环境品质较好，但离"美好家园"要求还有差距的存量社区，对它们开展整合提升类创建。

全拆重建类主要针对2000年以前建成、普遍采用多孔板建材、存在较大安全隐患的住宅小区，开展全拆重建类创建，以建设具有浙江特色的高级改造形态为目标，系统性打造"三化九场景"体系，积极落实建设运营一体化，兼顾未来发展适度留白，实现"一次改到位"。

拆改结合类主要针对存在质量安全隐患的老旧小区与建筑环境品质较好的住宅小区混杂的社区，开展拆改结合类创建。

规划新建类主要依托省重大发展平台，优先在人口集聚潜力大、公共交通便捷、地上地下空间复合开发禀赋好的城市发展核心区中，开展规划新建类创建。

全域类主要在条件成熟的相对独立城市区域或主要平台范围，全域响应未来社区建设理念、标准和模式，开展全域类创建。

在上述五种未来社区创建类型中，全域类包含整合提升、全拆重建、拆改结合、规划新建等多类别创建项目群建设，并要系统制定未来社区创建中长期规划和实施计划，滚动实施、整体推进。

全域未来社区不但需要参照前四种类型做好单点上的创建工作，还需要统筹创建项目群的城市公共服务功能织补，突出共建共享，发挥协同效应，构建完善的九大场景功能空间"拓扑网络"和"城市大脑"系统。全域类未来社区作为深度融合数字经济、城市大脑、创新创业等特色优势的综合性社区，能够高质量推进未来社区建设，形成更具宜居性、未来感、可持续的未来社区特色范式，努力成为未来社区样本。市级全域类未来社区创建类型主要为老旧小区改造类、拆迁安置房提升类、标准物业运营商品房提升类、以轨道交通TOD为主的规划新建类、未来乡村类等五大类型，已列入省级未来社区的，按省级标准分类及考核验收。

二、未来社区的总体规划

浙江省对于未来社区的总体规划概念，可用"139"整体架构作为指南，其中："1"代指"以人民对美好生活的向往为中心"，是未来社区最核心的目标，也是未来社区的宗旨；"3"则代指未来社区以"人本化、生态化、数字化"三大价值指标体系作为指导，贯穿于整个未来社区建设运营理念中；"9"则代指未来邻里、未来教育、未来健康、未来创业、未来建筑、未来交通、未来低碳、未来服务和未来治理九大未来社区所配备的场景系统，是未来社区理念化的具象载体（见图1-2）。

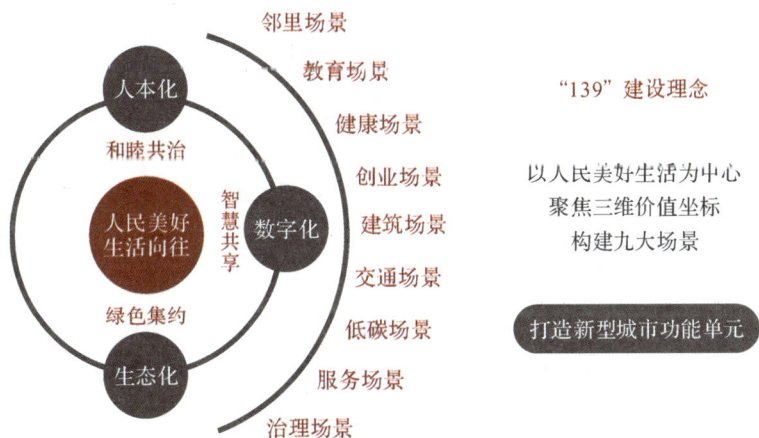

图1-2　未来社区"一中心三化九场景"
资料来源：浙江省发展规划研究院。

未来社区总体规划中建设理念的核心内容是"以人为本"，需要从生活、生产、生态三个维度出发，并基于居住、社交、服务三大层次的需求来构建未来社区九大配套场景内部逻辑系统。

首先，基于人的居住需求。未来社区基于对建筑、交通、低碳这三方面的场景营造，构建多元化、智能化、绿色化的社区，并营造具有未来感且绿色、低碳、智慧的有机生命体。

其次，基于人的社交需求。未来社区围绕着居住人群相互交流、交往的氛围构建未来邻里场景，同时依据居民的治理理念构建未来治理场景，旨在实现社区中的居民从"陌生人"到"熟人"再到"友人"的整体转变，主要打造出颇具"融入感"且资源高效配置的社会综合体。

最后，基于人的服务需求。未来社区聚焦于人类从出生到死亡全生命阶段的价值需求服务，从婴幼儿养育、青少年教育、中青年创育、老年人康育等服务角度出发，提供覆盖全年龄居住人群的未来教育、未来健康、未来创业和未来服务四个配套功能场景，并依据要求构建5—10—15分钟生活圈，打造具有"舒适感"，宜居、宜业、宜游的生活共同体（见图1-3）。

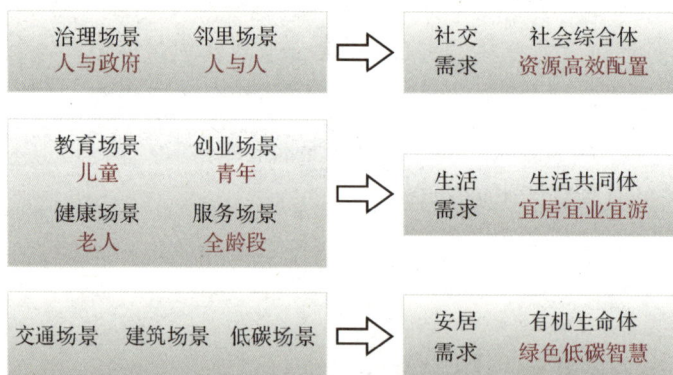

图1-3　未来社区共同体
资料来源：据浙江省发展规划研究院资料绘制。

三、未来社区的模式与体系

（一）发展模式特点

第一，未来社区以统筹旧改和新建为基础，按照不同类型的建筑分别打造专属政策来精准推动城市有机更新。综合考虑建筑年代、住宅质量、居民改造意愿、地域文化传承等多方因素，因地制宜推进精细化的城市有机更新。要杜绝对安全隐患较大的社区进行低水平的重复改造，确保"最多改一次"。对建筑质量和环境条件基础好的社区，结合国家现阶段颁布的老旧小区改造指导意见，鼓励实施整合提升或拆改结合，通过不计费容积率转移和智慧化改造等措施，提升未来社区的主要功能。

第二，未来社区聚焦多种不同类型的人群，保障社区公众参与的民生属性。未来社区试点创建申报中所要求的直接受益居民和各类人才总数是未来社区开展的先决条件；同时鼓励原拆原回，旨在提高原住民的居住幸福感；与此同时鼓励人才租售同权与落户优惠，积极引进创新人才。坚持"问需于民、问计于民、问效于民"，建立未来社区创建的公众参与机制，以居民的幸福感为最终衡量准则。

第三，未来社区坚持"房住不炒"，极力推动土地开发建设转型。政府通过"限制房价和地价、开发商竞争运营"的策略，实施地价和房价的双控，实行土地"带方案"公开出让，通过未来社区履约监管协议固化"三化九场景"的落地要求，使房地产行业从传统"一锤子买卖"的短期暴利向可持续运营的长期盈利转变，从"重建设"向"重运营"转型。

第四，未来社区注重数字化赋能，促进社区全方位长效运营。探索社区智能"规划+建设+运营"一体化，建立未来社区"平台+管家"模式。通过整合政府与开发商的资源，依托市场化运行机制，建立大运营逻辑，实现经营性业态与公益性业态的有机融合，使得基础物业零收费成为可能；同时通过线上数字化的精准服务为未来社区降本增效，创新居民获得服务的方式。

（二）政策体系保障

浙江省针对未来社区建立了政策保障机制，以省政府的试点申报工作方案和省政府办公厅的高质量加快推进试点建设工作意见为核心，省、市两级发布相关配套政策，以保障未来社区建设有序推进。

第一，空间政策。改造更新类项目，要在满足原有居民利益、符合建设标准的前提下，加大存量用地盘活利用力度，合理确定地块容积率、建筑限高等规划技术指标。同时优化指标计算规则，支持公共立体绿化合理计入绿地率，防灾安全通道、架空空间和公共开敞空间不计入容积率，空中花园阳台绿化部分不计入建筑面积和容积率。

第二，用地政策。支持在规划、建筑设计、建设运营方案确定后"带方案"进行土地公开出让。未来社区项目要高效复合土地，并结合存量盘活挂钩管理机制，按规定配比新增建设用地计划指标。改造更新类未来社区项目的土地出让收益，剔除上缴国家部分，其余全部用于支持未来社区项目建设；其中，按国家和省规定计提留存市县部分，按规定用途申请用于未来社区建设。

第三，财政金融政策。对未来社区成效突出、建成标杆性引领性示范性项目的县（市、区），省级财政将再予以奖励。鼓励金融机构信贷资源向未来社区项目倾斜，实施差异化授信管理、落实专项信贷额度、提供利率优惠等。

第二节　未来社区政策的发展与演变

一、未来社区建设工作方案的完善与落实

通过对比 2019—2021 年发布的有关未来社区建设工作方案的政策文件发现，经过对前两批未来社区创建申报工作的制定与修改，浙江省人民政府针对未来社区的建设工作方案和建设管理要求逐步趋于完善，且更注重于对工作方案中各细项条款要求的落实。

2019 年 3 月 18 日，浙江省人民政府首次发布《浙江省未来社区建设试点工作方案》即浙政发〔2019〕8 号政策文件，明确了未来社区建设试点的目标定位、任务要求、组织实施、措施保障，未来社区"139"系统框架正式形成，该政策文件奠定了未来社区发展的主基调，为未来社区的建设提供了方向。该文件从"聚焦人本化、生态化、数字化三维价值坐标，以和睦共治、绿色集约、智慧共享为内涵特征，突出高品质生活主轴，构建以未来邻里、教育、健康、创业、建筑、交通、低碳、服务和治理九大场景创新为重点的集成系统，打造有归属感、舒适感和未来感的新型城市功能单元，促进人的全面发展和社会进步"的指导思想出发，提出"以人为本、文化引领，政府引导、市场运作，迭代创新、体系推进，因地制宜、分类施策"四大未来社区建设的基本原则，并设立未来社区建设的工作目标——2019 年年初，先行择优启动若干省级试点；到 2019 年年底，培育建设省级试点 20 个左右，先行选择杭州等地建设未来社区规划展示馆，同步开通未来社区数字展示馆。到 2021 年年底，培育建设省级试点 100 个左右，建立未来社区建设运营的标准体系，形成可复制、可推广的经验做法，涌现一批未来社区典型范例。2022 年开始，全面复制推广，裂变效应显现，夯实未来城市发展基础，有力支撑大湾区、大花园、大通道、大都市区建设。

浙政发〔2019〕8 号政策文件中的主要任务为打造未来邻里、教育、健康、创业、建筑、交通、低碳、服务和治理九大场景，通过强调顶层设计理念、智能数字化应用、绿色节能技术等方面的创新，严格按照"去房产化"的要求，建设人民美好生活的新型城市功能单元。

文件首次提出未来社区项目类型主要分为两大类，分别是规划新建类和改造更新类，并依据不同建设类型初步提出未来社区建设要求与资金平衡要求。

文件还初步对未来社区建设实施的基本程序进行了设计，以未来社区项目所在县（市、区）政府为建设主体，明确实施主体，按照宽进严定的申报建设制培育方式，由县（市、

区）政府（建设主体）自愿申报，经所在设区市政府审核，由省发展改革委会同省级有关单位比选核定，报省政府同意后，确定未来社区项目名单。合理设置约束性和引导性指标，对如期完成规划建设目标、符合建设评价指标体系的试点，由建设主体向省发展改革委提交验收申请报告，第三方按照未来社区项目有关评价指标体系进行实地核查评估。经第三方评估达标的项目，由省未来社区建设工作专班组织验收，对通过验收的未来社区，经省政府同意后命名公布。

文件中还制定了四项举措来为未来社区的顺利建设提供基础保障，建立省、市、县三级联动的未来社区建设工作机制，研究协调解决重大事项。设立省未来社区建设发展专家机构，搭建浙江省未来社区规划建设数据库，为未来社区建设发展提供全过程咨询（以下简称全咨）和决策服务。优化城市要素资源配置，建立覆盖控制性详规调整、高效用地管理奖励、土地出让金减免、费用减免、"带方案"土地出让模式等政策体系，健全法规制度体系，保障未来社区项目的扩面顺利推进。加强未来社区规划建设信息开放共享，积极鼓励社会公众共谋、共建、共享未来社区，通过媒体宣传、现场观摩等方式，及时总结推广成功经验和典型做法，营造各地"比学赶超"的良好氛围。

在第一批浙江省未来社区建设试点申报工作结束后，政府在通过整合未来社区申报方案获得的经验的基础上，对《浙江省未来社区建设试点工作方案》中的要求展开逐项细化工作。2019 年 11 月 11 日，浙江省人民政府办公厅发布《关于高质量加快推进未来社区试点建设工作的意见》即浙政办发〔2019〕60 号政策文件，对未来社区试点建设工作方案进行分析，全方位、突破性指引未来社区试点建设，提出以群众为导向，注重科学规划引领，集约高效利用空间，加大资金保障力度等，为未来社区建设提供全方位的政策保障。

浙政办发〔2019〕60 号政策文件在延续浙政发〔2019〕8 号政策文件要求的基础上，对各项要求的落实进行确认，并依据具体建设工作内容设立相应的责任单位，确保未来社区的高质量快速建设。

浙政办发〔2019〕60 号政策文件继续突出以人民为中心的发展思想，确保群众搬得进、住得起、过得好，充分吸纳群众诉求，着力提升群众的获得感、幸福感、安全感。坚持浙政发〔2019〕8 号文件的建设目标，并结合浙江省居民居住现状以及实际需求，提出以改造更新类未来社区创建类型为主，注重分类推进、精准施策，聚焦人本化、生态化、数字化三维价值，突出科学规划引领，高质量创新项目规划设计方案，同时强调未来社区内部九大场景的集约高效利用。

浙政办发〔2019〕60 号政策文件首次针对未来社区建设资金来源渠道与资金保障力度作出了要求，未来社区建设应积极争取相关国家补助资金，省市各类专项资金补助等优

惠政策优先向项目倾斜。积极引入开发性、政策性金融机构资金，参与未来社区建设。并提出除国家和省另有规定外，改造更新类项目对应土地出让收益，剔除上缴国家部分，其余全部用于支持项目建设，保障资金总体平衡，切实提升财政资金使用绩效。

浙政办发〔2019〕60号政策文件还针对人才创业及服务创新提供大量政策支持与保障，大力促进社区服务智能化、社区管理信息化、未来社区数字化转型。不断深化改革，建立完善未来社区项目管理办法，切实落实项目化管理要求，大力发扬基层首创精神，积极先试先行，不折不扣抓好具体工作任务落实，确保未来社区项目高标准、高质量落地。

在相继发布了《浙江省未来社区建设试点工作方案》（浙政发〔2019〕8号）、《关于高质量加快推进未来社区试点建设工作的意见》（浙政办发〔2019〕60号），以及完成了两批浙江省未来社区建设试点申报工作后，2020年6月4日，浙江省发展和改革委员会印发《浙江省未来社区试点建设管理办法（试行）》（以下简称《管理办法》）的通知即浙发改基综〔2020〕195号政策文件。《管理办法》为指导未来社区有效建设设立和明确一系列规范要求，包括职责界定、明确创建流程、规范创建申报、规范申报方案编制、强化过程监管、明确相关要求、约定相关责任，有效指导、规范和保障未来社区项目建设，形成规范性准则。

浙发改基综〔2020〕195号政策文件首次明确建设主体与实施主体在未来社区建设过程中各自的工作要点，初步提出鼓励和支持第三方专业智库为未来社区建设提供创新研究的智力技术支持和第三方服务，且在未来社区建设过程中鼓励委托第三方提供全过程工程咨询服务，鼓励采用总承包方式进行工程建设。

浙发改基综〔2020〕195号政策文件延续了《关于高质量加快推进未来社区试点建设工作的意见》（浙政办发〔2019〕60号）中提出的"未来社区试点以20世纪70—90年代老旧小区改造更新为主要类型，兼顾重大高能级平台、交通节点新城开发等规划新建类型"的要求。

文件首次明确未来社区创建工作的流程，建立未来社区项目预申报制度，指出未来社区创建申报方案编制深度应参照方案设计深度，兼顾城市设计要求，给出6项具体细化编制条件，并要求在3个月之内完成申报方案的编制；实施方案应在申报方案基础上予以深化，并达到5项细化要求。具体条件和要求如表1-1所示。

表1-1　未来社区创建方案编制

申报方案编制条件	实施方案编制要求
申报改造更新类项目的，应明确回迁安置居民数、计划引进人才数两项综合指标及测算依据；申报规划新建类项目的，应明确计划引进人才数此项综合指标及测算依据	实施方案应以申报方案确定的内容为依据进行编制
对未来邻里、教育、健康、创业、建筑、交通、低碳、服务和治理九大场景开展初步策划，明确各场景的目标愿景、功能业态、设施配置标准、机制创新举措、组织方式等内容，并形成九大场景集成策划方案	实施方案中的建筑工程建设内容应达到初步设计深度，并明确涉及九大场景的技术方案、建筑面积指标和用地指标
申报方案中规划技术指标应符合地块详细规划要求或能够通过调整详细规划得到落实	提出建设期投资概算、资金筹措方案、成本回收方案，明确具体资金流向和实现路径；在基本物业"零收费"前提下，明晰运营期财务收支方案，分析预计收益，确保全周期资金平衡
提出建设期投资估算、资金筹措方案和成本回收方案，提出运营期财务收支方案。建设期和运营期均应实现资金平衡	为落实九大场景约束性指标要求，采取"场景联合体"供应商模式，实施方案应体现运营单位与场景联合体供应商的合作内容，提出"场景联合体"有关成员单位筛选要求和名录，明确九大场景系统运营方式
申报改造更新类项目的，应提出符合实际的、具有可操作性的征拆安置初步方案和保障措施	根据不同的用地主体，确定土地供应方案及建设工期安排
根据不同的用地主体，提出相应的土地供应方案并明确计划建设工期	

　　文件初步指明未来社区项目创建方案的评审内容，并落实实施方案通过评估后的进一步事项，包括土地供应、建设协议签订、按政策争取专项要素支持、加强与金融机构对接、依托数字化平台对项目建设实行动态管理等工作。

　　文件首次提出未来社区项目除名机制，未来社区项目应于名单公布后一年内全面开工建设，未能按期全面开工建设的，降格为培育对象，给予一年整改期，整改期内全面开工建设后重新列入项目建设名单，仍未全面开工建设的，从项目建设名单中予以取消或除名。未来社区建设活动中出现重大质量、安全、环保等责任事故的，直接从未来社区建设名单中予以取消或除名，并按有关法律法规予以处罚。

二、未来社区建设申报工作的机制创新

2019 年 3 月 20 日，浙江省发展和改革委员会发布《关于开展浙江省未来社区建设试点申报工作的通知》，即浙发改基综〔2019〕138 号政策文件，确认开展首批未来社区申报工作，明确未来社区申报细则标准（申报条件、申报要求），标志着未来社区建设工作正式启动。

2019 年 12 月 27 日，浙江省发展和改革委员会发布了《关于开展浙江省未来社区建设第二批试点申报工作的通知》，即浙发改基综函〔2019〕183 号政策文件，开展未来社区建设第二批未来社区申报工作，进一步明确未来社区建设概念性内容，内容包括申报条件、申报要求以及申报流程。

2021 年 3 月 25 日，浙江省发展和改革委员会、浙江省住房和城乡建设厅发布《关于开展 2021 年度未来社区创建的通知》，即浙发改基综函〔2021〕228 号政策文件，在总结集成前期未来社区项目经验基础上，决定开展 2021 年度未来社区创建工作。

2021 年 9 月 17 日，浙江省城乡风貌整治提升（未来社区建设）工作专班办公室发布《关于开展第四批城镇未来社区创建的通知》，为全面加快未来社区建设，打造共同富裕现代化基本单元，根据全省城乡风貌整治提升暨未来社区建设工作桐庐现场会要求，开展第四批未来社区创建工作。

（一）未来社区项目申报表填报

第一批未来社区申报工作明确了浙江省未来社区建设项目申报表中需填报的项目，包括项目名称、创建类型、申报项目基本情况、责任单位等，创建图件要求为项目位置图（A3图幅）、项目总平面图（A3 图幅）和鸟瞰效果图（A3 图幅）。

相比第一批未来社区申报工作申报表，第二批未来社区申报工作申报表中新增了拟定核心指标，包括直接受益居民数（人）和引进各类人才数（人），拟定规划条件中新增了规划单元面积（公顷）、实施单元面积（公顷）和总建筑面积（万平方米）。申报表中，创建图件要求内容不变。

在发布了三份未来社区建设工作方案及管理办法后，2021 年度未来社区创建申报相比于前两批的未来社区创建申报在内容与流程上都有了更进一步的细化，项目类型由原本的规划新建类和改造更新类拓展为整合提升类、全拆重建类、拆改结合类和规划新建类，申报表中需标明建设主体与实施主体的名称。创建图件则增加了项目现状图（A3 图幅）和场景空间集成图（A3 图幅）。

第四批未来社区创建申报工作在整合前期申报工作经验的基础上，对未来社区创建的申报又提出了一些新的要求，规范了未来社区创建方案的编制要求。第四批未来社区创建申报表中将创建类型分为旧改类和新建类，其中新建类包括拆除重建类和规划新建类，增加了参与主体的详细说明，包括建设主体和申报方案编制单位，规划条件中除了前三批申报表中的容积率和绿地率，还增加了建筑密度这一申报条件，同时对老旧小区房屋状况以及居民数据提出更为详细的要求，老旧小区房屋状况需填报拟拆除建筑总面积、拟拆除建筑结构类型和拟改造建筑总面积、拟改造建筑结构类型，居民数据中除了受益居民数这一固定指标外，还增加了拟建商品房、拟建人才房、拟建回迁安置房和拟改造住房等一系列更为细致的要求。说明浙江省逐步重视对存量建筑的改造与更新，更加注重老旧小区居民的美好生活愿景的落实。

（二）未来社区创建方案编制

第一批未来社区创建方案（浙发改基综〔2019〕138号）中仅提出未来社区实施方案参考大纲，包括基本情况、创建目标定位和创建指标、功能配置和建设内容、场景系统设计、空间布局与形态、数字信息系统建设、建设实施组织、项目运营组织、项目投资和资金平衡以及保障措施。基本情况包括未来社区项目的区域概况、社区概况以及项目概况。创建目标定位和创建指标包括项目所在社区（规划单元）发展总体思路与定位，实施项目的创建特色、示范重点，创建目标以及参照浙江省未来社区创建评价指标体系（试行），提出未来社区项目创建指标。功能配置和建设内容包括服务人群、功能配置、建设内容，需要分析社区人群需求并结合未来社区"一中心三化九场景"的设计需求来明确未来社区具体的建设需求与功能配置需求。场景系统设计中需详细开展实施单元中邻里、教育、健康、创业、建筑、交通、低碳、服务和治理等九大场景的系统设计，明确场景内涵、需求趋势、功能组织、设施规模及标准、机制创新、指标体系等内容。数字信息系统建设包括数字化规划建设与智慧化运营管理，既要保证数字化设施的落地性，又要保证依托智慧化平台全面融合九大场景需求提出运营服务与功能应用的具体方案。建设实施组织需明确未来社区创建模式，提出未来社区项目的实施主体和项目实施进度安排。项目运营组织需明确未来社区项目全生命周期运营模式，包括运营主体、运营成本收益预期、运营财务平衡方案等，并依据建设和运营方案提出未来社区项目的投资估算、资金筹措方案，以及建设期财务方案，并分析项目落地后预计效益。

与第一批未来社区建设实施方案相比，第二批未来社区建设申报方案参考（浙发改基综函〔2019〕183号）中除减少了数字信息系统建设内容外，其余内容与要求均延续了第一批未来社区建设实施方案参考大纲的内容。

结合第一批未来社区建设实施方案和第二批未来社区建设申报方案的编制经验，第三批未来社区创建方案（浙发改基综函〔2021〕228 号）中提出了全新的浙江省未来社区创建方案的编制要求，初步对未来社区创建方案编制进行了整合与规范。创建方案包括基本情况、创建目标、空间总体设计、场景系统策划、数字化方案、资金方案、创建计划以及相关图件。相比于前两批方案内容，第三批创建方案针对各未来社区建设提出了社区的创建思路、目标定位和特色主题，目的是聚焦未来社区地方特色、避免创建方案千篇一律。结合前两批方案中的场景系统设计要求，第三批未来社区创建方案对九大场景设施的布局情况提出了更为细化的要求，对照空间设计方案，分地块明确各项内容与规模，汇总形成项目场景系统方案（包括场景空间集成图、配套空间配置表），配套空间配置如表 1-2 所示。

表1-2　未来社区九大场景空间配置

场景	项目	占地面积 / 平方米			……	类型
		1 号地块	2 号地块	3 号地块		
未来邻里	社区礼堂	1120		732		公益性
	共享厨房	258				惠民性
	手工艺术室		325			经营性
	……					
未来教育	养育教育机构			971		经营性
	幸福学堂	960	203	1239		公益性
	社区共享书房	385		594		公益性
	……					
未来健康	社区卫生服务站			595		公益性
	居家养老	320	406			公益性
	……					

与前期未来社区创建方案参考大纲相比，第四批未来社区创建方案中延续了第三批未来社区创建方案的编制要求，进一步对创建方案的编制提出了细化要求，并提出了增加文

化专篇的要求，旨在深化未来社区文化底蕴与地方文化特色的传承与发展。

（三）未来社区创建评价指标体系更新

根据未来社区九大场景，未来社区创建评价指标体系共设置 33 项指标，前三批所有创建类型的未来社区创建均需满足 33 项评价指标，但第四批未来社区根据项目的具体情况可对场景进行调整，旧改类按照"标配 + 选配"的要求，原则上要达到邻里、服务、治理、教育和健康 5 个"标配"场景要求，鼓励开展创业、建筑、交通、低碳 4 个"选配"场景的打造；新建类原则上则要达到九大场景和 33 项指标的要求。

从浙江省发改委于 2019 年 3 月出台的《关于开展浙江省未来社区建设试点申报工作的通知》（浙发改基综〔2019〕138 号），到浙江省发改委和建设厅于 2021 年 3 月联合印发的《关于开展 2021 年度未来社区创建的通知》（浙发改基综函〔2021〕228 号），已颁布的一系列文件多次强调未来社区创建指标要坚持以人民美好生活为中心，融合"人本化、生态化、数字化"三化价值，合理设置九大场景指标体系，兼顾指标的原则性和灵活性，不断更新九大场景 33 项评价指标的要求，确保未来社区的居民在日常生活中切实感受到获得感和幸福感。

未来社区创建评价指标体系的具体内容如表 1–3 所示。

表1-3 未来社区创建评价指标体系的演变

序号	一级指标	二级指标	指标性质	《关于开展浙江省未来社区建设试点申报工作的通知》(2019-03-20)	《关于开展浙江省未来社区建设第二批试点申报工作的通知》(2019-12-17)	《省发展改革委省建设厅关于开展2021年度未来社区创建的通知》(2021-03-25)	《省风貌办关于开展第四批城镇未来社区创建的通知》(2021-09-17)
					修改内容（与上一份文件相比）		
1	未来邻里指标	邻里特色文化	约束性	打造社区特色文化公园；明确社区特色文化主题；丰富社区文化设施，配置不小于600平方米的社区礼堂；构建社区文化标志	打造社区特色文化公园；明确社区特色文化主题，配置不小于600平方米的社区礼堂；构建社区文化标志		打造社区特色文化户外场所；明确社区特色文化主题，丰富社区文化，构建社区文化标志；配套社区文化空间，其中新建类配置不小于600平方米的社区礼堂
			引导性	改造更新类注重历史记忆的活态保留传承；传承优秀传统文化价值，引入社区新文化等		整合提升类、全拆重建类、拆改结合类注重历史记忆的活态保留传承；发掘、传承优秀传统文化价值，引入社区新文化等	旧改类注重历史记忆的活态保留传承；新建类发掘、传承优秀传统文化价值，引入社区新文化等；落地社区数字化文化场景
2		邻里开放共享	约束性	优化设置"平台＋管家"管理单元；社区封闭式管理单元空间不大于80米×80米		优化设置"平台＋管家"管理单元；打造宜人尺度的邻里共享空间	优化社区"平台＋管家"管理单元，统筹公共设施配套，打造宜人尺度的邻里共享空间
			引导性	提升"5分钟生活圈"服务配套；建立多元形式邻里服务交往空间，鼓励多主体参与建设共享生活体系			

续表

序号	一级指标	二级指标	指标性质	《关于开展浙江省未来社区建设试点申报工作的通知》（2019-03-20）	《关于开展浙江省未来社区建设第二批试点申报工作的通知》（2019-12-17）	《省发展改革委省建设厅关于开展2021年度未来社区创建的通知》（2021-03-25）	《省风貌办关于开展未来城镇未来社区创建第四批的通知》（2021-09-17）
					修改内容（与上一份文件相比）		
3	未来邻里指标	邻里互助生活	约束性	构建贡献、声望等积分体系，明确以积分换取服务、参与社区治理等机制；制定社区邻里公约			
			引导性	引导建立邻里社群社团组织；鼓励居民积极参与邻里活动；促进居民互助资源共享等			
4	未来教育指标	托育全覆盖	约束性	配置3岁以下养育托管点，设施完备，安防监控设备全覆盖；专业托育人员持证上岗		按社区人口规模配置3岁以下养育托管点，设备完备，设施全覆盖；安防监控设备全覆盖；托育人员持证上岗	按社区人口结构和规模，灵活配置3岁以下婴幼儿照护服务驿站，要求和社区照护设施完备，安防监控设备全覆盖
			引导性	通过公建民营、幼托一体等方式，引入公益性、高端性等多层次托育机构，探索家庭共享模式，探索新模式育等		通过公建民营、幼托一体等方式，引入公益性、高端性等多层次托育机构，探索对家庭共享模式社会托育机构给予租金减免等政策支持	通过公建民营、单位办托、幼托一体等方式举办普惠托育机构，推动普惠托育服务全覆盖，探索家庭等托育共享社区共享模式；搭建社区育儿一件事掌上服务平台

续表

序号	一级指标	二级指标	指标性质	《关于开展浙江省未来社区建设试点申报工作的通知》（2019-03-20）	修改内容（与上一份文件相比）			《省风貌办关于开展第四批城镇未来社区创建的通知》（2021-09-17）
					《关于开展浙江省未来社区建设第二批试点申报工作的通知》（2019-12-17）	《省发展改革委省建设厅关于开展2021年度未来社区创建的通知》（2021-03-25）		
5	未来教育指标	幼小扩容提升	约束性	做好与社区外义务教育资源衔接；扩大优质幼小资源覆盖面				做好与社区外义务教育资源衔接
			引导性	推行小班化教学；打通社区与中小学近远程交互学习渠道				扩大优质幼小资源覆盖面；打通社区与中小学近远程非学科类交互学习渠道
6		幸福学堂全龄覆盖	约束性	配置功能复合型社区幸福学堂，满足多龄段课程需求；建立分时段活跃度，提升参与度的运营机制		配置不小于1000平方米的功能复合型社区幸福学堂，满足多龄段需求，建立分时段课程制度，提升活跃度、参与度的运营机制		根据运营需求，合理配置功能复合型社区幸福学堂，满足多龄段需求，建立分时段课程制度；提升活跃度、参与度的运营机制；社区学校协同制定街镇运营制度；社区学校协同制定并公布"社区幸福学习清单"
			引导性	社区与兴趣培训机构建立合作；依托智慧服务平台建立项目制跨龄互动机制，组织艺术创作、公益帮扶等活动				社区与非学科类培训机构建立合作；依托社区智慧服务平台建立项目制跨龄互动机制，组织艺术创作、公益帮扶等活动

续表

序号	一级指标	二级指标	指标性质	《关于开展浙江省未来社区建设试点申报工作的通知》（2019-03-20）	《关于开展浙江省未来社区建设第二批试点工作的通知》（2019-12-17）	修改内容（与上一份文件相比）	《省发展改革委省建设厅关于开展2021年度未来社区创建的通知》（2021-03-25）	《省风貌办关于开展未来城镇镇未来社区创建第四批城镇未来社区创建的通知》（2021-09-17）
7	未来教育指标	知识在身边	约束性	打造数字化学习平台，设置专业技能等各类社区达人资源库；构建积分、授课学习机制	打造数字化学习平台，设置各类技能等各类社区达人资源库；构建学习积分、授课学习机制；配建不小于200平方米的社区共享书房	打造数字化学习平台，设置专业技能等各类社区达人资源库；构建学习积分、授课学习机制；配建不小于200平方米的社区共享书房	打造数字化学习平台，设置各类技能等各类社区达人资源库；构建学习积分、授课学习机制；配建不小于200平方米的社区共享书房；制定城市公共文化资源下沉政策	打造数字化学习平台，设置专业技能等各类社区达人资源库；构建学习积分、授课学习机制；配建社区共享书房；制定城市公共文化资源下沉政策
			引导性	引进书屋、共享图书馆等，依托社区周边博物馆、美术馆等场馆资源，拓宽社区学习地图	引进大型连锁书店，合建城市图书馆资源，依托社区周边博物馆、美术馆等场馆资源，拓宽社区学习地图			
8	未来健康指标	活力运动健身	约束性	15分钟步行圈内配置健身场馆、球类场地等场所设施；5分钟步行圈配置室内、室外健身点				
			引导性	慢跑绿道成网成环，配置智能健身绿道、全息互动系统等智能设施；建立运动社群组织、运动积分机制				

续表

序号	一级指标	二级指标	指标性质	《关于开展浙江省未来社区建设试点申报工作的通知》（2019-03-20）	《关于开展浙江省未来社区建设第二批试点申报工作的通知》（2019-12-17）	修改内容（与上一份文件相比）	《省发展改革委省建设厅关于开展2021年度未来社区创建的通知》（2021-03-25）	《省风貌办关于开展第四批城镇未来社区创建的通知》（2021-09-17）
9	未来健康指标	智慧健康管理	约束性	15分钟步行圈内打造社区卫生服务站"升级版"；建立电子居民健康档案，完善家庭医生服务		15分钟步行圈内配置社区卫生服务中心"升级版"、5分钟步行圈内打造社区卫生服务站"升级版"；建立居民电子健康档案，完善家庭医生服务		15分钟步行圈内配置智慧化社区卫生服务站（智慧健康站），或智慧化社区卫生服务中心；建立居民电子健康档案、完善家庭签约服务
			引导性	推广社区健康管理020模式，个人或家庭健康终端与区域数据互联智慧平台数据互联；制定个性化健康膳食服务				推广社区健康管理020模式，个人或智慧家庭终端与区域健康平台数据互联；提供智慧健康膳食等个性化健康管理指导服务
10		优质医疗服务	约束性	社区卫生服务中心与合管三级医院联合合管医联体，提供远程诊疗、双向转诊等服务；引入中医保健服务				辖区的社区卫生服务中心与三级医院合作合管，建立医联体，提供远程诊疗、双向转诊等服务，社区卫生服务中心能提供康复、护理等服务，提供中医药结合服务

续表

序号	一级指标	二级指标	指标性质	《关于开展浙江省未来社区建设试点申报工作的通知》（2019-03-20）	《关于开展浙江省未来社区建设第一批试点申报工作的通知》（2019-12-17）	修改内容（与上一份文件相比）	《省发展改革委省建设厅关于开展2021年度未来社区创建的通知》（2021-03-25）	《省风貌办关于开展第四批城镇未来社区创建的通知》（2021-09-17）
10	未来健康指标	优质医疗服务	引导性	鼓励发展社会办全科诊所、智能医务室、Medical mall（医疗商场）等；应用人工智能（AI）等先进技术				鼓励发展社会办全科诊所、智能医务室、Medical mall（医疗商场）等
11	未来健康指标	社区养老助残	约束性	配建适老化住宅；15分钟步行圈内配置街道级、社区级居家养老服务设施；对社会养老机构给予租金减免等政策支持		充分考虑回迁居民意愿，按需配建适老化住宅；15分钟步行圈内配置街道级、社区级居家养老服务设施；对社会养老机构给予租金减免等政策支持		充分考虑回迁老年居民意愿，按需配建适老化住宅；15分钟步行圈内集成居家养老服务设施；公共服务设施实现无障碍；对社会养老机构给予租金减免和税费优惠等政策支持
			引导性	养老机构对标五星级；配置护理型床位；推广适老化智能终端应用；培育乐龄老人自组织；跨育乐龄代合租、时间银行等新模式落地				改造提升嵌入式未来社区，应建有嵌入式养老机构，配置护理型床位；推广失智症照护专区应用；培育适老化智能终端应用；培育乐龄老人自组织；跨育乐龄代合租、时间银行等新模式落地

续表

序号	一级指标	二级指标	指标性质	《关于开展浙江省未来社区建设试点申报工作的通知》（2019-03-20）	《关于开展浙江省未来社区建设第二批试点申报工作的通知》（2019-12-17）	《省发展改革委省建设厅关于开展2021年度未来社区创建的通知》（2021-03-25）	《省风貌办关于开展第四批城镇未来社区创建的通知》（2021-09-17）
					修改内容（与上一份文件相比）		
12	未来创业指标	创新创业空间	约束性	配建300平方米以上社区双创空间，提供弹性共享、复合优质的生活服务空间等功能空间			根据实际需求，配建弹性共享、复合优质、特色多元的社区众创空间
			引导性	因地制宜建设社区双创空间，根据社区布局、业态等条件灵活设计产品，打造高性价比办公场所			
13	未来创业指标	创业孵化服务及平台	约束性	依托智慧平台搭建创业者服务中心功能模块，提供全方位创业指导、咨询服务等；完善创业服务机制			
			引导性	搭建社区众筹融资服务平台；建立社区创客学院；促进社区资源、技能、知识等全面共享			提供孵化的金融服务；建设社区创客学院，促进社区资源、技能、知识等全面共享

续表

序号	一级指标	二级指标	指标性质	《关于开展浙江省未来社区建设试点工作的通知》（2019-03-20）	《关于开展浙江省未来社区建设第二批试点申报工作的通知》（2019-12-17）	《省发展改革委建设厅关于开展2021年度未来社区创建的通知》（2021-03-25）	《省风貌办关于开展未来社区第四批城镇未来社区创建的通知》（2021-09-17）
						修改内容（与上一份文件相比）	
14	未来创业场景指标	人才落户机制	约束性	建立住房租售"定对象、限价格"的特色人才落户机制；配建新建人才公寓；规划新建类出售均价不高于周边均价		可售住宅销售价格不高于周边"定住房租售"的特色人才落户机制；按需配建人才公寓；制定人才公寓租售同权支持政策	新建类可售住宅销售价格不高于周边均价；建立限价、限售对象、落户机制；建立"定价格"的特色人才住房供给机制
			引导性	建立创新人才落户绿色通道；引进年轻高层次人才；打造各类特色人才社区			按需配建人才公寓；制定人才公寓租售支持政策；建立创新人才落户绿色通道，引进年轻层次人才落户；打造各类特色人才社区
15	未来建筑场景	CIM数字化建设平台	约束性	建立统一的社区数字化信息平台，实现社区规划设计、建设施工、运营管理全周期智慧管理		二级指标更名为CIM数字化建设应用平台，应用统一的社区信息模型（CIM）平台，建立数字社区基底	新建类应用社区信息模型（CIM）平台，建立数字社区基底
			引导性	CIM平台功能向城区拓展，运用到城区的联片开发建设			

续表

序号	一级指标	二级指标	指标性质	《关于开展浙江省未来社区建设试点申报工作的通知》(2019-03-20)	《关于开展浙江省未来社区建设第二批试点申报工作的通知》(2019-12-17)	《省发展改革委省建设厅关于开展2021年度未来社区创建的通知》(2021-03-25)	《省风貌办关于开展第四批城镇未来社区创建的通知》(2021-09-17)	修改内容（与上一份文件相比）
16	未来建筑场景	空间集约开发	约束性	TOD导向开发强度梯级分布、"疏密有致"空间布局，功能复合，地下空间综合利用、地下管廊建设，局部实现规划布局，基本实现资金平衡		落实TOD导向，形成"高低错落、疏密有致"空间布局，实现开发强度梯级分布、空间功能复合利用，地下与地上地下管廊相衔接；全拆重建类基本实现资金平衡	新建类落实TOD导向；实现土地混合利用，空间功能复合利用，地上地下综合开发；新建类基本实现资金平衡	
			引导性	公共服务设施与交通站点无缝衔接；充分开发地下空间开展建设		公共服务设施与交通站点无缝衔接；充分开发地下空间综合管廊建设	公共服务设施与交通站点无缝衔接	
17	未来建筑场景	建筑特色风貌	约束性	采用地面、平台与屋顶、垂直绿化相结合的方式，打造立体多层次复合绿化系统	采用地面、平台与屋顶相结合的方式，打造立体多层次复合绿化系统；按均好性要求配置空中花园	注重延续历史文化记忆，加强历史文化遗存保护，建筑风貌体现地域文化特色；采用地面、平台与屋顶相结合的方式，创新配置空中花园，打造立体多层次复合绿化系统		
			引导性	基于地方风貌基底与城市肌理，建立完整风貌控制体系，打造社区文化标志建筑物（含构筑物）			基于地方风貌基底与城市肌理，建立完整社区风貌控制体系；打造社区文化标志建筑物（含构筑物）；合理配置花园阳台	

续表

序号	一级指标	二级指标	指标性质	《关于开展浙江省未来社区建设试点申报工作的通知》（2019-03-20）	《关于开展浙江省未来社区建设第二批试点申报工作的通知》（2019-12-17）	修改内容（与上一份文件相比）	《省发展改革委省建设厅关于开展2021年度未来社区创建的通知》（2021-03-25）	《省风貌办关于开展未来社区第四批城镇未来社区创建的通知》（2021-09-17）
18	未来建筑场景	装配式建筑装修一体化	约束性	应用装配式建筑、绿色建筑、装修一体化、提供模块化户型组合和菜单式个性装修定制服务	应用装配式建筑（含内装），装配率达到地方先进水平；应用绿色建筑；采用建筑装修一体化和标准化设计，提供模块化户型组合和菜单式个性装修定制服务	二级指标更名各绿色建筑与建筑工业化 新建建筑不低于当地绿色建筑星级规划的星级建设要求；新建建筑应用绿色建筑专项规划的星级建设要求；新建筑采用标准化设计、工厂化生产、装配化施工、一体化装修，信息化管理，并符合《浙江省装配式建筑评价标准》要求		
			引导性	对标国家《绿色建筑评价标准》、美国LEED绿色建筑认证等指示水平，提高绿色建筑建设标准	对标绿色建筑全覆盖要求，保障房对标绿色建筑一星级及以上要求，其他住宅与公共建筑对标二星级及以上要求；单体建筑绿色建材应用比例取不低于30%	单体新建建筑绿色建材应用比例高于70%；新建建筑应用新材料、新技术、新工艺，鼓励建筑对标健康建筑标准		

续表

序号	一级指标	二级指标	指标性质	《关于开展浙江省未来社区建设试点申报工作的通知》(2019-03-20)	《关于开展浙江省未来社区建设第二批试点申报工作的通知》(2019-12-17)	《省发展改革委省建设厅关于开展2021年度未来社区创建的通知》(2021-03-25)	《省风貌办关于开展第四批城镇未来社区创建的通知》(2021-09-17)	修改内容（与上一份文件相比）
19	未来建筑场景	建筑公共空间与面积	约束性	建设综合型社区邻里中心；分散配置新街坊和全拆重建类通过建筑底层架空开放等形式，创造开放共享空间		建设综合型社区邻里中心，保留新建建筑底层架空，各类户外场所复合利用等方式，合理配置社区共享空间	灵活采取集中式或分布式布局，建设综合型社区邻里中心；利用新建建筑功能改造，各类户外场所复合利用等方式，合理配置社区共享空间	二级指标更名为公共空间与建筑；利用新建建筑底层架空，各类户外场所复合利用等方式，合理配置社区共享空间
			引导性	采用套内建筑面积计算方法；推广可变房屋空间模式			推广建筑弹性可变房屋空间模式	
20	未来交通场景	交通出行	约束性	家门口步行10分钟到达公交站点，规划新建和全拆重建类做到"小街区、密路网"，路口间距不超过300米		家门口步行10分钟内到达公交站点；做到"小街区、密路网"，路口间距不超过300米	步行10分钟内到达公交站点；做到"小街区、密路网"，打通社区内外道路，提高出行便捷性	家门口步行10分钟内到达公交站点；做到"小街区、密路网"，打通社区内外道路，提高出行便捷性
			引导性	社区路网全支路可达；社区对外公交站点慢行交通接驳设施全覆盖；建立交通信息发布系统和平台，提供定制公交等个性化出行服务				

续表

序号	一级指标	二级指标	指标性质	《关于开展浙江省未来社区建设试点工作的通知》（2019-03-20）	修改内容（与上一份文件相比）		
					《关于开展浙江省未来社区建设第二批试点申报工作的通知》（2019-12-17）	《省发展改革委省建设厅关于开展2021年度未来社区创建的通知》（2021-03-25）	《省风貌办关于开展第四批城镇未来社区创建的通知》（2021-09-17）
21	未来交通场景	智能共享停车	约束性	建立智能停车系统，提供车位管理、停车引导等功能；通过共享停车提高停车位利用率，实现5分钟取车			公共设施内建立智能停车系统，提供车位管理、停车引导等功能；利用社区周边公建配套、社区错时停车、共享商车提高停车利用率
			引导性	应用自动导引设备（AGV）智能停车技术等			应用自动导引设备（AGV）、自主代客泊车系统（AVP）等智能停车技术
22		供能保障与接口预留	约束性	车位预留充电设施安装条件		新建车位预留充电设施安装条件	新建车位预留电配电设备安装条件
			引导性	插无式改修鼓励开展停车位充电设施改造等；预留车路协同建设条件，如无人驾驶、智能交通运行等		鼓励开展停车位充电设施改造，预留无人驾驶、智能交通运行等协同建设条件	
23		社区慢行交通	约束性	社区内部封闭式管理空间内实现人车分流		建立安全、完整以及对所有人开放的步行环境	
			引导性	提高社区慢行交通网络密度，达到14公里/平方公里以上；配置社区风雨连廊等		建立安全、道网络；提高社区慢行交通网络密度；配置社区风雨连廊等	

续表

序号	一级指标	二级指标	指标性质	《关于开展浙江省未来社区建设试点工作的通知》（2019-03-20）	《关于开展浙江省未来社区建设第二批试点申报工作的通知》（2019-12-17）	《省发展改革委省建设厅关于开展2021年度未来社区创建的通知》（2021-03-25）	修改内容（与上一份文件相比）	《省风貌办关于开展第四批城镇未来社区创建的通知》（2021-09-17）
24	未来交通场景	物流配送服务	约束性	设立智能快递柜、物流服务集成平台等智能物流设施；实现30分钟包裹由社区配送到户；配置物流收寄分拣和休憩空间				设立智能快递柜、物流服务集成平台等智能物流服务设施；配置物流收寄分拣和休憩空间
			引导性	采用智能配送模式，如末端配送机器人等				
25	未来低碳场景	多元能源协同供应	约束性	建设"光伏建筑一体化+储能"的供电系统；全拆重建实现新建类实现集中供热（暖）供冷		建设"光伏建筑一体化+储能"的供电系统；提高可再生能源利用比重；全拆重建；新建类新规划建筑要求实现集中供热（暖）供冷	建设"光伏建筑一体化+储能"的供电系统；提高可再生能源利用比重；新规划新建类建筑超低能耗建筑要求实现集中供热（暖）供冷	应用光伏发电等多种新能源技术，提高可再生能源利用比重
			引导性	保留建筑进行集中供热（暖）供冷改造；采用"热泵+蓄冷储热"技术；提高可再生能源利用比重；预留氢能和燃料电池技术应用接口；构建近零碳能源利用体系		新建类进行互利共赢能源供给模式改革，引入综合能源投资服务商；采用集中供热（暖）+蓄冷储热技术；预留氢能和燃料电池技术应用接口；构建近零碳能源利用体系	实现集中供热（暖）+蓄冷储热技术；采用"热泵+蓄冷储热"技术；采用区域集中供热（暖）+蓄冷储能；采用热泵和燃料电池近零碳能源利用体系	新建类进行互利共赢能源供给模式改革，引入综合能源投资服务商；公共建筑采用区域集中供热（暖）+蓄冷储热技术；预留氢能和燃料电池技术应用接口；构建近零碳能源利用体系

续表

序号	一级指标	二级指标	指标性质	《关于开展浙江未来社区建设试点申报工作的通知》（2019-03-20）	《关于开展浙江省未来社区建设第二批试点申报工作的通知》（2019-12-17）	《省发展改革委省建设厅关于开展2021年度未来社区创建的通知》（2021-03-25）	《省风貌办关于开展第四批城镇未来社区创建的通知》（2021-09-17）
					修改内容（与上一份文件相比）		
26	未来低碳指标	社区综合节能	约束性	进行互联网共赢能源供给模式改革，全拆重建和规划新建类引入综合能源资源商的管理；搭建集成智慧服务平台；提高社区综合节能率	新建建筑采用超低能耗建筑技术，提高社区综合节能率；依托社区智慧服务平台，搭建智慧集成的能源管理及服务平台		新建建筑采用被动式低能耗建筑技术，提高社区综合节能率；依托社区智慧服务平台，搭建智慧集成的能源管理及服务平台
			引导性	创新能源互联网、微电网技术利用；布局智慧互动能源网；推广应用近零能耗建筑			
27		资源循环利用	约束性	生活垃圾源头减量；生活垃圾分类全覆盖；绿化等公共用水采用非传统水源；采用节水型洁具			
			引导性	促进垃圾分类和资源回收体系"两网融合"；提高垃圾资源化利用率；提高垃圾资源化利用；促进分质供水；提高雨水和中水资源化利用			促进垃圾分类和资源回收体系"两网融合"；提高垃圾资源化利用率；鼓励开展海绵城市建设；促进分质供水，提高雨水和中水资源化利用

续表

序号	一级指标	二级指标	指标性质	《关于开展浙江省未来社区建设试点申报工作的通知》（2019-03-20）	《关于开展浙江省未来社区建设第二批试点申报工作的通知》（2019-12-17）	《省发展改革委省建设厅关于开展2021年度未来社区创建的通知》（2021-03-25）	《省风貌办关于开展第四批城镇未来社区创建的通知》（2021-09-17）	修改内容（与上一份文件相比）
28	未来服务指标	物业可持续运营	约束性	依托智慧平台构建"平台+管家"物业服务模式；合理配置物业经营用房占比，提出全生命周期物业运营资金平衡方案，实现基本物业服务居民零付费		依托社区智慧服务平台构建"平台+管家"物业服务模式；合理配置物业经营用房，用于保障全生命周期物业运营资金平衡；整合提升类物业活利用空间资源，增加公共服务经营拓展，提出物业服务降本增效方案	依托社区智慧服务平台构建"平台+管家"物业服务模式；合理配置物业经营用房，用于保障全生命周期物业运营资金平衡；整合提升类物业活利用空间资源，增加公共服务经营拓展，提出物业服务降本增效方案	
			引导性	除基本物业服务外，提供房屋星增值服务、O2O服务等增值物业服务				
29		社区商业服务供给	约束性	引入优质生活服务供应商，发展社区商业O2O模式，建立社区商业服务供应商遴选培育机制；配置与居民日常生活密切相关的基本服务功能				
			引导性	注重创新型生活服务，引入专业化物业服务供应商，提供定制化、高性价比生活服务				

续表

序号	一级指标	二级指标	指标性质	《关于开展浙江省未来社区建设试点申报工作的通知》(2019-03-20)	《关于开展浙江省未来社区建设第二批试点申报工作的通知》(2019-12-17)	《省发展改革委省建设厅关于开展2021年度未来社区创建的通知》(2021-03-25)	《省风貌办关于开展第四批城镇未来社区创建的通知》(2021-09-17)	修改内容(与上一份文件相比)
30	未来服务指标	社区应急安全防护	约束性	建立完善的社区消防、安保等预防预警体系及应急机制;构建无盲区安全防护网,应用人脸识别等技术,推广数字身份识别管理			建立完善的社区消防、卫生防疫、安保等预警预防体系及应急机制;构建无盲区安全防护网,推广数字身份识别管理,建设智安社区	
			引导性	通过智慧平台预警救援、地图定位、一键式求助,联动报警等功能,实现突发事件零延时预警和应急救援				
31	未来治理指标	社区治理体制机制	约束性	建立社区党建引领的治理机制;深化社区治理体制改革,构建社区综合运营体系;居委会、社区边界统一		建立社区党建引领的治理机制;社区各单位权责明晰,服务优良,管理优化,群众满意度高;深化社区治理体制改革,构建社区综合运营体系;居委会、社区边界统一		
			引导性	社区各单位权责明晰,服务优良,管理优化,群众满意度高;吸引社会力量参与社区事务,社区事务多元化,参与治理体系健全		吸引社会力量参与社区事务,社区事务多元化,参与治理体系健全		

续表

序号	一级指标	二级指标	指标性质	《关于开展浙江省未来社区建设试点申报工作的通知》（2019-03-20）	《关于开展浙江省未来社区建设第二批试点申报工作的通知》（2019-12-17）	《省发展改革委省建设厅关于开展2021年度未来社区创建的通知》（2021-03-25）	《省风貌办关于开展第四批城镇未来社区创建的通知》（2021-09-17）	修改内容（与上一份文件相比）
32	未来治理指标	社区居民参与	约束性	建立有效可行的社区自治机制；配置社区议事空间载体，建设服务、公益性、互助性社区社会组织和志愿者队伍；建立联合调解机制				
			引导性	社会组织活跃，居民参与踊跃，居民归属感认同感强；因地制宜创建新社区事议模式，上线下结合的参与事议模式				
33		精益化数字管理平台	约束性	依托智慧平台，促进"基层治理四平台"整合优化提升，建设一定规模的社区服务大厅，设置无差别受理窗口				
			引导性	推进精益化政务流程，实现社区工作事务清单化				

三、未来社区顺利创建的多元化保障

2020 年 3 月 25 日，浙江省文化和旅游厅和浙江省发展和改革委员会共同印发《高质量打造未来社区公共文化空间的实施意见》的通知即浙文旅公共〔2020〕1 号政策文件，主要内容包括总体要求、空间形式、建设要求、管理运行、保障措施等五个方面，解决未来社区公共文化空间怎么建、怎么管、怎么用的问题，并明确未来社区公共文化空间的目标、内涵和定位，坚持以满足人民对美好生活的向往为中心，聚焦未来社区三维价值坐标和九大创新场景建设，充分挖掘梳理城市乡愁记忆和社区历史文化脉络，精心打造"记得住过去，看得见未来"的公共文化空间，使之成为弘扬主流价值、展示特色文化、凝聚社区居民、引领时代风尚的社区文化平台，助推未来社区试点高标准高质量建设。

2020 年 8 月 20 日，浙江省发展和改革委员会办公室印发《浙江省未来社区试点建设全过程工程咨询服务指南（试行）》即浙发改办基综〔2020〕30 号政策文件，规范和指导未来社区建设项目开展全过程工程咨询，明确采用"1+N+X"方式组织全过程工程咨询服务，充分发挥全过程工程咨询服务对未来社区建设的支撑作用。

2020 年 8 月 26 日，浙江省发展和改革委员会、浙江省财政厅、中国人民银行杭州中心支行和中国银行保险监督管理委员会浙江监管局共同印发《关于进一步加强财政金融支持未来社区试点建设的意见》即浙发改基综〔2020〕297 号政策文件，进一步加强财政金融对未来社区建设的支持力度，明确重大民生工程定位，加大银行信贷支持力度，畅通金融多元支持渠道，为未来社区建设提供强有力的财政保障。

2021 年 8 月 27 日，省城乡风貌（未来社区）工作专班办公室发布《关于开展第三批未来社区创建项目实施方案评审备案的通知》，确定未来社区创建项目实施方案评审的工作流程，制定实施方案编制及评审要点，明确未来社区创建的总体要求、规划设计、场景设计及技术要求、数字化系统设计、建设运营组织、实施推进计划、概算与资金平衡、政策与机制保障、专业技术图纸等一系列评审要求，为未来社区创建评审提供规范化流程和专业支撑（见图 1-4）。

政 策
发 展 与 演 变

详细政策文件请微信扫码

2019年3月 ● 浙政发〔2019〕8号
关于印发《浙江省未来社区建设试点工作方案》的通知

2019年3月 ● 浙发改基综〔2019〕138号
关于《开展浙江省未来社区建设试点申报工作》的通知

2019年11月 ● 浙政办发〔2019〕60号
关于《高质量加快推进未来社区试点建设工作》的意见

2019年12月 ● 浙发改基综函〔2019〕183号
关于《开展浙江省未来社区建设第二批试点申报工作》的通知

2020年3月 ● 浙文旅公共〔2020〕1号
关于印发《高质量打造未来社区公共文化空间的实施意见》的通知

2020年6月 ● 浙发改基综〔2020〕195号
关于印发《浙江省未来社区试点建设管理办法（试行）》的通知

2020年8月 ● 浙发改办基综〔2020〕30号
关于印发《浙江省未来社区试点建设全过程工程咨询服务指南（试行）》的通知

2020年8月 ● 浙发改基综〔2020〕297号
关于印发《关于进一步加强财政金融支持未来社区试点建设》的意见

2021年3月 ● 浙发改基综函〔2021〕228号
省发展改革委、省建设厅关于《开展2021年度未来社区创建》的通知

2021年6月 ● 杭州市全域未来社区创建工作导则（成果稿）

2021年8月 ● 未来社区数字化建设总体要求（征求意见稿）

2021年8月 ● 省风貌办关于《开展第三批未来社区创建项目实施方案评审备案》的通知

2021年9月 ● 省风貌办关于开展第四批城镇未来社区创建的通知

2021年11月 ● 浙风貌办〔2021〕4号
浙江省城乡风貌政治提升（未来社区建设）工作专班办公室关于印发《未来社区数字化建设指引（试行1.0版）》的通知

2021年12月 ● 浙江省城乡风貌政治提升（未来社区建设）工作专班办公室关于《开展2021年度浙江省城镇未来社区验收工作》的通知

图1-4 未来社区政策发展与演变

四、未来社区政策展望

（一）坚持以人民为中心的理念将深入贯彻未来社区项目全过程

在 2019 年 3 月发布的《关于印发浙江省未来社区建设试点工作方案的通知》（浙政发〔2019〕8 号）政策文件中，首次提出了"以人为本，文化引领"这一未来社区创建的基本原则，坚持"房子是用来住的、不是用来炒的"定位，以人为核心，满足社区全人群对美好生活的向往，融合先进文化和前沿科技，引领高品质生活方式革新。在核查评估阶段，合理设置约束性和引导性指标，并以居民满意度为最终评判标准，形成不断提升的"领跑者"指标体系。

2019 年 11 月发布的《关于高质量加快推进未来社区试点建设工作的意见》（浙政办发〔2019〕60 号）政策文件重点强调了"突出群众满意导向"的创建目标，要始终坚持以人民为中心的发展思想，妥善协调平衡拆迁安置、人才落户、房地产管理等相关政策，确保群众搬得进、住得起、过得好。在未来社区建设中要广泛征求群众意愿，充分吸纳群众诉求，积极纳入重大课题研究，开展共性技术攻关和重大科技成果示范应用，着力提升群众获得感、幸福感、安全感。

2020 年 6 月发布的《关于印发浙江省未来社区试点建设管理办法（试行）的通知》（浙发改基综〔2020〕195 号）政策文件中再一次强调了浙江省未来社区项目要始终坚持以人民为中心的发展思想，广泛征求群众意愿、充分吸纳群众诉求，确保群众搬得进、住得起、过得好。

2021 年发布的《关于开展 2021 年度未来社区创建的通知》（浙发改基综函〔2021〕228 号）政策文件中进一步提出未来社区创建的总体原则之一是坚持家园属性、防止房地产化倾向，建好邻里交往中心、建好公共文化空间、建好美好生活链圈，实现从造房子向造社区、造生活转变，打造有归属感、舒适感、未来感的美好家园。

2021 年 11 月发布的《浙江省城镇未来社区验收办法（试行）》政策文件提出在未来社区创建过程中的验收命名阶段，须由省城乡风貌（未来社区）工作专班组织第三方团队赴社区开展居民满意度问卷调查，只有满意度达到要求，才可展开相关后续核查及验收工作；若满意度低于样本量 60%，则一票否决，该项得分为零。

通过对上述政策内容进行分析可知，未来社区的创建将进一步坚持以人民为中心的理念，并将其贯彻到从申报阶段直至验收阶段的各个环节，确保各项推进工作对"居民满意度"这一指标负责，未来社区创建成果的评价将以居民满意度为最终评判因素。可以预见，未来社区的政策制定者将持续聚焦满足人民对美好生活的向往这一精神内核，在项目建设

环节的主题特色、综合指标、规划布局、优势场景等方面融入更多人本化要素，致力于提升人民群众的获得感、幸福感、安全感。

（二）坚持未来社区差异化、凸显主题特色将成为主流趋势

在 2019 年发布的《关于印发浙江省未来社区建设试点工作方案的通知》（浙政发〔2019〕8 号）政策文件中，首次提出了"因地制宜，分类施策"这一未来社区创建的基本原则，要求结合城市实际情况，统筹考虑改造更新和规划新建两大类型，分类推进、精准施策，推动未来社区模式多样化、差异化、特色化，形成百舸争流、百花齐放的建设格局。

同年 11 月发布的《关于高质量加快推进未来社区试点建设工作的意见》（浙政办发〔2019〕60 号）政策文件中提出要突出自然资源禀赋、城市特色风貌和历史文化传承。

2021 年发布的《关于开展 2021 年度未来社区创建的通知》（浙发改基综函〔2021〕228 号）政策文件中进一步提出未来社区创建要注重延续历史文化记忆、加强历史文化遗存保护。

综合上述政策内容可知，未来社区创建政策将进一步坚持未来社区模式的多样化、差异化、特色化建设，要求未来社区项目能较好地提炼所在地历史文化底蕴、延续历史文化记忆，形成突显本地文化特色的社区主题，避免未来社区模式同质化，风格千篇一律。

（三）更加注重未来社区的创建基础且评审标准更为灵活

在 2019 年发布的《关于印发浙江省未来社区建设试点工作方案的通知》（浙政发〔2019〕8 号）政策文件中，首次提出了未来社区创建的主要任务，即落实九大场景的建设与运营。

在此基础上，2019 年 11 月发布的《关于高质量加快推进未来社区试点建设工作的意见》（浙政办发〔2019〕60 号）政策文件提出要统筹改造更新和规划新建两大类型，以改造更新类为主，注重分类推进、精准施策。

2021 年发布的《关于开展 2021 年度未来社区创建的通知》（浙发改基综函〔2021〕228 号）政策文件中将未来邻里、教育、健康、创业、服务、治理场景统称为软场景，而将未来建筑、低碳、交通场景统称为硬场景。同时，将未来社区创建类型划分为整合提升类、全拆重建类、拆改结合类、规划新建类和全域类，并参照不同类型设定不同的创建要求及评价标准。

2021 年发布的《关于开展第四批城镇未来社区创建的通知》中提到要围绕"三化九场景"理念，立足自身资源禀赋和现实条件，突出需求导向，按照"标配＋选配"原则落实特色场景。

分析上述政策内容可知，未来社区创建的场景落实从九大场景全部落实逐步发展变化为"标配+选配"特色场景落实，可以预见，往后未来社区项目会更加注重社区软场景和硬场景的创建基础，更加考虑九大场景在落地层面的可操作性，且评价标准更为灵活。

（四）持续强化以党建为引领的未来社区治理主旋律

2019年发布的《关于开展浙江省未来社区建设试点申报工作的通知》对于治理场景建设提出要求，要建立社区党建引领的治理机制，深化社区治理体制改革，构建社区综合运营体系，且要求居委会、社区边界统一。

2021年发布的《关于开展2021年度未来社区创建的通知》对于治理场景中的约束性指标设置了更高、更具体的标准，除了要建立社区党建引领的治理机制，社区各单位权责明晰、服务优良、管理优化，群众满意度高，还要推进社区治理体制改革深化，构建社区综合运营体系，且要求居委会、社区边界统一。

综合上述政策，可以预见，未来社区创建政策将不断加强以党建为引领的未来社区治理主旋律，进一步完善治理机制，细化社区各单位的责任分工，以提升社区群众的满意度为导向，不断优化服务内涵，持续提升管理效率，纵向推进治理体制改革，建立以党建为核心内涵的社区运营综合体。

（五）增强未来社区政策实效，做好与其他政策的有效衔接

2021年5月，国家发展和改革委员会、住房和城乡建设部印发《"十四五"城镇生活垃圾分类和处理设施发展规划》，提出要推进城镇生活垃圾分类和处理设施建设，加快建立分类投放、分类收集、分类运输、分类处理的生活垃圾处理系统，对于未来社区政策中有关低碳场景下垃圾分类和回收利用的标准要求产生一定的影响。

2021年7月，中共中央办公厅、国务院办公厅印发了《关于进一步减轻义务教育阶段学生作业负担和校外培训负担的意见》，着眼建设高质量教育体系，强化学校教育主阵地作用，深化校外培训机构治理，在一定程度上，这对于未来社区政策中有关教育场景下如何合理配置校外教育资源等方面产生较为深刻的影响。

此外，国家及相关部门陆续出台了加速推广新能源、可再生能源、智慧能源、新基建等有关政策文件，重点包括设施布局、设备标准、技术创新、产品设计等内容，这对未来社区政策中有关场景建设标准产生一定的影响。

综合上述对行业政策发展趋势的分析，可以预见，未来社区将更加注重避免政策相互冲突、法规相互抵触，更加考量与其他政策的有效衔接，互利互促，确保未来社区项目实现社会利益最大化。

第二章　未来社区全过程咨询模式对比及系统方案

第一节　咨询模式对比

一、传统咨询和全过程工程咨询

（一）全过程工程咨询提出背景

1. 解决工程咨询服务"碎片化"问题

我国工程咨询服务主要包含工程前期咨询、勘察设计、监理、造价、招标代理等，由于体制和部门分割问题，工程咨询工作相对被"肢解"并设置单独准入门槛。工程咨询市场被强行碎片化，无法提供全生命周期统一贯穿的服务，因而工程技术质量安全、管理组织效率、社会和经济效益等最优化较难实现。

随着工程技术、管理、投资、法务等越来越复杂，建筑市场建设方（甲方）受专业技术所限，虽然可以通过多次采购工程咨询服务涵盖全部工程范围，但对建设方的统筹协调水平也提出了更高的要求。因此，市场对于可以贯穿项目全寿命周期、涵盖各专业的咨询服务形式的呼声越来越高，这是市场的自然选择。

2. "走出去"战略目标的重要组成部分

在"一带一路"建设的大背景下，中国建筑商以"中国速度、中国管理"享誉全球，但中国的工程咨询企业在国际上并无较大影响力。

因此，为了与国际惯例接轨，提升工程咨询企业的综合服务能力和核心竞争力，培育一批具有国际水平的全过程工程咨询企业，显得尤为重要。

3. 全面深化改革的结果

政府很早就在建筑行业的顶层设计中提及开展全过程工程咨询的思路，但限于国情，其落地较为缓慢。现在通过"全面深化改革"的政策导向，全过程工程咨询再次走入人们的视野。

（二）全过程工程咨询政策梳理

2003年，建设部出台《关于培育发展工程总承包和工程项目管理企业的指导意见》（建市〔2003〕30号），提及"开展对工程项目的组织实施进行全过程或若干阶段的管理和服务"的思路，这便是全过程工程咨询的雏形。2017年开始，国务院和各部门开始频繁出台各类政策，鼓励和培养全过程工程咨询企业，引导和培育全过程工程咨询市场。具体内容如表2-1所示。

表2-1　项目全过程咨询相关政策

政策文件	要点	关键内容
《关于培育发展工程总承包和工程项目管理企业的指导意见》（建市〔2003〕30号）	培育工程项目管理企业	工程项目管理是指从事工程项目管理的企业（以下简称工程项目管理企业）受业主委托，按照合同约定，代表业主对工程项目的组织实施进行全过程或若干阶段的管理和服务
《国务院办公厅关于促进建筑业持续健康发展的意见》（国办发〔2017〕19号）	培育全过程工程咨询	鼓励企业采取联合经营、并购重组等方式发展全过程工程咨询
《建筑业发展"十三五"规划》（建市〔2017〕98号）	改革工程咨询服务委托方式	引导开展覆盖工程全生命周期的一体化项目管理咨询服务
《住房城乡建设部关于开展全过程工程咨询试点工作的通知》（建市〔2017〕101号）	培育全过程工程咨询，开展全过程工程咨询试点	健全全过程工程咨询管理制度，完善工程建设组织模式，培养有国际竞争力的企业，提高全过程工程咨询服务能力和水平
《工程咨询行业管理办法》（发改委〔2017〕9号令）	将全过程工程咨询列为咨询服务的一种模式	全过程工程咨询指采用多种咨询方式组合，为项目决策、实施和运营持续提供局部或整体解决方案
《住房城乡建设部建筑市场监管司2017年工作要点》（建市综函〔2017〕12号）	推进全过程工程咨询服务	推进企业在民用建筑项目提供项目策划、技术顾问咨询、建筑设计、施工指导监督和后期跟踪等全过程服务
《国家发展改革委　住房城乡建设部关于推进全过程工程咨询服务发展的指导意见》（发改投资规〔2019〕515号）	充分认识推进全过程工程咨询服务发展的意义	重点培育发展投资决策综合性咨询和工程建设全过程咨询
《浙江省全过程工程咨询试点工作方案》（建建发〔2017〕208号）	提高工程建设管理水平和整体效益	加快工程咨询服务企业供给侧结构性改革，推动工程咨询服务企业加快与国际工程管理方式接轨
《浙江省发展改革委　浙江省建设厅关于贯彻落实〈国家发展改革委住房城乡建设部关于推进全过程工程咨询服务发展的指导意见〉的实施意见》（浙发改基综〔2019〕324号）	推动全过程工程咨询服务加快落地实施	政府主导，市场运作，坚持有为政府和有效市场并重，积极营造有利于全过程工程咨询行业健康发展的环境，充分调动市场主体积极性

续表

政策文件	要点	关键内容
《浙江省推进全过程工程咨询试点工作方案》（浙发改基综〔2019〕368号）	构建适应浙江省的全过程工程咨询服务体系，推动省工程咨询行业高质量发展	通过地区试点、项目试点、企业试点三种模式同步展开，通过先行先试，及时总结经验，形成示范效应。通过试点，培育一批浙江省智力密集、技术复合、管理集约、品牌突出的综合性骨干企业，参与"未来社区"等重大项目建设

（三）全过程工程咨询标准

1. 中国建筑业协会团体标准《全过程工程咨询服务管理标准》（T/CCIAT 0024—2020）

该标准提出了全过程工程咨询的服务形式宜采用"1+N+X"模式："1"指全过程工程项目管理，由一家企业或者两家以上企业组成联合体承担全过程工程咨询项目管理，服务范围包括投资决策阶段、工程建设阶段、运营阶段中的一个或多个阶段；"N"指专业咨询的一项或多项，可由上述承担全过程工程项目管理的企业或具有勘察、设计、监理、造价等至少一项资格的咨询企业承担；"X"指在项目实施过程中根据业主需求，不由承担全过程工程项目管理的企业实施，但应整合资源协调管理的专项服务。

2. 浙江省工程建设标准《全过程工程咨询服务标准》（DB33/T 1202—2020）

该标准提出全过程工程咨询服务由项目管理和一项或多项的项目专项咨询组成，包括项目建设管理和项目专项咨询两部分内容。项目建设管理指全过程工程咨询服务中，运用系统的理论和方法，对建设项目进行计划、组织、指挥、协调和控制的咨询服务。项目专项咨询指全过程工程咨询中涉及的前期咨询、勘察、设计、招标采购、造价、监理、运行维护、BIM服务等专项咨询服务。

同时，《全过程工程咨询服务管理标准》和《全过程工程咨询服务标准》都明确了全过程工程咨询是以项目管理为核心的咨询模式。

（四）全过程工程咨询对比一般工程咨询

一般工程咨询模式大多将项目前期、建设期和运营期分离，每个咨询企业仅承担一部分咨询业务，不利于业主从整体上把控项目，容易引发各种决策的偏差。

全过程工程咨询能够消除专业壁垒、整合工程项目全生命周期中的各个咨询环节，有效解决一般工程咨询模式存在的"碎片化"问题，保障全生命工程周期决策系统的科学性、组织实施过程的有效性以及专业化，有利于提升项目的综合效益。

1. 节约投资成本

咨询服务覆盖工程建设全过程，这种高度整合各阶段的服务内容的方式将更有利于实现全过程投资控制，通过限额设计、优化设计和精细化管理等措施提高投资收益，保障项目投资目标实现。

2. 有效缩短工期

一方面，可大幅减少业主日常管理工作和人力资源投入，确保信息的准确传达、优化管理界面；另一方面，不再需要一般模式冗长繁多的招标次数和期限，可有效优化项目组织和简化合同关系，有效解决了设计、造价、招标、监理等相关单位责任分离等矛盾，有利于加快工程进度，缩短工期。

3. 提高服务质量

弥补了单一咨询服务模式下可能出现的目标偏差、信息漏斗、管理疏漏等缺陷，各专业咨询可实现无缝连接，从而提高服务质量和项目品质。

4. 有效规避业主风险

全过程工程咨询服务企业作为项目的主要参与方，将发挥全过程管理优势，通过强化管控，减少生产安全事故，降低投资控制风险，从而有效降低建设单位主体责任风险。

5. 提高全过程工程咨询企业管理水平

开展全过程工程咨询服务，必须要有完备的管理手段，也自然需要引入新技术来促进工程创新。通过大力开发 BIM、大数据和虚拟现实技术，可提高设计和施工的效率与精细化水平管理，提升工程设施安全性、耐久性、可建造性和维护便利性，降低全生命周期运营维护成本，增强投资效益。借助这些先进的技术手段，可为全过程工程咨询企业高效地完成全过程工程管理工作打下坚实的基础。

（五）全过程工程咨询近年的发展

全过程工程咨询在国外的发展政策、技术标准、行业推广和应用实践已经较为成熟，并形成相应的规范。为推进中国建筑业供给侧改革，与国际标准接轨，2017 年 2 月，国务院办公厅印发《关于促进建筑业持续健康发展的意见》（国办发〔2017〕19 号），其中首次明确提出了培育全过程工程咨询的要求。

2017 年 5 月，《住房城乡建设部关于开展全过程工程咨询试点工作的通知》（建市〔2017〕101 号）中确定北京、上海、江苏、浙江、福建、湖南、广东、四川 8 省（市）以及 40 家企业开展全过程工程咨询试点，各试点省（市）相继制定工作方案以探索全过程工程咨询管理制度和组织模式。

近五年，国家通过相关政策规范引导全过程工程咨询健康有序地发展。通过投资主体的需求引领和工程咨询企业能力的建设提升，逐步形成了一个统一开放、公平竞争、主体多元、服务多样、运作有序的全过程工程咨询服务市场，全过程工程咨询也从一个新兴概念转化成推动建筑业发展的重要力量。

二、一般建设项目全过程工程咨询和未来社区项目全过程工程咨询

（一）一般建设项目全过程工程咨询

为进一步明确政策导向需求、具体技术措施，2020 年 10 月，《全过程工程咨询服务管理标准》经中国建筑业协会以第 024 号公告批准发布。此团体标准提出，全过程工程咨询的服务形式宜采用"1+N+X"模式，系统性地确认了全过程工程咨询的服务范围、服务内容、工作大纲等，大力助推了全过程工程咨询市场高质量发展。

全过程工程咨询是指：对建设项目投资决策、工程建设和运营的全生命周期提供包含组织、管理、经济和技术等各方面的局部或整体解决方案的智力服务活动。全过程工程咨询的组织形式是可灵活配置的咨询方案，采取菜单式服务、模块化设置。

（二）未来社区项目全过程工程咨询

2019 年，浙江省政府工作报告首次提出未来社区概念。《关于印发浙江省未来社区建设试点工作方案的通知》（浙政发〔2019〕8 号）明确了未来社区建设的目标定位、任务要求、组织实施、措施保障，未来社区"139"系统框架正式形成。该通知还指出，引导优质国资、民资、外资投入未来社区建设运营、管理服务，鼓励优先采取"项目全过程咨询 + 工程总承包"管理服务方式。

2020 年，为规范和指导未来社区建设项目开展全过程工程咨询，充分发挥全过程工程咨询对项目建设的支撑作用，浙江省发展改革委印发《浙江省未来社区试点建设全过程工程咨询服务指南（试行）》（浙发改办基综〔2020〕30 号）政策文件。按照不同建设内容赋码情况，未来社区项目可由一个或若干个工程建设项目（以下简称"赋码项目"）组成。未来社区全过程咨询服务针对相关特点，采用"1+N+X"方式组织，应包含综合性咨询的全部内容，以及按需在菜单式的前期专项咨询和工程建设专项咨询的服务事项中选择有关内容。

（三）两类服务体系对比

以《全过程工程咨询服务管理标准》（以下简称全咨团体标准）代表一般建设项目全过程咨询服务，《浙江省未来社区试点建设全过程工程咨询服务指南（试行）》（以下简

称未来社区全咨标准）代表未来社区项目全过程咨询服务，开展服务内容的介绍及对比（见表 2-2）。

表2-2　全咨团体标准和未来社区全咨标准服务体系对比

服务体系	全咨团体标准	未来社区全咨标准
1	"1"指的是全过程工程项目管理 服务范围：项目策划管理、项目报批报建、勘察管理、设计协调管理、投资管理、招标采购管理、合同管理、进度管理、组织协调管理、安全生产和绿色施工管理、数字化管理、风险管理、竣工验收管理、项目后评价与运营维护管理等方面的管理服务	"1"指的是综合性咨询 服务范围：项目选址咨询、场景系统咨询、资金平衡咨询、技术体系管理咨询、实施方案管理、土地供给与履约监管咨询、运营管理与评估考核咨询
N	"N"指的是专业咨询 服务范围：决策阶段咨询、招标采购阶段咨询、勘察设计阶段咨询、造价咨询、工程监理、运营阶段咨询、BIM数字化咨询和其他专业咨询	"N"指的是前期专项咨询 服务范围：征迁方案咨询、申报方案编制咨询、规划研究咨询、专项政策研究咨询、项目融资咨询、项目可行性研究咨询、建设条件单项咨询
X	"X"指的是根据业主需求提供的整合资源协调管理的专项服务	"X"指的是工程建设专项咨询 服务范围：项目报审咨询、工程勘察咨询、工程设计咨询、招标（采购）咨询、工程造价咨询、工程监理与施工项目管理咨询

项目全过程咨询的核心为全过程工程项目管理，是指运用系统的理论和方法，对建设项目从投资决策、工程建设和运营的全生命周期进行计划、组织、指挥、协调和控制的活动。未来社区全过程咨询的核心则是综合性咨询，是指贯穿未来社区建设全周期并覆盖全部工程项目的咨询服务，且要承担协助实施主体协调所有项目建设单位及相关参建各方间的组织管理任务，保障项目建设按未来社区标准和要求有序推进。

由表 2-2 可知，虽然项目全过程咨询与未来社区全过程咨询都采用"1+N+X"模式，但两者的"1""N""X"分别代表不同的服务内容。

对于项目全过程咨询来说，"1"（全过程工程项目管理）是必选项；除此以外可根据项目本身需求，自由选择"N"（专业咨询）中的一项或多项，由负责上述承担全过程工程项目管理且具备相应资格条件的咨询企业承担；"X"部分不要求由上述承担全过程工程项目管理的企业实施，但应提供相应整合资源、协调管理的服务。以上必选项加自由选择加协调管理服务的统合，就叫作全过程工程咨询。

对于未来社区全过程咨询来说，"1"为综合性咨询，贯穿项目建设全周期并覆盖全

部赋码项目，是未来社区建设的核心咨询服务，承担协助实施主体协调所有项目建设单位（用地主体）及相关参建各方间的组织管理任务，保障项目建设按未来社区标准和要求有序推进。"N"为前期专项咨询，是在土地供应前对综合性咨询起到补充与支撑作用的各类相关专项咨询服务事项总和。"X"为工程建设专项咨询，是土地供应后未来社区建设涉及的单个赋码项目各类工程建设专项咨询服务事项的总和。

未来社区全过程咨询服务应包含"1"（综合性咨询）的全部内容，以及按需在菜单式的前期专项咨询和工程建设专项咨询的服务事项中选择有关内容。实施主体可按现行法律法规规定，另行委托其他咨询机构承担"N"（前期专项咨询）的服务事项。鼓励相关建设用地单位将"X"（工程建设专项咨询）一并委托全咨单位承担。自行委托其他咨询机构提供的前期专项咨询和工程建设专项咨询，应当满足全过程咨询单位［提供"1（综合性咨询）"服务的企业］的协调管理，两者意见相冲突时，全过程咨询单位应立足未来社区建设理念与标准要求，积极发挥其综合协调作用，充分论证并给出客观专业意见供委托方决策，确保未来社区项目有序推进。

第二节　未来社区全过程咨询的服务系统

一、未来社区全过程咨询服务工作内容

按照不同建设内容赋码情况，未来社区项目可由一个或若干个工程建设项目组成。全过程咨询服务针对相关特点，采用"1+N+X"方式组织。

（一）"1"（综合性咨询）

综合性咨询，以未来社区项目及其"三化九场景"的策划、设计、建设、运营、评估等咨询为核心，以资金平衡管理和技术体系管理咨询为支撑，以项目选址咨询、实施方案管理、土地供给与履约监管咨询、运营管理与评估考核咨询为重点，确保人本化、生态化、数字化"三化"理念落实，实现打造新型城市功能单元的目标。包括但不限于以下服务内容。

1. 选址咨询

根据设区市、县（市、区）未来社区建设三年行动计划和年度计划，开展拆迁安置居民意愿调研及现有拆迁安置政策研究，全面掌握安置居民人口结构、收入来源、安置需求等信息；以居民意愿为前提，结合未来社区建设要求，按照先易后难的原则，提出未来社区项目的申报选址意见及针对性的拆迁安置政策建议。

2. 场景系统咨询

对标省级未来社区33项约束性和引导性指标内容，按照实现九大场景功能集成与技术集成要求，对申报方案环节的场景策划、实施方案环节的场景设计、履约协议环节的场景约定、建设施工环节的场景建设、运营环节的场景实效，进行全周期的跟踪评估，出具场景系统符合性评估报告，并对其中风险提出规避措施及优化建议。本指南所称的场景系统，既包括功能配置与空间需求，也包括与之相关的一切建筑技术、低碳技术和数字技术内容。

3. 资金平衡咨询

按照建设期与运营期资金总体平衡要求，对选址环节的征迁方案资金平衡、申报方案环节的资金测算方案、实施方案环节的资金测算方案、建设施工环节的造价预决算方案，进行全周期跟踪评估，出具资金平衡风险评估报告，并对其中风险提出规避措施及优化建议。本指南所称的资金平衡，指未来社区项目全周期现金流入和现金流出之间的盈亏水平。资金平衡测算应以征拆方案、规划及建筑设计方案、运营方案等为依据，结合当地经济发展水平和政策性支持情况进行综合分析。

4. 技术体系管理咨询

根据未来社区项目实际情况和所在地的全产业链发展水平，结合场景系统建设要求，并依托未来社区产业联盟技术解决方案库，开展适宜性技术体系框架研究，指导评估申报方案环节的技术体系策划、实施方案环节的技术方案比选、建设施工环节的技术方案定型，为后续实施供应链管理提供支撑。

5. 实施方案管理

（1）按照未来社区实施方案编制有关要求，制定实施方案任务书，协助委托方开展实施方案编制单位选择，并指导编制过程中的答疑；对各阶段实施方案成果开展评估，协助委托方决策；组织县（市、区）实施方案审查，并协助委托方完成实施方案的省、市两级评审、修改、备案等工作。（2）依托实施方案，开展设计管理咨询，动态跟踪九大场景指标在施工图设计、建设施工中的落实情况，对设计成果文件进行系统性审查，提供九大场景落地设计纠偏、技术建议、风险提示及工程设计优化等内容。（3）依托实施方案，开展场景联合体咨询，负责指导评估实施方案编制单位、产业联盟单位场景联合体方案设计，协助委托方选择确定场景联合体解决方案。（4）依托实施方案，开展数字化管理咨询，指导评估CIM系统解决方案编制，指导CIM实施单位利用可视化和数字化工具开展全周期建设活动，并实现与省级CIM平台无缝对接。

6. 土地供给与履约监管咨询

（1）基于评估备案的实施方案，以浙江省未来社区相关政策文件为依据，协助委托方确定土地出让方式。（2）根据土地"带方案"出让（转让）要求，制定相配套的开发建设运营履约协议，履约协议应保障未来社区项目承诺的综合指标，符合省级未来社区项目33项约束性指标要求、力争达到引导性指标要求，并将实施方案中承诺的相关响应措施列入协议。（3）以履约协议为基础，跟踪监管项目在报建、施工、竣工、试运营等环节中的实际情况，出具相应的评估报告，对其中风险提出规避措施及优化建议。

7. 运营管理与评估考核咨询

（1）协助委托方开展运营主体选择，评估运营方案的符合性，以及"平台＋管家"具体运营模式的合理性。运营方案应明确基础物业服务和增值物业服务的界限范围、公益性与经营性空间的规模与范围，以及管家体系架构、职责培训计划。（2）协助委托方开展评估考核，负责试运营、省级未来社区验收、档案信息等管理咨询和项目后评价。工程建设专项验收由相应的用地主体负责，不纳入全过程工程咨询管理。

（二）"N"（前期专项咨询）

前期专项咨询，包括但不限于征迁安置方案咨询、申报方案编制咨询、规划研究咨询、专项政策研究咨询、项目融资咨询、项目可行性研究咨询、建设条件单项咨询等内容。

1. 征迁安置方案咨询

按照居民意愿调查和选址方案，开展未来社区项目具体的征迁安置方案编制，明确征迁办法实施细则、安置与过渡计划等内容。

2. 申报方案编制咨询

按照《管理办法》第十条所列要求，开展申报方案的编制工作，并协助委托方完成申报相关工作。

3. 规划研究咨询

负责衔接上位规划，通过对规划单元范围、实施单元范围以及未来社区约束性要素等研究评估，提出规划条件调整建议。从城市新型功能单元角度，开展未来社区"引领性"的营建理念、指标体系、功能业态策划、建筑空间设计、数字化系统设计、韧性社区系统设计等方面研究。

4. 专项政策研究咨询

根据未来社区项目实际需求，为落实九大场景系统，对所在地开展有针对性的政策实施细则、标准技术规程等方面的专项研究。

5．土地使用权转让方案咨询

根据未来社区项目实际需求，开展有针对性的土地使用权转让方案谋划、比选与制定，为委托方确定土地出让方式提供参考。

6．投融资咨询

根据未来社区项目实际需求，协助委托方开展投融资渠道与模式的研究、设计，制定可行的投融资方案以及协助进行投融资谈判。

7．建设条件单项咨询

根据未来社区项目实际需求，开展选址论证、环境影响评估、节能评估、社会风险评估等项目建设条件咨询服务，以及其他按照国家、省市地方有关规定需开展的咨询服务内容。

（三）"X"（工程建设专项咨询）

工程建设专项咨询，包括但不限于项目报审咨询、工程勘察咨询、工程设计咨询、招标（采购）咨询、工程造价咨询、工程监理与施工项目管理咨询等内容。包括但不限于以下内容。

1．项目报审咨询

根据赋码项目需要，按照国家、省市地方有关规定开展项目建议书、可行性研究报告、项目申请报告、资金申请报告等咨询服务。

2．工程勘察咨询

根据赋码项目需要，开展工程勘察管理或工程勘察活动。

3．工程设计咨询

根据赋码项目需要，按照《建设工程设计文件编制深度的规定》要求，可开展工程项目方案设计、初步设计的管理工作，以及施工图设计或管理其中一类工作等。

4．招标（采购）咨询

根据赋码项目需要，按照国家、省市地方现行有关规定组织建立招标（采购）管理制度，确定招标采购流程和实施方式，规定管理与控制的程序和方法，协助项目建设单位开展招标（采购）工作。

5．工程造价咨询

根据赋码项目需要，开展编制或审核项目投资估算、项目设计概算、施工图预算，以及项目发承包、施工、竣工等阶段的相关造价咨询服务。

6. 工程监理与施工项目管理

根据赋码项目需要，从事工程监理或施工项目管理服务活动，也可开展工程监理与项目一体化服务活动。

二、未来社区全过程咨询服务工作清单

为更好地展示未来社区全过程咨询服务内容，辅助深化理解未来社区建设的工作内涵，本节将依照项目建设六个阶段：投资决策阶段、勘察设计阶段、招标采购阶段、工程施工阶段、竣工验收阶段、运营阶段，分别展开全过程咨询单位在未来社区建设项目各阶段负责的服务工作内容（见表2-3至表2-9）。

表2-3 未来社区项目投资决策阶段全过程咨询服务清单

阶段	服务内容
选址咨询	1.开展未来社区拆迁安置居民意愿调研 2.现有拆迁安置政策研究,全面掌握安置居民人口结构、收入来源、安置需求等信息
项目前期策划	1.项目环境调查分析 2.项目定义和项目论证 3.与项目决策相关的经济策划 4.与项目决策相关的组织管理策划 5.项目产业策划 6.商业策划
项目建议书编制或管理	1.项目建议书编制单位或团队人员确定 2.项目建议书编制 3.项目建议书审核与评审 4.项目建议书确认 5.项目建议书行政报批
可行性研究报告编制或管理	1.可行性研究报告编制单位或团队人员确定 2.可行性研究报告编制 3.可行性研究报告审核与评审 4.可行性研究报告确认 5.可行性研究报告行政报批 6.专项评价编制管理未来社区项目选址论证(视情况)
报批报建报验等手续	1.行政审批管理咨询 （1）项目建议书阶段的行政审批 （2）项目申请报告阶段的行政审批 2.设计阶段的行政审批

续表

阶段	服务内容
报批报建报验等手续	3.发展改革委行政许可审批 （1）项目立项报批或核准或备案 （2）项目建议书 （3）可行性研究报告 （4）初步设计及概算 4.自然资源部门行政许可审批 （1）建设项目选址意见书 （2）建设项目规划条件 （3）地质灾害危险性评估报告备案 （4）建设项目用地预审 （5）建设用地规划许可证 （6）建设用地批准 （7）国有土地使用权证 （8）建设工程方案设计招标备案 （9）日照分析复核 （10）建设工程方案设计核查 （11）未来社区命名核准 （12）建设工程规划许可 （13）抗震设防审批 （14）市政管线接口审批 （15）施工图修改备案 （16）建设工程开工验线 （17）建设工程竣工验收测绘 （18）建设工程规划验收 （19）建设项目用地复核验收 （20）不动产权登记(与住房和城乡建设部门联合办理) 5.住房和城乡建设部门行政许可审批 （1）公开招标改邀请招标或直接发包审批 （2）招标公告(投标邀请书)和招标组织形式备案 （3）地质勘查报告、施工图设计文件审查、消防设计审核、人防设计(图审单位) （4）施工图设计文件审查合格书备案(含地质勘察报告审查合格书) （5）工程总承包或施工(监理)招标文件备案 （6）建设工程招标投标情况报告备案 （7）建设工程合同备案 （8）建筑工程施工许可 （9）民用建筑工程建筑节能专项验收 （10）建设工程竣工验收备案审核 （11）建筑节能施工图设计文件抽查(施工许可环节) （12）超限高层建筑工程抗震设防审批 （13）市政基础设施配套费收费审核 （14）承包方履约保函、业主支付保函备案 （15）建设项目竣工验收 （16）房屋建筑工程和市政基础设施工程竣工验收备案 6.其他主管部门行政审批

续表

阶段	服务内容
项目实施意向	1.项目申报可行性分析 2.项目申报表填制
专项政策研究咨询	1.项目所在地针对性的政策实施细则 2.标准技术规程等方面的专项研究
申报方案编制	1.开展项目申报方案的编制工作 2.协助委托方完成或申报相关工作
项目实施策划	1.项目总体组织策划 （1）项目总体建设组织 （2）招标采购策划 （3）总控制计划策划 （4）质量策划 （5）投资策划 （6）先进建造策划 （7）宣传策划 （8）项目实施风险策划 （9）编制项目工作指导文件 2.项目管理内部组织策划 （1）组织结构 （2）工作文件
土地供给与履约监管咨询	1.协助委托方确定土地出让方式 2.研究评审备案的实施方案 3.研究浙江省未来社区相关政策文件 4.提出土地出让方式咨询意见 5.制定相配套的开发建设运营履约协议 6.研究未来社区项目"带方案"出让(转让)要求 7.履约协议应保障未来社区项目承诺的综合指标 8.符合省级未来社区项目33项约束性指标要求、力争达到引导性指标要求 9.将实施方案中承诺的相关响应措施列入协议 10.跟踪监管项目在报建、施工、竣工、试运营等环节中的实际情况 11.出具相应的评估报告 12.对其中风险提出规避措施及优化建议
技术体系管理咨询	1.适宜性技术体系框架研究 2.指导与评估申报方案环节的技术体系策划 3.实施方案环节的技术方案比选 4.建设施工环节的技术方案定型的合理性
融资投资咨询	投融资咨询 （1）研究投融资渠道模式 （2）设计与制定投融资方案 （3）协助进行投融资谈判

续表

阶段	服务内容
建设条件专项咨询	1.开展选址论证 2.开展环境影响评估 3.开展节能评估 4.开展社会风险评估等 5.其他按照国家、省市地方有关规定需开展的咨询服务内容
征迁安置方案咨询	1.按居民意愿调查和选址方案 2.开展未来社区项目具体的征迁安置方案编制 3.明确征迁办法实施细则 4.明确安置计划 5.明确过渡计划

表2-4 未来社区项目勘察设计阶段全过程咨询服务清单

阶段	服务内容
目标策划	1.项目策划 2.目标策划 3.过程管理策划 4.沟通管理策划
工程勘察咨询	开展工程勘察管理或工程勘察活动
规划研究咨询	1.负责衔接上位规划 2.研究评估规划单元范围 3.研究评估实施单元范围 4.研究评估未来社区限制性要素 5.提出规划条件调整建议 6.研究未来社区"引领性"的营建理念 7.研究指标体系 8.研究功能业态策划 9.研究建筑空间设计 10.研究数字化系统设计 11.研究韧性社区系统设计
场景系统咨询	1.申报方案环节的场景策划 2.实施方案环节的场景设计 3.履约协议环节的场景约定
场景联合体咨询	1.指导与评估实施方案编制单位、产业联盟单位进行场景联合方案设计 2.协助委托方选择确定场景联合体解决方案
工程设计咨询	1.开展工程项目的方案设计的管理工作 2.开展初步设计的管理工作 3.开展施工图设计或管理其中一类工作等 4.动态跟踪九大场景指标在施工图设计、建设施工中的落实情况 5.对设计成果文件进行系统性审查 6.提供包括九大场景落地设计纠偏、技术建议、风险提示、工程设计优化

续表

阶段	服务内容
数字化管理咨询	1.指导与评估CIM系统解决方案编制 2.指导CM实施单位利用可视化和数字化工具开展全周期建设活动 3.实现与省级CM平台无缝对接 4.BIM咨询 （1）决策阶段的BIM应用 （2）勘察阶段的BIM应用 （3）设计阶段的BIM应用 （4）施工阶段的BIM应用 （5）竣工阶段的BIM应用 （6）运营维护阶段的BIM应用 （7）开展BIM培训 5.设计咨询 6.招标管理 7.过程管控 8.施工准备 9.过程中的技术咨询 10.后期服务

表2-5 未来社区项目招标采购阶段全过程咨询服务清单

阶段	服务内容
招标（采购）咨询	1.确定招标采购流程和实施方式 2.规定管理与控制的程序和方法 3.协助项目建设单位开展招标(采购)工作 4.设计单位招标 5.用地主体或运营单位招标（新建类） 6.工程总承包(EPC)或施工单位招标（旧改类）
招标管理策划	1.招标采购管理组织 2.选定招标代理机构 3.招标采购风险管理 4.编制并确定招标采购计划 5.确定招标采购内容与界面划分 6.工程总承包(EPC)或施工 7.招标前期工作 8.设置招标条件 9.资料归档
招标准备及开展招标工作	1.检查招标采购条件 2.编制招标采购执行时间表 3.编制招标文件及工程量清单 4.开展招标工作
招标采购阶段的投资控制	1.编制、审核造价文件 2.商定暂估价、暂列金额 3.投资控制 4.确定招标控制价

表2-6　未来社区项目施工阶段全过程咨询服务清单

阶段	服务内容
实施阶段的投资控制	1.工程进度款 2.工程变更申请 3.工程变更签证
场景系统咨询	1.进行全周期的跟踪评估,出具场景系统符合性评估报告 2.建设施工环节的场景建设 3.运营环节的场景实效 4.对其中风险提出规避措施及优化建议
工程设计咨询	1.开展工程项目的方案设计的管理工作 2.开展初步设计的管理工作 3.开展施工图设计或管理其中一类工作等
进度管理	1.总进度控制计划 （1）进度策划 （2）业主需求管理 （3）确定总进度控制计划 2.进度计划分解 （1）年度计划 （2）分段工程计划 （3）二级进度计划 3.进度动态管理及纠偏 4.工期索赔管理 5.进度资料管理
工程造价咨询	1.开展编制或审核项目投资估算 2.开展编制或审核项目设计概算 3.开展编制或审核施工图预算 4.开展编制或审核项目发承包、施工、竣工等阶段的相关造价咨询服务 5.工程计量和付款签证 6.竣工结算款审核
工程监理	1.编制项目监理规划和监理实施 2.进度控制 3.质量控制 4.造价控制 5.履行安全生产监理法定职责 6.合同管理 7.信息管理 8.协调工程建设相关方关系
设计协调管理	1.督促专业单位为施工现场提供技术服务 2.组织设计交底和图纸会审 3.进行施工现场的技术协调和界面管理 4.进行工程材料设备选型和技术管理 5.审核、处理设计变更、工程洽商、签证的技术问题 6.根据施工需求组织或实施设计优化工作 7.组织关键施工部位的设计验收管理

续表

阶段	服务内容
质量管理	1.协助完成施工场地条件准备工作 2.协助进行场地(包括坐标、高程、临电、临水、毗邻建筑物和地下管线等)移交和规划验线 3.组织召开第一次工地会议 4.督促施工单位建立质量控制体系，并跟踪执行情况 5.审核施工组织设计等文件，参与重大技术方案评审 6.协助开展材料(设备)的采购管理和验收工作 7.组织开展工程样板评审工作 8.开展对重点工序、关键环节的质量检查 9.参与处理质量缺陷和质量事故 10.参与阶段性验收工作
施工管理	1.场内迁改 （1）绿化迁移 （2）燃气、给水排水、路灯、通信、热力管(杆)线迁改 （3）电力一管(杆)线迁改 2.场地三通一平 3.施工许可证 4.质量控制 （1）开工准备 （2）施工过程 （3）进场物资质量管理 （4）旁站监理 （5）设备监理(如有) （6）驻厂监造(钢结构加工,石材加工、幕墙加工等) （7）质量缺陷处理 （8）质量事故处理
安全生产管理	1.组织机构 2.预防工作 3.安全监理

表2-7　一般建设项目与未来社区项目竣工验收阶段服务对比

阶段	服务内容
工程勘察咨询	开展工程勘察管理或工程勘察活动
场景系统咨询	出具最终场景咨询报告
资金平衡咨询	出具最终资金平衡报告

续表

阶段	服务内容
竣工结算 合同结算 决算、审计	1.审查竣工结算资料 2.竣工结算审核 3.结算审计后付款 4.履约保证金 5.质量保证金
总结与归档	1.工程验收 2.阶段总结 3.工程资料归档 4.未来社区验收资料归档

表2-8　一般建设项目与未来社区项目运营阶段服务对比

阶段名称	服务内容
运维阶段咨询	1.运营管理策划 2.运营组织设计 3.招商策划 4.销售策划 5.人力资源管理 6.设备/设施管理 7.财务管理
运营管理与评估考核 咨询	1.协助委托方开展运营主体选择 2.评估运营方案的符合性 3.运营方案应明确基础物业服务和增值物业服务的界限范围,公益性与经营性空间的规模与范围,以及管家体系架构、管家职责、管家培训计划 4.负责试运营、省级未来社区项目验收 5.档案信息等管理咨询 6.项目后评价
项目绩效评价	1.绩效评价的准备 2.绩效评价的实施 3.绩效评价报告的编制
设施及资产管理	1.设施运维管理 2.设施空间管理 3.设施能源管理 4.设施财务管理 5.设施安全管理
未来社区验收管理	1.开展未来社区验收自评 2.开展未来社区验收相关工作

表2-9 一般建设项目与未来社区项目其他阶段服务对比

阶段	服务内容
合同管理	1.合同策划 2.合同谈判 3.合同签订 4.合同履约 （1）合同履约 （2）索赔管理 （3）合同履约评价 5.合同后评价
资金平衡咨询	1.确定投资目标 2.进行全周期跟踪评估,出具资金平衡风险评估报告 3.选址环节征迁方案的资金平衡 4.申报方案环节的资金估算方案 5.实施方案环节的资金概算方案 6.建设施工环节的造价预决算方案 7.建立投资管理制度和工作文件 8.进行投资风险管理,对其中风险提出规避措施及资金筹措优化建议
实施方案管理	1.制定实施方案任务书 2.协助委托方开展实施方案编制单位选择 3.指导编制过程中的答疑 4.对各阶段实施方案成果开展评估 5.组织县(市、区)实施方案审查 6.协助委托方完成实施方案的省市两级评审、修改、备案等工作
信息综合管理	1.建立信息化平台 （1）策划 （2）建立及使用 （3）调整更新 2.信息管理 （1）管理制度 （2）归档及分发 3.综合管理 （1）内部管理 （2）外部管理
风险管理	1.风险策划 2.风险分析 3.风险识别 4.风险评价 5.风险应对 6.未来风险预警 7.风险效果评价和改进

三、引入全过程工程咨询服务优势

未来社区以习近平新时代中国特色社会主义思想为指导，以推动人的全面发展和社会的全面进步为出发点，是浙江建设共同富裕示范区的引领性工程、战略性工程、标志性工程，坚持"房子是用来住的、不是用来炒的"原则性定位，未来社区强调以人为核心，坚持以满足人民对美好生活的向往为中心。

（一）未来社区项目创建重难点工作

未来社区项目创建有以下七个重难点。

1. 群众满意度是未来社区创建准入和验收的标准之一

未来社区作为重大民生工程，以居民意愿为导向，以群众满意度为准入和验收的标准，在前期调研、设计、建设、运营等阶段应坚持上下贯通、条抓块统，充分接纳群众建议，让群众参与未来社区创建全过程，最终将项目打造成群众满意的优质未来社区。

2. 满足场景响应指标存在一定难度

浙江省风貌办《关于开展第四批城镇未来社区创建的通知》中指出，未来社区创建需注意因地制宜，围绕"三化九场景"理念，立足自身资源禀赋和现实条件，突出需求导向，按照"标配＋选配"原则落实特色场景。但各项目条件参差不齐，尤其旧改类社区创建中经常出现可用面积少、场景点位排布困难的问题，令满足九大场景响应指标或多或少存在一定困难。

3. 建设时应尤为重视数字化平台与实际场景串联问题

未来社区作为数字化改革的重要载体，应同时重视数字化硬件铺设、软件开发、平台运营、场景互联，做到数字化时效性、落地性、便民性，形成对整个规划单元内的数字化治理。

4. 需考虑运营可持续性

未来社区运营涉及多主体、多模式，在运营模式设计和运营商的选择上要充分考虑后续实操性、落地性及可持续性。在项目推进过程中应尽快确定运营单位，使运营单位尽早介入方案设计、落实"三化九场景"指标，为设计方案提供参考意见，如何将九大场景和设计理念、构思有效地转化为使用和服务，从运营使用的角度去看，如何优化设计，贯彻未来社区以人为本的原则。

5. 创建应注重系统协调性

目前未来社区存在重实施单元、轻规划单元的现象。项目创建期应重视场景空间布局、场景应用、数字化系统、多地块场景服务、普惠性与经营性兼顾，从而彻底联通实施单元

和规划单元，形成双单元的系统性协调。

6. 项目创建应明确特色亮点

未来社区应重视文化挖掘、居民参与、核心场景塑造、建设模式创新等，在未来社区创建过程中应发挥主观性、能动性、创造性。理念上突出有机更新、建设上突出集成集约、动力上突出改革引领、进度上突出质量优先，打造开发建设运营可持续、群众认同感强的未来社区。

7. 项目创建时间紧，任务重

《省风貌办关于开展第四批城镇未来社区创建的通知》中指出，经浙江省政府同意公布后的创建项目，旧改类原则上 1 年基本完成创建工作，其中涉及拆改的项目可放宽至 2 年；新建类原则上 3 年基本完成创建工作，其中涉及拆迁安置的，可根据实际情况适当延长至 4 年。创建应科学编排项目总体计划，如项目实施方案编制、评审、备案；征地拆迁、项目用地主体招标、施工准备阶段、施工阶段、验收阶段都需要制定详细的推进计划，合理推进邻里中心等公共配套集成空间优先实施，阶梯式推动九大场景落地，有条件的要率先予以呈现。

（二）未来社区全过程咨询"1+N+X"模式的优势

为解决以上未来社区创建过程中出现的重难点问题，在建设过程中，需强化全过程监管，保证未来社区重大民生工程的属性，确保未来社区建设不变形、不走样。《浙江省未来社区试点建设全过程工程咨询服务指南（试行）》（浙发改办基综〔2020〕30 号）提出，需引入第三方专业智库为未来社区项目提供创新研究的智力技术支持和服务，并规范和指导未来社区项目开展全过程工程咨询，充分发挥全过程工程咨询服务对未来社区项目的支撑作用。引入未来社区全过程咨询"1+N+X"模式的理由及优势如下：

（1）未来社区是重大民生工程，在土地招拍挂过程中"带方案"出让，政府财政是让利的，故投建运过程中需要政府方监管。监管内容是：是否按照摘地方案边界条件实施，否则就是国有资产流失。尤其涉及土拍的新建类未来社区，地价设置及配建移交等为绩效重点考核环节，应从方案编制源头开始控制，打通方案与全过程咨询脉络，防止国有资产流失。

（2）未来社区是要按照实施方案验收的，故过程中需要对投资规模、投资额度、建设标准、建设品质、场景实现等多方面进行实时监管，过程中不监管，到验收时就走样。

（3）"1+N+X"打包有利于协助政府守住技术标准与财务审计底线。技术标准即自项目申报方案、摘地方案、实施方案至项目实际落地情况，保证技术标准一脉相承，不变形不走样；财务审计底线即确保项目通过"带方案"出让、优惠政策等一系列未来社区政策红利给项目换来的投资额度能够得到有效保障，过程中通过项目管理、监理、造价对资金平衡进行有效监管。

"1+N+X"打包保证了咨询工作的连贯性和可操作性。"1+N"中的资金平衡咨询（过程监管）、场景系统咨询（如何落地）、运营管理咨询（场景布置和运营启动）等一系列管理，都需要通过"X"中的项目管理、监理、造价来实现。

① 项目管理起到整体策划、牵头组织、监管落实、过程纠偏（施工图设计是否严格按照实施方案标准设计、材料选用是否符合摘地方案中要求的装修标准等）、协调各参建单位和有关部门等作用，均作为政府方监管本项目的有利抓手，确保过程不走样。

② 除正常国家规范要求的内容以外，监理还起到从政府方角度进行监管的作用，对是否按实施方案出图、是否按图纸施工、材料品质进场的把控和变更是否影响品质实现等方面进行把关，确保技术不变形；监理作为五方责任主体独立承担法律责任，不会加重委托方在项目中的法律责任。

③ 造价是与财政等政府审计部门衔接的重要口径，未来社区项目离不开基建程序，最终项目总投资需要由财政部门或审计部门评判。

其中，预算编制是以政府方委托的角度，以公允价格为标准（按国标清单预算信息价和正常市场价计入）过程评判投资强度，是否按照实施方案、土地出让方案中的投资额进行投入。跟踪审计部分是过程中就投资强度（月度完成产值）代表政府每月监管，同时作为资金平衡咨询的基础数据；无价材料认质认价按正常市场价格水平认定；结算审核部分是就总投资进行审核。其中，"X"部分咨询费用已包含在项目总投入中，由政府招标不会增加政府成本。

上述工作内容符合未来社区中"有为政府"的要求，同时也不会影响"有效市场"的需求。因为上述工作内容与用地单位组建项目公司后作为建设单位应做的事情不冲突，能够在政府监管下继续发挥用地土体优秀的管理经验、经济的采购价格、高效的资金运转等优势。

（三）公司在未来社区全咨服务中的工作方法

杭州城投建设有限公司在未来社区咨询实践中，总结了未来社区咨询"123"工作法，即把握1个原则，守住2个底线，管理3个步骤。其中"1"指把握"有为政府和有效市场并重"的原则；"2"为守住两个底线，分别为以政策法规、规范标准、合同、实施方案、出让条件为核心的标准底线，以及以项目审计、管控边界、全过程绩效管理为核心的审计底线；"3"为咨询的事前、事中、事后控制三步骤，即事前确定管控边界，事中跟踪信

息和事后报告评价。

"123"工作法在杭州城投建设有限公司某未来社区"1+N+X"咨询服务中的经典运用，诠释了未来社区的"有为政府和有效市场并重"原则是咨询工作的核心内涵。该案例在我司内部称为"543"模型，充分说明"1+N+X"咨询服务的管控边界尺度，以及在咨询过程中如何发挥政府监管职能和调动开发商生产能动性。具体案例如图2-1所示。

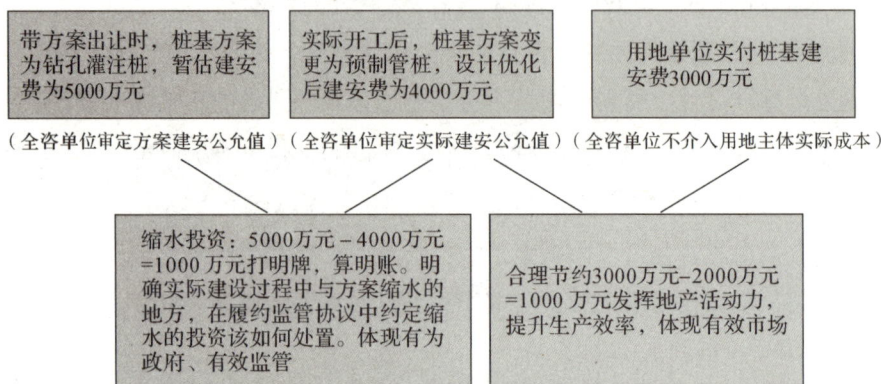

图2-1　杭州城投建设有限公司"543"模型

四、全咨单位确认方式

一般建设项目与未来社区项目在全咨单位确认方式的不同如表2-10所示。

表2-10　一般建设项目与未来社区项目在全咨单位确认方式上的对比

一般建设项目	未来社区项目
建设单位可采用招标或非招标采购方式将全过程工程咨询业务委托给一个全过程工程咨询服务单位或联合体承担	根据《关于高质量加快推进未来社区试点建设工作的意见》（浙政办发〔2019〕60号）、《浙江省未来社区试点建设全过程咨询服务指南》（浙发改办基综发〔2020〕30号）第七条明确，"全咨单位允许依法采用公开招标、邀请招标方式，通过评定分离办法选择。全咨单位宜在试点申报阶段明确，最迟应在实施方案编制前予以确定"

未来社区是一个政府强监管下的重要民生工程，按照系统设计、去房地产化、总体达到资金平衡为要求，将开发性质的住宅和公建配套打包，实现联动开发的市场化运作的项目，重点关注社区文化和社区主题的打造。未来社区项目具有模式创新性，不论对建设主体还是全咨单位的"投、管、建、运"综合能力要求极高。创建前期工作时间紧迫，任务艰巨，为能选择到一家综合实力强、资信高、业绩丰富的全咨单位，缩短前期工作流程，

建议实施主体采用邀请招标模式。

邀请招标案例如表 2-11 所示。

表2-11　未来社区项目邀请招标案例

序号	项目名称	批次情况	区域
1	嘉兴市南湖甪里未来社区	1	嘉兴
2	杭州江干采荷荷花塘未来社区	1	杭州
3	金华义乌下车门未来社区（回迁房地块）	1	金华
4	富阳杭黄未来社区	2	杭州
5	仙居县黄坦树未来社区	2	台州
6	宁波北仑通山未来社区	2	宁波
7	丽水遂昌古院社区全过程工程咨询及实施方案编制	2	丽水
8	台州黄岩东浦社区	2	台州
9	海盐南门未来社区	3	嘉兴
10	开化钟山未来社区	3	衢州

目前未来社区全咨主要模式有两种，模式1为"1+N+X"一体化招标，模式2为"1+N"与"X"分阶段招标。两种模式比较如表2-12所示。

表2-12　未来社区全咨模式对比

内容	模式1："1+N+X"	模式2："1+N"+"X"
咨询单位	联合体综合服务商为主	"1+N"设计院为主，"X"以传统咨询单位为主
咨询效果	合同关系简单，咨询内容全面、一贯，前期咨询与后期工程咨询并重，责任主体清晰，有利于加快工程进度	咨询服务碎片化，合同关系复杂，咨询内容前后不衔接，协作流程冗长，容易发生扯皮现象
咨询立场	以未来社区完成创建为导向，咨询立场清晰、明确，有利于全过程监管	后期工程咨询由开发单位委托，受开发单位主导，可能导致"三化九场景"落地效果打折，影响预算绩效管理考核
咨询费用	符合国家提倡的全咨理念，服务内容集成，咨询总费用集约	咨询内容分阶段委托，易增加咨询总费用，加大项目建设总成本

综上，相较于模式2，模式1更符合国家提倡的全咨理念，可打通"1+N+X"各项咨询，形成管理闭环，强化项目监管，有利于未来社区场景落地。另外由于模式1的集成性，咨询总费用成本更为节约，可降低项目建设成本，故建议未来社区项目全咨优先采用"1+N+X"

模式。

五、全咨单位确定时间

1. 一般建设项目

遵循"越早介入，越能提供完整、周详的全咨服务内容"的原则，建议在项目投资决策阶段即可开始对接全咨单位。

2. 未来社区项目

根据《浙江省未来社区试点建设全过程工程咨询服务指南（试行）》第七条的要求，建议在申报阶段明确未来社区全咨单位，最迟应在实施方案编制前予以确定。

六、全咨单位资质及人员组建要求

1. 全咨单位的资质要求

（1）一般建设项目

应由具有相应能力和业绩的工程咨询方承担，其中涉及工程勘察、设计、监理、造价等咨询业务的，应由具有相应资质的工程咨询类单位承担。建设单位可采用招标或非招标采购方式将全咨业务委托给一个全咨服务单位或联合体承担。参与全咨投标的投标人由联合体方式组成时，应明确联合体的牵头单位。

（2）未来社区项目

涉及工程勘察、设计、监理、造价等咨询业务的，还应同时具备国家现行法律法规规定的相应资质；可以是独立法人单位或其联合体，若采用联合体方式，联合体成员不得超过2家。

2. 全咨团队成员要求

（1）一般建设项目

总咨询师应取得工程咨询类、工程建设类注册执业资格且具有工程类或工程经济类高级职称，并具有类似工程经验。当采用分阶段咨询时，总咨询师宜具有相应阶段主要专业咨询的注册执业资格。专业咨询工程师应取得相应专业咨询的注册执业资格或具备相应能力，取得工程类或工程经济类中级及以上职称，并具有类似工程经验。

（2）未来社区项目

项目负责人原则上应具备副高级及以上职称，并同时具备国家注册咨询师（投资）、国家注册城乡规划师、国家一级注册建筑师等其中一项执业资格。项目负责人应组建全咨服务相应机构，选派符合相关咨询服务职业资格或业务能力要求的专业人员开展工作；负责制定相应的项目咨询管理制度、工作流程、目标体系，并负责把关各阶段、各环节咨询成果；组织或参与未来社区项目各阶段重大决策，在授权范围内进行任务制定、利益分配和资源使用。全咨单位应委派能全面履行咨询服务合同要求职责、具备相关资格和能力的专业人员担任项目负责人。

七、全咨服务产出成果

除委托方与全咨单位签订服务合同时特别规定外，委托方提供给全咨单位用于开展咨询服务的所有文件的著作权属于委托方。全咨单位为未来社区项目所编制的成果文件的著作权属于全咨单位。

除规范文件报告编制以外，未来社区全咨标准中未明确规定需要编制的文件报告，不同的全咨企业在提供全咨服务时会根据自身企业特色、项目类别差别等差异，出具各有千秋的成果文件。本未来社区全咨成果文件清单是由杭州城投建设有限公司在某新建类未来社区项目中提供的成果清单中摘录，仅作参考（见表2-13至表2-22）。

表2-13 专项咨询服务成果

阶段	咨询服务成果文件
实施方案编制阶段	九大场景咨询意见书
验收评估阶段	九大场景验收评估报告

表2-14 资金平衡咨询服务成果

阶段	咨询服务成果文件
实施方案编制阶段	总经济技术指标表
	政府方投资收益测算表
	政府方征地拆迁成本测算
	政府方资金筹措表
	政府方建设期资金平衡模型
	用地主体建设期资金平衡模型
	用地主体运营期资金平衡模型
	资金平衡咨询报告（含风险规避措施和优化建议）
	……

续表

阶段	咨询服务成果文件
土地出让阶段	建设期投资概算表（细化）
	项目重大节点安排表
	项目开发进度计划表
	项目总投资使用计划与资金筹措表
	借款还本付息表
	销售计划及收入测算表
	租金收入测算表
	固定资产折旧费估算表
	无形资产和其他资产摊销估算表
	成本测算表
	财务收支测算表
	全周期投资现金流量表
	建设期投资现金流量表
	运营期投资现金流量表
	财务计划现金流量表
	全周期资本金现金流量表
	利润与利润分配表
	资产负债表
	敏感性分析表
	市场调研报告
	竞品分析报告
	资金平衡咨询报告（含风险规避措施和优化建议）
	实施方案咨询意见
	未来社区运作模式咨询意见
	履约监管协议咨询意见
	投资合作协议咨询意见
	建设运营管理协议咨询意见
	……

续表

阶段	咨询服务成果文件
建设和运营阶段	动态资金平衡模型
	可视化动态监测模型
	月度／季度／年度资金平衡咨询报告 （含实施方案环节的资金测算方案及建设施工环节的造价预决算 方案全周期跟踪评估、风险规避措施和优化建议）
	……

表2-15　技术体系管理咨询服务成果

阶段	咨询服务成果文件
实施方案编制阶段	实施方案任务书技术体系咨询报告
	建筑空间技术体系咨询报告
	九大场景技术体系咨询报告
	场景联合体组建技术体系咨询报告
建设和运营阶段	未来社区数字化技术体系咨询报告
	未来社区运营技术体系咨询报告
	未来社区实施方案评审报告

表2-16　实施方案管理服务成果

阶段	咨询服务成果文件
实施方案编制阶段	实施方案编制任务书
实施方案评审阶段	实施方案编制咨询意见书
	实施方案响应评估报告

表2-17　土地供给与履约监管咨询服务成果

阶段	咨询服务成果文件
土地挂牌阶段	《开发建设运营履约协议》及相关附件
签约阶段	履约协议实施评估报告
建设阶段	履约协议实施评估报告
运营阶段	履约协议实施评估报告

表2-18　运营管理与评估考核咨询服务成果

阶段	咨询服务成果文件
实施方案阶段	运营方案评估报告
	平台＋管家专项评估报告
	未来社区运营资金自平衡评估报告
	各项定制服务及社区创新模式评估报告
	九大场景指标合规性评估报告
	前期运营咨询阶段性总结评估报告（含履约监管协议、运营协议相关法规执行情况评估等内容）
	施工图纸运营优化建议
	人才公寓运营方案专题评估报告
	基础物业费、增值物业费等商业运营方案专题评估报告
	场景联合体＋运营供应商招标事宜评估报告
	开发建设和运营实施的中期评估报告
	群众满意度问卷调查报告（测评版）

续表

阶段	咨询服务成果文件
试运营阶段	群众满意度问卷调查报告（正式版）
	场景响应度自评文件
	数字化平台落地性自评文件
	运营可持续性自评文件
	系统协调性自评文件
	特色亮点塑造自评文件
	招商及物业试运营管理专题报告
	供应商及联合体经营情况专题报告
	档案管理评估报告
	项目后评价报告

表2-19　专项政策研究咨询服务成果

咨询服务成果文件
开发模式咨询报告
专项政策解读报告
未来社区动态研究及政策指导

表2-20　土地使用权转让方案咨询服务成果

阶段	咨询服务成果文件
签约阶段	土地出让方式比选方案
	土地"带方案"出让实施方案
	国有土地使用权出让合同建议书
	人才住房建设移交监管协议建议书
	履约监管协议
	投资合作协议
	开发建设和运营协议

续表

阶段	咨询服务成果文件
土地出让阶段	土地"带方案"出让实施方案
	履约监管实施方案
	投资合作实施方案
	开发建设和运营实施方案
建设和运营阶段	履约监管实施的中期评估报告
	履约监管实施的后评价报告
	项目公司经营的中期评估报告
	项目公司经营的后评价报告
	开发建设和运营实施的中期评估报告
	开发建设和运营实施的后评价报告

表2-21　工程造价咨询服务成果

阶段	咨询服务成果文件
承发包阶段	工程量清单及招标控制价审核咨询报告书
施工阶段	当月（期）付款审核建议书
	联系单（变更）审核建议书
	索赔审核建议书
	无价材料询价建议书
	合同（招标/采购）文件审核建议书
竣工阶段	全过程跟踪评审报告

表2-22　工程监理服务成果

阶段	成果文件
建设施工阶段监理	监理规划
	监理实施细则（各专业）
	监理月报
	监理日志
	监理旁站记录
	工程款支付证书
	开工令
	复工令
	监理通知单
	监理质量评估报告
	监理工作总结报告

注：上述成果文件根据相关法律法规、招标文件要求及项目实际需要出具。

第三章　未来社区全过程咨询专项要点

第一节　未来社区全咨模式选择

为规范和指导未来社区项目开展全过程工程咨询，充分发挥全咨服务对于未来社区建设的支撑作用，浙江省发改委于 2020 年 8 月印发《浙江省未来社区试点建设全过程工程咨询服务指南（试行）》（浙发改办基综〔2020〕30 号），文件明确：未来社区项目建设按照不同建设内容赋码情况，可由一个或若干个工程建设项目组成；未来社区全咨服务针对相关特点，鼓励采用"1+N+X"方式组织；未来社区全咨服务应包含综合性咨询"1"的全部内容，并按项目实际情况菜单式选择前期专项咨询"N"和工程建设专项咨询"X"的服务事项。

未来社区创建工作涉及项目选址、征迁安置、规划设计、专项政策、土地使用权转让、投融资、项目报审、工程造价、工程监理、运营管理等多个环节的重要工作。实施主体委托一家全咨单位按照未来社区建设理念和标准要求开展全咨"1+N+X"服务，有效避免各阶段咨询工作的碎片化，规避前后咨询立场的不统一，统筹管控以提升未来社区项目整体建设的质量和效率，从而降低管理难度、缩短工期、降低资金成本、节约材料、节省人工、降低建造成本，实现项目的高效建设、绿色建造和良好的经济效益，确保未来社区项目有序推进直至通过评审验收。

未来社区全咨"1+N+X"服务模式具体内容如下。

一、未来社区全咨模式

（一）"1"（综合性咨询）

1.场景系统咨询

对标省级未来社区 33 项约束性和引导性指标内容，按照实现九大场景功能集成与技术集成的要求，对实施方案环节的场景设计、履约协议环节的场景约定、建设施工环节的场景建设、运营环节的场景实效开展全周期的跟踪评估，出具场景系统符合性评估报告，并对风险提出规避措施及优化建议。场景系统既包括功能配置与空间需求，又包括与之相关的一切建筑技术、低碳技术和数字技术内容（见表3-1）。

表3-1　某未来社区的创建要求、设计内容、现状问题及功能落位

未来社区创建要求			本轮创建设计内容	现状设施及问题	功能落位
二级指标	指标性质	指标内容	1.明确小区特色文化主题："慧融山水、睦享周邻" 2.构建社区文化标志：标识设计 3.打造社区特色文化公园，涉及：（1）蜜蜂广场改造提升；（2）三个小区广场改造提升 4.丰富社区文化设施：涉及（1）社区礼堂；（2）宣传栏；（3）标识标牌 5.历史记忆的活态保留传承：蜜蜂文化、山水文化、民俗文化	1.有蜜蜂广场，但文化特色不明显 2.社区文化主题不明显 3.无社区礼堂 4.无文化标志 5.历史记忆可保留的点众多 6.规划区无新增建筑	社区以"蜜蜂"文化为核心，打造以"蜂王引领"为核心的蜂巢式治理模式
邻里特色文化	约束性	1.打造社区特色文化公园 2.明确社区特色文化主题 3.丰富社区文化设施，600平方米的社区礼堂 4.构建社区文化标志			
	引导性	1.整合提升类注重历史记忆的活态保留传承 2.规划新建类发掘、传承优秀传统文化价值，引入社区新文化等			

2.资金平衡咨询

对实施方案环节的资金测算方案、建设施工环节的造价预决算方案，进行全周期跟踪评估，出具资金平衡咨询报告，并对其中风险提出规避措施及优化建议。

3.技术体系管理咨询

根据建设项目实际情况和所在地的全产业链发展水平，结合场景系统建设要求，并依托未来社区产业联盟技术解决方案库，开展针对性、适宜性技术体系框架研究，指导实施方案环节的技术方案比选、建设施工环节的技术方案定型，为后续实施供应链管理提供支撑。

4.实施方案管理咨询

从以下三个方面开展未来社区项目的实施方案管理咨询：

（1）组织实施方案审查,协助委托方完成实施方案的省、市级评审,修改和备案等工作。

（2）依托实施方案,动态跟踪九大场景指标在施工图设计、建设施工中的落实情况,

提供九大场景落地设计纠偏、技术建议、风险提示及设计优化等内容。

（3）依托实施方案，开展场景联合体咨询，协助委托方选择确定场景联合体解决方案。

5. 土地供给与履约监管咨询

从以下两个方面开展未来社区项目的土地供给与履约监管咨询：

根据土地"带方案"出让（转让）要求，制定相配套的开发建设运营履约协议，履约协议应保障未来社区建设承诺的综合指标，符合省级未来社区项目33项约束性指标要求，力争达到引导性指标要求，并将实施方案中承诺的相关响应措施列入协议。

以履约协议为基础，跟踪监管项目在试运营中的实际情况，出具相应的评估报告，对其中风险提出规避措施及优化建议。

6. 运营管理与评估考核咨询

从以下两个方面开展未来社区项目的运营管理与评估考核咨询：

评估运营方案的符合性（包含本项目范围内的安置房、商品房及人才公寓等所有内容）。

协助委托方开展评估考核，负责试运营、省级未来社区验收、档案信息等管理咨询和项目后评价。工程建设专项验收由相应的用地主体负责，不纳入全咨管理。

（二）"N"（前期专项咨询）

1. 专项政策研究咨询

根据未来社区建设项目的实际需求，为落实九大场景系统，在所在地开展针对性的政策实施细则、标准技术规程等方面的专项研究。宏观把握未来生活区建设情况，深入分析未来社区整体运营情况，配合编制运营管理方案导则。

2. 土地使用权转让方案咨询

根据未来社区实际需求，开展针对性的土地使用转让的方案谋划、比选与制定，为委托方确定土地出让方式提供参考。

3. 开发模式咨询

根据实施方案及土地出让方式，甄选出政企合资、政企合作、开发商独资、政府独资四种模式，并及时提出开发模式的优化建议。

（三）"X"（工程专项咨询）

1. 项目建设管理

项目管理工作服务内容包括但不限于：在委托人的授权范围内，履行工程项目建设管理的义务，包括项目前期政策处理及协调、工程建设手续办理、项目策划管理、投资咨询管理、设计技术咨询服务（包括但不限于：负责对各阶段各专业设计图纸的深度及质量进行审查，为解决设计问题及设计变更提供技术咨询，预估设计问题解决涉及的费用变更、施工方案变化和工期影响等；对专项设计和专项审查提供技术咨询，针对评估单位提出的意见提供相应设计技术咨询；为工程设计优化提供设计技术咨询、对技术经济方案开展比较；审核工程竣工图纸等）、设计优化及设计管理、施工管理、竣工验收、结算、决算及移交（合约明确的具体工作内容）。对整个工程建设的质量、进度、投资、安全、合同、信息及组织协调所有方面进行全面控制和管理。项目全过程施工管理直至各单项验收通过（如规划、国土、环保、水利、人防、气象、排污、交通等），综合竣工验收合格，竣工备案，档案移交，整体移交，工程保修期内的缺陷修复、督促管理等。

2. 工程监理咨询

主要包括施工准备阶段、施工阶段各道工序、各部位的监理及广场备案验收证书取得至签发缺陷责任终止书和工程结算、审计的监理服务工作。对该工程投资控制、进度控制、质量控制、建设安全监管及文明施工的有效管理、组织协调，并进行工程合同管理和信息管理等方面的工作。

3. 工程造价咨询

主要包括本项目概算审核；工程量清单及招标控制价编制或审核（如有）；根据施工承包合同、进度计划，编制用款计划书；参与造价控制有关的工程会议；负责承包人报送的每月（期）完成进度款月（期）报表进行审核，并提出当月（期）付款建议书；因漏项或涉及变更或现场签证等发生的费用审核、过程结算、结算初审、配合财务决算编制审核等相关工作；与本项目造价有关的工程洽商、变更及合作争议、索赔等事项的处置，提出具体的解决措施及方案；会同业务办理工程竣工结算，提供完善的结算报告及各项费用汇总表；制定投资控制方案并实施；提供编制有关的工程造价计价依据和造价控制有关的人工、材料、设备等造价信息，以及其他与造价咨询有关服务等内容；协助业务做好无价材料、设备参数论证及询价等服务工作。

综上所述，未来社区全咨主要包括三大项，即"综合性咨询+前期专项咨询+工程建设专项咨询"，依据政策中的规定，未来社区全咨中必须包含综合性咨询的全部内容，其他则是按照未来社区创建项目的实际需要在菜单式的前期专项咨询和工程建设专项咨询的服务事项中选择有关内容，实施主体可委托有经验和实力的咨询机构承担未来社区创建的全咨服务事项（见表3-2）。

表3-2　未来社区全咨细项及产出

服务体系	咨询项目	服务要点	核心解决
范围确定	项目选址咨询	拆迁居民意愿调研、拆迁政策研究、提出选址意见、提供拆迁政策意见等	未来社区如何选址
土地拆迁	专项政策研究咨询	九大场景系统地方政策实施细则、标准技术规程专项研究	土地拆迁安置
	征迁方案咨询	征迁方案编制，明确征迁细则、安置过渡计划	政策突破研究
土地出让	土地使用权转让方案咨询	土地使用权转让方案谋划、比选与制定	土地出让方案
	土地供给与履约监管咨询	①基于评审备案的实施方案，协助确定土地出让方式；②制定"带方案"土地相配套的开发建设运营履约协议；③以履约协议为基础，全程跟踪监管，风控管理	土地"带方案"监管
资金平衡	项目投融资咨询	设计制定投融资方案，协助投融资谈判	项目投融资方案
	项目资金平衡咨询	资金平衡全周期跟踪评估，风险管控	项目资金平衡方案
总体策划	前期策划咨询	项目具有竞争力的定位、领先模式和创新亮点的研究和策划	顶层设计方案
方案及落地	规划研究咨询	规划条件调整建议、未来社区"引领性"指标研究	上位规划与项目匹配问题
	申报方案编制咨询	申报方案编制、协助完成申报	申报方案编制
	实施方案管理咨询	①制定实施方案任务书，协助选择编制单位、成果评估，组织省、市、县三级审查；②设计管理咨询，动态跟踪场景指标落实情况，系统性审查设计成果；③场景联合体咨询，协助确定场景方案；④数字化管理咨询，指导与评估CIM系统解决方案编制	实施方案全过程监管
工程监管	工程设计咨询	工程方案、初步设计、施工图管理	工程设计全过程管理
	工程造价咨询	编制审核项目全过程造价咨询	工程建设全过程管理
	项目申报咨询	项目建议书、可行性研究报告、项目申请报告、资金申请报告咨询服务	
	建设条件单项咨询	选址论证、环境影响评估、节能评估、社会风险评估	
	工程勘察咨询	工程勘察管理或工程勘察活动	
	招标（采购）咨询	建立招采制度、协助招采工作	
	工程监理与项目施工项目管理咨询	从事工程监理或施工项目管理服务活动	
场景营造	场景系统咨询	项目全过程场景系统策划、设计、建设、运营跟踪评估，风险管理	场景全过程监管
	技术体系管理咨询	项目全过程技术体系设计方案必选、合理性管控	场景技术方案管控

续表

服务体系	咨询项目	服务要点	核心解决
招商运营	社区运营前期咨询	项目在策划和设计阶段的公共服务、商业服务的业态组合和布局，租售比和运营期测算	公共服务和商业运营前端控制
	物业管理前期咨询	项目在策划和设计阶段的平台＋管家模式的运营方案编制	社区管理前端控制
	运营管理与评估考核咨询	①协助选择运营主体、评估运营方案②负责试运营、省级未来社区项目验收和后评价	可持续运营评估
品牌推广	未来社区品牌推广咨询	项目在前期筹备期、建设期、运营期的整体品牌推广方案编制	未来社区地方性品牌全省推广问题

二、案例分析

自从浙江省发改委于 2020 年 8 月发布《浙江省未来社区试点建设全过程工程咨询服务指南（试行）的通知》（浙发改办基综〔2020〕30 号）以来，已有多个省级未来社区项目采用"1+N+X"全咨服务模式，从规划设计、开发模式、场景策划、工程建设等层面均取得较好的成效。在未来社区建设过程中采用全咨服务模式已成为主流趋势。项目案例如表 3-3 所示。

表3-3 浙江省未来社区"1+N+X"全咨服务模式项目案例

项目名称	区域	服务内容
南湖甪里未来社区	嘉兴	1+N+X
江干采荷荷花塘未来社区	杭州	1+N+X
永康田川社区	金华	1+N+X
路桥凤栖未来社区	台州	1+N+X
金东区东湄未来社区	金华	1+N+X
临海六角井社区	台州	1+N+X+ 其他

续表

项目名称	区域	服务内容
柯桥区福全金三角社区	绍兴	1+N+X
白莲堂未来社区	绍兴	1+N+X
瑞安永胜门社区	温州	1+N+X
玉环东风社区	台州	1+N+X
金义新区石泄社区	金华	1+N+X
象山瑶琳社区	宁波	1+N+X
江山周家青社区	衢州	1+N+X
瓯海南湖未来社区	温州	1+N+X
萧山亚运村未来社区（媒体村）	杭州	1+N+X
吴兴吉山未来社区	湖州	1+N+X
嘉善荷池社区	嘉兴	实施方案 +1+N+X
景宁浮丘未来社区	丽水	1+N+X

（一）综合性咨询

以嘉兴市南湖甪里未来社区为例，实施主体委托的"1+N+X"全过程咨询服务贯穿未来社区建设全周期，由下列内容构成：

1. 场景系统咨询。对已申报方案的 33 项约束性和引导性指标内容进行全周期的跟踪评估，过程中出具指标评估报告。

2. 资金平衡咨询。按照建设期与运营期资金总体平衡要求，实施方案环节的资金测算方案、建设施工环节的造价预决算方案，进行全周期跟踪评估，出具资金平衡风险评估报告，并对其中风险提出规避措施及优化建议。

3. 技术体系管理咨询。据未来社区项目实际情况和所在地的全产业链发展水平，结合场景系统建设要求，并依托未来社区产业联盟技术解决方案库，开展适宜性技术体系框架研究，建设施工环节的技术方案定型，为后续实施供应链管理提供支撑。

4. 实施方案管理。依托已备案的实施方案，开展设计管理咨询，动态跟踪九大场景指标在施工图设计、建设施工中的落实情况，对设计成果文件进行系统性审查，提供九大场景落地设计纠偏、技术建议、风险提示及工程设计优化等内容；依托实施方案，开展数字化管理咨询，指导评估 CIM 系统解决方案编制，指导 CIM 实施单位利用可视化和数字化工具开展全周期建设活动，并实现与省级 CIM 平台无缝对接。

5. 土地供给与履约监管咨询。以履约协议为基础，跟踪监管项目在报建、施工、竣工、试运营等环节中的实际情况，出具相应的评估报告，对其中风险提出规避措施及优化建议。

6. 运营管理与评估考核咨询。协助委托方开展运营主体选择，评估运营方案的符合性，以及"平台＋管家"具体运营模式的合理性。运营方案应明确基础物业服务和增值物业服务的界限范围，公益性和经营性空间的规模与范围，以管家体系架构、职责培训计划。协助委托方开展评估考核，负责试运营、省级未来社区项目验收、档案信息等管理咨询和项目后评价。

（二）前期专项咨询

专项政策研究咨询。根据未来社区项目的实际需求，开展安置方案专项政策研究咨询，调查居民回迁意愿，编制形成原居民回迁方案。

（三）工程建设专项咨询

土地供应后未来社区建设涉及的自可行性研究阶段至工程竣工验收（缺陷责任期满）各类咨询服务事项。包括：

1. 项目报审咨询。按照国家、省市地方有关规定开展项目可行性研究编制等咨询服务。

2. 工程造价咨询。开展审核项目设计概算、施工图预算，以及项目发承包、施工、竣工等阶段的相关造价跟踪审计，项目结算审核。按照国家、省市地方现行有关规定组织建立招标（采购）管理制度，确定招标采购流程和实施方式，规定管理与控制的程序和方法，协助项目建设单位开展招标（采购）工作。

3. 工程监理服务。包括施工阶段以及缺陷责任期内工程质量、进度、投资控制、合同管理和组织协调，安全、文明施工监管、环节保护监管等，以及勘察、设计、设备监造、缺陷责任期等阶段的相关工程监理服务。

4. 项目建设管理。是指对施工项目管理及未来社区前述实施过程中各类专项咨询的协

调管理的统称，贯穿于项目全过程，包括项目策划、报批报建经验、合同管理、勘察管理、设计管理、技术管理、进度管理、质量管理、投资管理、安全生产管理、环境管理、信息管理、协调管理、风险管理和移交管理，以及未来社区项目验收管理、缺陷责任期内跟踪服务等。

第二节　开发模式选择

在目前规范地方政府投融资行为的大背景下，如何有效防范和化解地方政府隐性债务风险，确保未来社区运作模式的合法性、合规性和可操作性，是实施主体在推进未来社区建设时需要面对的问题。

对照现阶段落地的未来社区项目，未来社区的运作模式可分为政企合资模式、政企合作模式、平台公司独立开发模式和开发商独立开发模式四种类型。实施主体应根据政企双方的工作界面和出资意向等因素进行综合考量，合理谋划符合未来社区建设实际条件的运作模式。

未来社区的运作模式具体如下。

一、政企合资模式

（一）模式简介

政企合资运作模式即平台公司与开发商合资成立项目公司，由项目公司负责未来社区具体开发建设及运营管理工作，政企合作模式相当于政府和企业作为一个整体共同开展对于未来社区项目的开发工作。

（二）优劣势分析

政企合资运作模式下，政府与开发商被当作一个整体，政府方通过与具有实力和影响力的品牌开发商合作，引入市场优质的经验、资源和技术，品牌开发商专业化的策划设计能力以及因开发商品牌而引致的商品房溢价优势，有利于未来社区的高品质建设。

政府方全权参与未来社区的开发、建设和运营阶段，平台公司作为政府方委任的监管者，同政府方一起参与未来社区全过程的监督管理，有利于落实政府方对项目公司的开发、建设和运营的全过程监管。

除上述两点优势以外，平台公司能够同开发商共同分享未来社区的开发阶段所获得的利益。政府方通过与优质品牌开发商进行合作，有利于政府部门未来社区开发过程人才队伍的培养，有利于政府部门依据政策指引建立健全企业房地产开发管理体系并将成果反馈于政策实行中，达到互利互通的效果。同时，优质品牌开发商也可以通过与政府合作共同开发未来社区，积累企业自身的软、硬实力，为企业今后在未来社区开发领域的发展打下基础，促使企业做大做强，蓬勃发展。

但政府与企业合资合作模式下，在未来社区项目开发实际的实施过程中，政府、企业及其他相关方针对未来社区创建的协调工作量较大，对政府方的专业性提出较高的要求。政府方应具备过硬的专业知识储备，且需要尽快组织未来社区的创建专班小组。

此外，政府方或平台公司存在自身定位矛盾的问题，政府方或平台公司同时作为未来社区创建开发项目的监管者和实施者，在某些场合，身份转换可能会较为困难和尴尬，不利于创建工作的有序推进。

（三）风险分析及应对措施

政企合资模式下，如政府或平台公司未能从整个未来社区创建开发过程中脱离开来，则政府或平台公司可能存在未来形成隐性债务的风险。如开发商将政府或平台公司作为融资的担保，那么政府在未来社区开发建设过程中可能处于被动状态，甚至会承担一定的债务责任。

若政府或平台公司自身的专业度不够，可能会影响合资模式的正常运作，导致未来社区开发建设项目无法有效落地，最终可能造成未来社区最终验收和命名难以实现。

为防范上述风险，建议在政府或平台公司与开发商或企业签署政企合资协议时，在合资章程中明确约定企业或开发商的融资责任，确保政府或平台公司不提供任何未来社区开发建设的融资担保。

同时要求政府方或平台公司明确政府方专用财政资金不对未来社区开发建设项目负任何债务性的责任，不对未来社区开发建设项目作任何的融资保底承诺。同时，根据政策要求，未来社区在全过程阶段需要全咨的全面介入，建议聘请有丰富经验且专业的全咨企业，为未来社区开发建设项目提供全生命周期的咨询服务直至通过验收并命名。

政企合资模式下，按政企合资成立项目公司的时间阶段又可分为土地出让前成立政企合资公司模式、土地出让后成立政企合资公司模式，下文就前述两种模式分别展开分析。

1. 土地出让前成立政企合资公司模式

土地出让前成立政企合资公司，由合资公司共同向政府方拿地，有利于开发商对土地进行议价谈判，但由于在谋划阶段即提前锁定开发商，开发商的强势议价能力可能导致成交的土地出让价格偏低的情况。

在土地出让前成立合资公司对未来社区进行共同开发，有利于政府对未来社区的开发商进行细致筛选，相当于在项目创建方案编制阶段、项目申报阶段、项目实施方案编制阶

段、项目实施阶段提前锁定大型的且具有优质资源和影响力的开发商，提早引入市场优质的技术、人才和资源，针对未来社区评审时的 2 项综合指标和 33 项场景指标，共同编制规划性强且极具落地性的实施方案，以高质量推动未来社区"三化九场景"的落地，提高社区居民的满意度。

2. 土地出让后成立政企合资公司模式

土地出让后成立政企合资公司，将会引入更多的开发商参与土地"带方案"出让环节，各开发商可能会为争取未来社区的开发建设权而展开竞争，从而导致未来社区开发建设将会在未来社区的土地出让环节形成充分的竞争。这种良性的竞争趋势或致使未来社区开发建设项目成交的土地出让价格较为理想。

在土地出让后成立政企合资公司的另一点优势则是，未来社区开发建设项目在未来社区的申报阶段和实施方案编制阶段将由政府全面主导，利用政府平台的各方资源，并依据未来社区相关政策对未来社区的开发建设提供详细的建议和意见，更有利于未来社区民生属性和公共属性的实现。

但在土地出让后才成立政企合资公司，会导致有实力的企业或开发商介入时间较晚，申报方案及实施方案中"三化九场景"的落地实操性可能存在一定的缺陷，或者在土地出让前的规划方案中出现规划设置与实际需求不匹配的问题。

二、政企合作模式

（一）模式简介

政企合作运作模式是以合资合作运作模式为基础，即在政企合资成立项目公司的前提下，政府或平台公司独立开发建设及运营未来社区的部分内容。该模式是将未来社区开发建设的部分内容交由政府和企业进行合作建设。

（二）优劣势分析

如未来社区开发建设项目在创建过程中整体拆迁难度大、开发建设考核压力大或者平台公司急于出具形象进度时，政府或平台公司可以在未来社区开发建设中先行实施部分内容，以求能够加快未来社区开发建设"出形象"的工程。

同时，未来社区开发建设项目由政府或平台公司独立实施基础公共设施及配套部分，不但可以加快未来社区的形象建设进度，还可以大大降低开发商或企业的投资开发成本。

在政府与企业合作模式下，虽然能够提高未来社区的建设进度，但在需要未来社区九大场景整体融合的方面会存在一定的劣势，九大场景可能被政府和企业分化实施或分阶段合作实施，造成政府与企业的实施边界难以清晰划分，平台公司和项目公司的开发建设责任难以划分，政府对项目开发建设履约监管难度大。

（三）风险分析及应对措施

类似于政企合资模式，如政府或平台公司未能完全脱离政企合资成立项目公司的融资方案，则政府方或平台公司可能存在形成隐性债务的风险。

如政府或平台公司关于未来社区开发建设方面的专业度不够，政策储备或未来社区开发建设知识储备不足，则会导致未来社区开发建设项目的整体运作能力无法达到未来社区创建的深度，极有可能造成未来社区在最终的验收和命名阶段难以通过。

为了有效化解并防范上述两点风险，建议政府或平台公司与开发商或企业签署政企合资协议时在合资章程中明确约定企业或开发商的融资责任，确保政府或平台公司不提供任何未来社区开发建设的融资担保。

三、平台公司独立实施模式

（一）模式简介

政府或平台公司独立实施模式，即由政府或平台公司独立负责未来社区具体开发建设及相关运营管理工作。

（二）优劣势分析

政府或平台公司独立实施模式下，政府或平台公司对未来社区开发建设项目具有较强的掌控力，政府或平台公司全权负责未来社区的开发、建设、运营等相关一系列的工作，该种模式更有利于未来社区创建项目惠民属性和公共属性的实现。

在政府独立实施的模式下，尤其是针对已有社区的成熟度和开发程度欠佳的项目，或者未来社区开发建设前置审批要求相对较低的项目，政府或平台公司在具备社区开发显著优势的条件下可以先行对未来社区项目进行实施。

但在该种模式下，有专业实力且具备资源整合能力的高品质开发商未参与未来社区的开发建设流程，导致未来社区开发建设项目的开发商品牌溢价不能展现，甚至项目无人问津，从而不利于提升未来社区周边区域土地的整体价值。由于政府或平台公司关于未来社区创建的开发建设经验相对缺乏、知识储备量相对较少、专业人才队伍相对不足，未来社区的整体开发建设专业度还有待提升。

（三）风险分析及应对措施

政府或平台公司独立实施模式下，可能存在的风险包括未来社区经营亏损的风险、政府或平台公司背负隐性债务的风险及因专业度较差而导致未来社区创建项目无法通过验收命名的风险等。同时拆除重建类未来社区项目的投资额较大，在实施单元甚至规划单元内的实施内容较多，因此对于未来社区开发建设团队的专业性要求较高，不建议拆除重建类项目采取平台独立实施模式。

四、开发商独立开发模式

（一）模式简介

企业或开发商独立开发模式是指由企业或开发商独立负责未来社区创建项目的具体开发建设及运营管理等工作。

（二）优劣势分析

企业或开发商独立开发模式下，有关政府方可能承担的风险会转移给企业或开发商，政府的风险转嫁程度高，但具有一定实力和资源优势的品牌开发商能促使未来社区的周边区域价值得到一定的提升。

在开发商独立开发模式下，政府方仅以履约监管协议为依托对企业或开发商在未来社区创建过程全阶段实施监管，会导致政府方对于未来社区的监管难度增大，若企业或开发商在未来社区创建项目内的某一环节缺乏强有效的监管，可能会造成未来社区开发建设项目较容易演变为商业地产化的项目，会极大程度上削弱未来社区的民生属性和公共属性，对未来社区的推广及发展产生严重的不良影响，造成未来社区最终验收和命名难以通过。

（三）风险分析及应对措施

在未来社区开发建设项目中，政府方参与度过低，仅通过未来社区履约监管协议以及未来社区建设、运营协议来约束企业或开发商的行为，政府方的履约监管力度不够、约束力度不高，不利于对未来社区创建项目进行整体的履约监管，可能易出现"甩手掌柜"的情况。

为了化解开发商独立开发模式可能存在的未来社区创建风险，需要引入政府方参与未来社区开发建设项目，此举可以大幅度提高未来社区开发建设的政府管理参与度，该项举措基本等同于政企合资模式。

未来社区创建具体运作模式的选择需要实施机构综合考虑未来社区创建项目自身具备的条件、资金保障及平衡、各主体资金和项目运作实力等因素后论证分析确定（见表3-4）。

表3-4　未来社区运作模式分析

运作模式		优势	劣势	运作模式下的资金分析
政企合资模式	土地出让前合资	1.可利用开发商的技术与资源，编制实施性强的实施方案 2.提前锁定开发商，有充分的沟通时间与空间	1.开发商强势议价，谈判处于不利地位 2.提前锁定，土地出让价格可能偏低	该模式下平台公司可获得： 1.财政支付的征地拆迁资金、垫资费用及一定的服务费 2.作为项目公司的股东方按照股权比例分享利润和承担亏损
	土地出让后合资	1.竞争无分，土地出让价格会比较理想 2.实施方案由政府主导，更有利于公共属性实现 3.平台公司可分享未来社区开发盈利 4.有利于队伍培养，有利于建立健全企业房地产开发管理体系，积累企业实力，促进企业做大做强	1.开发商介入晚，"三化九场景"可能存在落地问题 2.谈判与协调工作量大 1.协调工作量大，对政府方的专业性要求高 2.平台公司同时作为监管者和实施者，存在定位矛盾问题	
政企合作模式		1.在整体拆迁难度大，公建配套占比高，需及时开工建设，满足考核节点要求时，平台公司可无行实施，平台公司"出形象" 2.由平台公司实施公共部分，可降低开发成本，实现用地主体资金平衡	1.未来社区九大场景需要整体融合，实施边界难以清晰划分 2.难以形成整体性、落地性强的实施方案 3.平台公司和项目公司责任难以划分，监管难度大	该模式下平台公司可获得： 1.财政支付的征地拆迁资金、垫资费用及一定的服务费 2.合资部分，作为项目公司的股东方按照股权比例分享利润和承担亏损 3.独立实施部分享有利润和承担亏损
平台公司独立实施模式		1.政府掌控力度大，有利于公共属性实现 2.对土地成熟度和前置审批要求低，可先行实施	1.无品质开发商的品牌溢价值 2.平台公司开发经验相对缺乏，专业人才队伍相对不足	该模式下平台公司可获得： 1.财政支付的征地拆迁资金、垫资费用及一定的服务费 2.享有利润和承担亏损
开发商独立开发模式		1.市场化程度高，风险转嫁度高 2.品牌开发使得开发有利于提升区域价值 3.无隐性债务风险，有利于国有资本经营风险	1.政府方以履约监管协议为依托实施监管，监管难度大，不利于发挥开发商积极性和创造性，监管缺乏，导致开发项目演变为商业地产化项目，较容易验收，命名失败 2.非品牌开发商过度竞争，不利于品质提升	该模式下平台公司可获得： 财政支付的征地拆迁资金、垫资费用及一定的服务费

五、案例分析

下面根据未来社区建设的实际状况，厘清各类开发模式下的优势和弊端，开展深入的对比分析得出有效结论，为高质量推进未来社区建设提出最优的开发模式方案。在项目开发模式决策的环节，应根据国土资发〔2012〕98号文明确当地单宗供地一次性出让的最大面积。如无法一次性出让，开发模式仍需综合各项因素考虑出让时序与范围。先后出让地块可通过土地"带方案"、履约监管协议和开发建设和运营协议的相关条款，设置门槛来保障由同一家开发商获得土地。

为更好比较四种开发模式的优劣势，分析各模式下对于政府方资金收益的影响，列举如表3-5所示的未来社区项目案例以供参考。

表3-5　四种开发模式的项目案例介绍及政府方的资金分析

模式名称	案例介绍	政府方的资金收益分析
政企合资模式	某省级第一批未来社区项目，总投资46.28亿元，建安投资21.5亿元，建设用地面积约12万平方米，由平台公司与开发商合资运作	该模式下政府方可获得： 1.财政支付的征地拆迁资金、垫资费用及一定的服务费 2.作为项目公司的股东方按照股权比例分享利润和承担亏损
政企合作模式	某省级第二批未来社区项目，实施单元22.2万平方米，建筑面积44.3万平方米，项目总投资43亿元，由平台公司先期实施部分工作，后续由平台公司和开发商合作运作	该模式下政府方可获得： 1.财政支付的征地拆迁资金、垫资费用及一定的服务费 2.合资部分，作为项目公司的股东方按照股权比例分享利润和承担亏损 3.独立实施部分享有利润和承担亏损
平台公司独立实施模式	某省级第一批未来社区项目，是唯一一个在城市老街道探索"拆改结合类"的社区，由平台公司独立实施	该模式下政府方可获得： 1.财政支付的征地拆迁资金、垫资费用及一定的服务费 2.享有利润和承担亏损
开发商独立实施模式	某省级第一批未来社区项目，实施单元21.53万平方米，总投资约60亿元，由开发商独立开发	该模式下政府方可获得： 财政支付的征地拆迁资金、垫资费用及一定的服务费

第三节　土地"带方案"出让

依据未来社区有关的政策文件，新建类的未来社区项目应以"带方案"方式出让土地。在土地"带方案"出让环节，涉及国有建设土地的出让方式、开发商的遴选以及土地"带方案"出让有关各类协议文件。实施主体应依据项目的实际情况，因地制宜地选择适合未来社区项目的土地出让方式，按标准筛选优质的项目开发商，厘清履约监管协议、投资合作协议及开发和建设运营协议等土地"带方案"出让有关的核心文件，确保土地出让环节各项程序的合法合规，督促开发商按实施方案及协议要求落实未来社区的建设标准。

一、国有建设土地的出让方式

国有建设土地出让是指国家在一定年限内以出让国有土地使用权的形式将国有建设土地出让给土地使用者，由土地使用者向国家支付土地使用权出让金的行为。土地交易一级市场，由国土资源管理部门代表国家出让土地。按照《招标拍卖挂牌出让国有土地使用权规定》（国土资源部令第 11 号）的解释，国有建设土地的公开出让方式主要包括招标、拍卖和挂牌三种方式。

（一）招标出让土地

招标出让土地，是指特定或者不特定的公民、法人和其他组织参加国有土地使用权投标，根据投标结果确定土地使用者的行为。在规定的期限内由符合受让条件的单位或者个人（受让方）根据出让方提出的条件，以密封书面投标形式竞报地块的使用权。招标工作一般采用资信、技术加商务综合评分的方式，两者相加得出综合评分决定最后土地受让人。投标内容由招标小组确定，开标、评标和决标程序须经公证机关公证。招标出让土地确定中标人主要有以下两种方式，如表 3-6 所示。

表3-6 招标出让土地确定中标人的两种方式

类型	内容描述
综合评标法确定中标人	除考虑投标人报价外，还涉及投标人各项资格资质、技术、商务及服务的条款，按既定的加权系数折算成分数值（满分100分）。评标时，对投标人每一项指标进行符合性审查、核对并给出分数值，最后汇总比较，取得分最高的为中标人
按照价高者得的原则确定中标人	经资格审查满足招标文件的实质性要求，且出价最高的投标人为中标人

如采取招标出让土地方式，通过设定较高的投标保证金，有利于甄选具备足够经济实力的土地受让人，降低和减少不必要的工作量。招标出让土地的优缺点总结如表 3-7 所示。

表3-7 招标出让土地的优缺点

类型	内容描述
优点	1.按照"公开、公正、公平"的原则开展市场竞争，能够较好地防止和克服区域垄断 2.能够有效促使投标人努力提高工程质量、缩短工期、降低造价，保障政府合法权益 3.有利于防范招标投标环节操作人员和监督人员的舞弊现象
缺点	缺乏量化指标，评价标准有可能较模糊，投标流程缺乏严谨性。一些地方的土地出让评标程序和标准相对欠缺，招标出让工作较不规范，容易受到人为因素干扰

（二）拍卖出让土地

拍卖出让土地，是指出让人发布拍卖公告，由竞买人在指定时间、地点公开竞价，根据出价结果确定土地使用者的行为。政府通过拍卖出让方式可获得较高的土地出让收益，增加财政收入。土地拍卖一般采用网上竞价以决定土地受让人，公示时间一般为20天。拍卖出让土地方式的优缺点总结如表3-8所示。

表3-8 拍卖出让土地的优缺点

类型	内容描述
优点	能够实现土地价值最大化，土地的经济价值得以充分显现
缺点	过分追求土地的市场价值，政府无法控制市场成交价，政府对资源的调控职能相对缺失

（三）挂牌出让土地

挂牌出让土地，是指出让人发布挂牌公告，按公告规定的期限将拟出让宗地的交易条件在指定的土地交易场所挂牌公布，接受竞买人的报价申请，挂牌期限截止时根据出价结果确定土地使用者的行为。土地挂牌出让一般采用网上竞价模式决定土地受让人，公示时间一般为30天。挂牌出让土地方式的优缺点总结如表3-9所示。

表3-9 挂牌出让土地的优缺点

类型	内容描述
优点	仅一家企业参加报价同样可成交，允许一家企业一次报价或多次报价，也允许多家企业多次报价，具有很强的灵活性和操作性
缺点	容易受挂牌设定的限制条件、信息公开程度等因素影响，往往会出现不公开、不公平、不规范竞争的情况，给土地市场秩序带来一定的负面影响

二、遴选开发商的方法和标准

国资平台公司通常情况下应借用政府采购平台采用公开招标方式确定项目开发商。

招标文件应从财务、资质、业绩、信誉及联合体等方面约束投标人资格。投标文件应由资信、技术、商务三部分组成，通过专家评审确定中标候选人。由招标人组成的谈判工作组应当按照评审报告推荐的中标候选人排名，依次与中标候选人进行投资合作协议签订前的确定谈判，谈判内容须不违反法律法规及国家、行业相关政策，率先达成一致的中标候选人即为中标人。

政府与开发商的合作内容包括土地整理投资、实施方案的编制管理、控规调整编制管理、划拨用地基础设施和附属建筑及配套设施的设计、投融资、建设和运营管理。项目公司可以为土地二级市场的托底单位，积极参与未来社区的土地公开出让工作。

依据项目建设规模、技术标准等条件，在项目地块出让环节对于项目建设的房地产开发商的企业资质具有一定的门槛要求。按照《房地产开发企业资质管理规定》等政策文件的解释，二级房地产开发商企业资质应满足以下条件。

（一）二级资质条件的企业申请资质证明材料

（1）项目开发商的申请表；

（2）专业技术人员职称证件以及在该企业缴纳社保的证明；

（3）企业质量体系保证（一般没有固定模板，但在保证文件中须体现出企业能够有相关体系标准，在房地产开发活动中能够落实工程质量管理职责）。

（二）人员方面的要求

（1）有职称的建筑、结构、财务、房地产及有关经济类的专业管理人员不少于5人，持有资格证书的专职会计人员不少于2人；

（2）工程技术负责人具有相应专业中级以上职称，财务负责人具有相应专业初级以

上职称，配有专业统计人员。其中第（1）点中的专业管理人员和专职会计人员须作区分处理。

（三）一级和二级资质的房地产开发企业可承担的项目建设规模

（1）一级资质的房地产开发企业承担房地产项目的建设规模不受限制；

（2）二级资质的房地产开发企业可以承担建筑面积25万平方米以下的开发建设项目，不得越级承担任务。

根据现阶段房地产开发企业资质的有关规定，结合未来社区项目的实际情况，政府方应委托专业咨询机构开展对于未来社区项目开发商的企业资质评估并出具资质评估报告。

三、项目地块出让环节的相关问题分析

根据国土资源部下发通知公布的《限制用地项目目录（2006年本增补本）》第六条，国家对于商品住宅用地的宗地出让面积设定明确上限，其中大城市20公顷，中等城市14公顷，小城市（镇）7公顷。未来社区项目实施单元总面积如超过一次性出让面积的上限，应按多批次出让项目地块。如土地招拍挂环节出现不同的土地受让方分别竞得实施单元地块，将会为未来社区项目九大场景的建设和运营管理工作带来一定的困难。多家土地受让方分别竞得项目地块后的风险及应对措施如表3-10所示。

表3-10　多家土地受让方分别竞得项目地块后的风险及应对措施

类型	风险	应对措施
政府方出资代表与多家土地受让方分别成立项目公司	增加政府方统筹管理未来社区项目的建设和运营难度及成本，尤其是运营环节落实九大场景33项指标、力争完成引导性指标门槛提高	咨询团队将协助政府方根据实施方案九大场景的规划布局合理分解各地块场景建设和运营的条件要求，协调和督促各项目公司履行自身的职责和义务，高质量落实未来社区的建设和运营标准
政府方出资代表与所有土地受让方联合成立一家项目公司	如项目公司股权结构及利益分配机制设计不当，项目公司的整体运作效率将受影响	咨询团队将协助政府与土地受让方协商，合理设计项目公司的股权架构。同时根据项目地块建设和运营要求，科学制定利益分配机制，协调和督促所有土地受让方共同落实未来社区的建设和运营标准

四、未来社区项目地块出让的方式和批次

根据浙江省发改委有关未来社区建设的相关要求，未来社区创建项目的实施单元面积需达到20万平方米（300亩）以上，第一批未来社区项目实施单元面积均在20万平方米（300

亩）左右。未来社区创建项目的地块出让方式采用以下两种形式。

（1）部分土地划拨、部分"带方案"出让方式。未来社区创建项目受到县级市国有建设用地使用权出让允许出让最大土地面积限制或土地收储问题的约束，且考虑未来社区创建有关要求，实施单元中安置地块土地通常采用土地划拨方式，由国资公司建设，其余业态地块采用土地挂牌出让方式出让给土地受让方；部分未来社区在申报前已进行安置房地块建设，在实施方案报审完成后将其余地块"带方案"出让。这类方式由于建设主体的不同，造成安置房和商品房、人才用房差异化，后期统一运营管理有一定难度。

（2）分批次"带方案"土地出让方式。该类未来社区创建项目受到县级市国有建设用地使用权允许出让最大土地面积限制或土地收储问题的约束，分批次进行"带方案"挂牌出让土地。若完全由市场主导，建设主体不同，产品存在差异，运营无法统一，实施主体难以协调，导致未来社区的建设走样。

五、土地"带方案"出让文件及协议

未来社区实施方案包括围绕九大场景的社区规划设计、建设工程方案、九大场景功能运营、基础设施建设要求等方面的标准和要求。根据《关于印发浙江省未来社区建设试点工作方案的通知》（浙政发〔2019〕8号）等一系列政策文件要求，未来社区项目的土地出让须以"带方案"的形式进行。土地"带方案"出让文件及附件应尽量体现土地出让过程的合法性和合规性，明确土地受让人的责任和义务，厘清政府有关部门的监管职责，确定九大场景系统建设标准和运营模式要求。除实施方案外，未来社区项目的土地"带方案"出让文件及协议还包括如下。

（一）《出让须知》

《出让须知》应明确土地使用权出让人，具体组织办理出让工作的机构，告知出让地块的基本情况及规划指标要求（包括地块位置、地块面积、土地用途、土地开发程度、土地使用权出让年限、出让地块具体的用途及指标要求）、市政工程建设的规范要求及后续移交方式、土地出让后未来社区项目的动工及竣工时间、环境保护要求及项目地址资料交汇义务，明晰出让地块竞买资格和申请程序。

（二）《出让公告》

《出让公告》应明确未来社区项目出让地块的基本情况和规划指标要求、竞买资格要求、土地出让竞买评审办法、土地出让价款支付时间。未来社区项目的公建配建要求、市政设施按标准设计等事项应在《出让公告》予以明确。应规定在签订《网上交易成交确认

书》后指定时间内需与政府签订未来社区项目的《履约监管协议》及《国有建设用地使用权出让合同》。载明竞买土地出让报名起始时间、地块竞买地点、竞买手续、地块出让的详细资料和具体要求及现场咨询联系方式等。

（三）《规划条件》

《规划条件》应明确未来社区项目的用地范围、用地面积、规划用途、建筑密度、容积率、绿地率、建筑限高、地下空间等规划指标，明晰项目地块的公共配建要求及其他控规条件。建设工程有关的环保、地震、人防、消防、节能等主管部门的规范要求应在《规划条件》予以明确。宗地界址示意图、宗地平面界址坐标图、出让地块总平图、出让地块建筑方案体块模型等文件应一并附上。

（四）《宗地图》

《宗地图》描述未来社区项目宗地的基本情况，包括宗地权属界线、界址点位置、宗地内建筑物位置与性质、与相邻宗地的关系等。

（五）《国有建设用地使用权出让合同》

《国有建设用地使用权出让合同》由自然资源和规划局与土地受让方根据土地出让相关法律法规签订。

通过土地出让合同设置土地使用性质、建筑物容积率、建筑密度、建筑高度、配套建筑等详细条件，约束土地受让方按实施方案落实未来社区建设，防范后期变形、走样。

（六）《土地竞买诚信风险告知书》

《土地竞买诚信风险告知书》向土地竞买人告知竞买土地环节中的恶意串通、哄抬地价等行为属于"土地市场诚信异常名录"或"土地市场诚信黑名单"的失信行为。

（七）《竞得土地后诚信风险告知书》

《竞得土地后诚信风险告知书》向土地竞买人告知竞得土地后各类属于"土地市场诚信异常名录"或"土地市场诚信黑名单"的失信行为，比如逾期或拒绝签订《国有建设用地使用权出让合同》、未按期申报开工等。

（八）《授权委托书》

《授权委托书》载明拟委派人员的授权委托书格式要求，内容包括土地竞买人法人代表个人身份信息及签名、授权代表个人身份信息及签名等。

（九）《网上交易成交确认书》

《网上交易成交确认书》载明土地成交后确认书的格式文本，内容包括土地成交总价、配建人才住房面积、《国有建设用地使用权出让合同》签订日期及地点等。

（十）《建设项目地质灾害防治承诺书》

《建设项目地质灾害防治承诺书》要求土地竞买人书面承诺按地质灾害防治措施落实防治工作。对土地竞买人因未采取措施或措施不到位造成严重后果时承担有关法律责任予以明确。

（十一）《竞买承诺书》

《竞买承诺书》要求土地竞买人承诺已阅读地块相关出让文本，完成拟出让地块的现场踏勘，愿意接受地块出让文件规定的全部条件和要求。

（十二）《竞得入选人基本信息表》

《竞得入选人基本信息表》要求填写土地竞得入选人名称、通讯地址、邮政编码、联系方式、开户银行及账号等内容，后续将写入《国有建设用地使用权出让合同》。

（十三）《人才住房建设移交监管协议书》

《人才住房建设移交监管协议书》根据地方人才住房建设有关的政策规定，针对未来社区项目宗地的人才住房建设移交监管问题签订协议，后续人才住房建筑及配套车位（库）建成后向政府移交的方式应予以明确。

（十四）《汇交地质资料告知单》

《汇交地质资料告知单》依据国务院《地质资料管理条例》和地方有关的政策规定，告知向当地有关部门汇交未来社区项目建设过程中形成的地质资料的责任和义务，汇交资料包括工程勘察报告、工程布置图、钻孔柱状图、实际材料图、分析测试结果汇总表及其电子版等。

（十五）《履约监管协议》

根据《浙江省未来社区试点建设全过程工程咨询服务指南（试行）》的约定，《履约监管协议》应保障未来社区项目建设承诺的综合指标，符合省级未来社区项目33项约束性指标要求，力争达到引导性指标要求，将未来社区项目在实施方案中承诺的相关响应措施列入协议。以履约协议为基础，跟踪监管项目在报建、施工、竣工、试运营等环节的实际情况，出具相应的评估报告，对其中风险提出规避措施及优化建议。

《履约监管协议》由建设主体与土地受让方签订。以协议条款的形式落实实施方案的

核心指标、空间设计、功能配置、技术应用、运营模式等相应要求。实施方案确定的标准与要求，是未来社区项目建设的核心依据，原则上不得变更。

核心要素除常规条款外，还应包括：（1）土地的出让价格对应的边界条件的明确，例如经济技术指标，包括装修标准、配套建筑及政府回购等约定；（2）由实施主体委托全咨单位对项目建设、运营及验收等开展全过程咨询，相关费用纳入用地主体开发建设成本，并由用地主体通过实施主体支付全咨单位；（3）若违背"带方案"土地出让中关于经济技术指标的约定，以不高于退地违约进行违约条款的设置等。履约监管协议是投资合作协议及开发建设和运营协议的纲领性文件。

（十六）《投资合作协议》

《投资合作协议》是由建设单位（用地主体）中有政府出资的情况下，由代表与土地受让方签订。

核心要素主要针对项目公司组织架构、股权比例、股东权利义务等常规条款，还应包括：（1）建设单位实际操盘和经营的管理制度应符合国资监管的相关要求；（2）建设单位市场化操盘将会发生如前期物业管理费、项目管理费、营销管理费、招商及运营管理费等各种名目费用（包括品牌使用费等），需实现约定费用计算基数、费率或者金额包干等机制，超出部分的承担机制等；（3）股东会议决议机制，常规必须经代表三分之二以上表决权的股东通过的条款外，增加例如"审议批准公司年度财务预算、决算方案及利润分配，弥补亏损方案""审议实施方案及运营方案的调整"等未来社区项目特有的监管约定。

（十七）《开发建设和运营协议》

《开发建设和运营协议》由实施主体与建设单位（用地主体）签订。

根据土地"带方案"出让（转让）的要求，制定配套的开发建设和运营协议，协议保障未来社区项目建设承诺的综合指标，符合省级未来社区项目33项约束性指标要求，力争达到引导性指标要求，并将实施方案中承诺的相关响应措施列入协议。

核心要素除常规条款外，还应包括：（1）建设单位（用地主体）按照系统设计、去房地产化要求，立足社区建设运营资金总体平衡，做到建设期和运营期均实现资金平衡；（2）建设单位（用地主体）无条件配合并执行实施主体（或其委托的全咨服务单位）、建设主体及相关部门对未来社区的运营、验收等进行的监督和监管；（3）项目实施方案约定的九大场景具体落实要求；（4）关于建设阶段、运营阶段核心指标，销售、自持、回购等核心要求的违约罚则相关条款。

土地"带方案"出让文件及协议如图3-1所示。

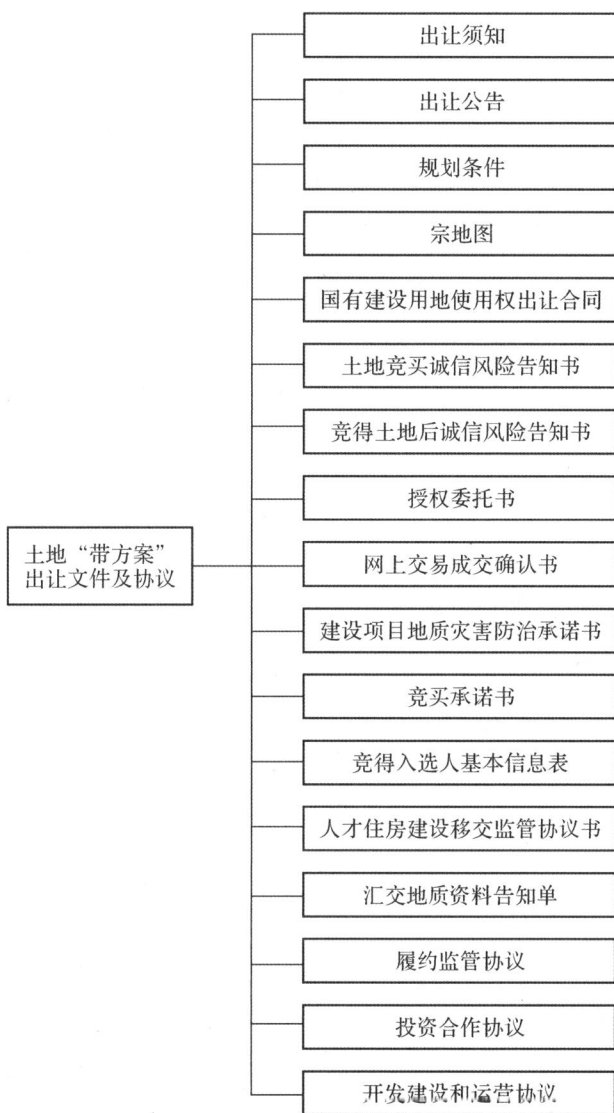

图3-1　土地"带方案"出让文件及协议

六、案例分析

（一）项目基本情况

某地2021年度未来社区拆除重建类项目。根据《未来社区全过程咨询服务竞争性谈判文件》对于"土地供应与履约监管咨询"的采购需求，即"（1）基于评估备案的实施方案，以浙江省未来社区项目建设相关政策文件为依据，协助委托方确定土地出让方式。（2）根据项目'带方案'出让（转让）要求，制定相配套的开发建设运营履约协议，履

约协议应保障未来社区建设承诺的综合指标，符合省级未来社区项目33项约束性指标要求、力争达到引导性指标要求，并将项目在实施方案中承诺的相关响应措施列入协议。（3）以履约协议为基础，跟踪监管项目在报建、施工、竣工、试运营等环节中的实际情况，出具相应的评估报告，对其中风险提出规避措施及优化建议"。

（二）项目地块出让工作

1. 工作内容

该未来社区项目土地出让的具体工作内容如下：

（1）申报方案中土地出让方案编制。根据不同的用地主体，提出相应的土地供应方案并明确计划建设工期。

（2）土地使用权转让方案咨询。根据未来社区建设项目实际需求，开展针对性的土地使用权转让方案谋划、比选与制定，为委托方确定土地出让方式提供参考。

（3）土地价格评估咨询。依据批复的实施方案，编制建设期投资概算、资金筹措方案、成本回收方案，明确具体资金流向和实现路径；在基本物业"零收费"前提下，编制运营期财务收支方案，以确保全周期资金平衡为原则，分析预计收益。在适当考虑土地受让人合理利润的前提下，推算本项目土地使用权合理成交价格。

根据《浙江省人民政府办公厅关于高质量加快推进未来社区试点建设工作的意见》（浙政办发〔2019〕60号）提出的"在建筑设计、建设运营方案确定后，可以'带方案'进行土地公开出让"，以及《浙江省未来社区试点建设管理办法（试行）》提出的"根据不同的用地主体，提出相应的土地供应方案并明确计划建设工期""鼓励采用土地'带方案'公开出让"。实施土地"带方案"出让在适度降低用地成本的同时，能约束土地受让人聚焦人本化、生态化、数字化三维价值坐标，落实未来社区建设标准，推动以九大场景创新为重点的集成系统真正落地。因此，土地"带方案"公开出让合约由《国有建设用地使用权出让合同》《履约监管协议》《未来社区实施方案》三部分组成，与一般土地合约区别最大的特点是增加未来社区履约监管协议和以通过评审的"实施方案"作为出让附件。

2. 工作安排

为确保将"139"标准和要求全面落实到项目落地方案中，实现后续监管有效把控，需制定履约监管协议，将未来社区约束性指标及建设运营要求转化为协议条款，对项目建设进度、质量安全、场景落地、委托配建、运营验收等方面设置相应要求，明确违约责任并进行风险提示说明，切实强化土地受让方履约力度。具体安排如下：

（1）根据浙江省未来社区建设高质量推进的相关规定，以及未来社区土地"带方案"

出让（转让）基本要求，未来社区的履约体系应当是"开发建设运营协议＋履约监管协议"，以满足省级未来社区项目33项约束性指标，同时对开发建设主体落实未来社区建设标准形成有效的约束。

（2）浙江省未来社区创建评价指标体系设置了综合指标和分项指标，综合指标为直接受益居民数（主要指回迁安置人数）加引进各类人才数，分项指标根据未来社区九大场景，设置33项指标，每项指标分约束性和引导性两类内容。

第四节　合同体系设计与履约监管

在未来社区建设启动前，应根据项目实际情况，厘清未来社区建设主体、实施主体及用地主体的工作界面，合理谋划覆盖未来社区建设全过程的合同体系设计及履约监管方案，将实施方案中的核心内容以条款的形式落实到履约监管协议、投资合作协议及开发建设运营协议等协议文件，着力确保在项目实施环节的履约监管工作落到实处，严格约束开发商按要求更好地落实未来社区的建设和运营标准。

一、合同体系涉及的签约主体

土地"带方案"出让的核心合同文件为《履约监管协议》《投资合作协议》及《开发建设和运营协议》，以确保土地"带方案"出让后落实未来社区"139"理念的社区规划设计、建设工程方案、九大场景功能运营、基础设施建设要求等标准和要求，高质量落实未来社区的建设和运营标准，涉及签约主体包括建设主体、自然资源和规划局、实施主体、土地受让方、政府出资代表、用地主体。各主体的介绍说明如下。

（一）建设主体

根据《浙江省未来社区试点建设管理办法（试行）》约定，项目所在县（市、区）政府或开发区（新区）管委会为建设主体，负责制定未来社区建设配套政策，统筹协调推进未来社区项目的前期及实施阶段的工作，协调和督促项目建设单位及有关政府部门按照要求依法履行职责。

（二）实施主体

根据《浙江省未来社区试点建设管理办法（试行）》约定，建设主体应授权实施主体负责未来社区建设过程的申报方案和实施方案编制、委托全咨服务、有关前期手续办理等具体事项。

（三）用地主体

根据《浙江省未来社区试点建设管理办法（试行）》约定，未来社区项目的用地主体是项目建设单位。项目建设单位可以自行运营，也可以委托专业公司开展运营。未来社区项目可按照不同项目建设单位（用地主体）赋码形成若干个政府投资或企业投资的工程建设项目。

（四）土地受让方

依法取得国有建设用地后，土地受让方在土地出让期内享有占有、使用收益和依法处置的权利，有权自主利用该土地建造建筑物、构筑物及其附属设施。

（五）政府出资代表

政府出资代表是政府委托的履行政府出资行为的代理人。建设单位（用地主体）可由政府出资代表与土地受让方共同出资成立。

（六）全咨单位

《浙江省未来社区试点建设全过程工程咨询服务指南（试行）》约定，"未来社区全咨服务的受托方是未来社区项目的第三方技术支持机构，为实施主体开展未来社区建设提供全过程工程咨询服务，满足《管理办法》第八条所明确的程序需要"。

《管理办法》第八条约定程序指自"发布申报通知"至"评估考核与命名"全过程。

二、履约监管合同体系

（一）《全过程工程咨询合同》

根据《浙江省未来社区试点建设管理办法（试行）》约定，"未来社区建设过程中鼓励委托第三方提供全过程工程咨询服务"。《浙江省未来社区建设全过程工程咨询服务指南（试行）》约定，"未来社区全咨服务的委托方，应为未来社区建设项目的实施主体"；"未来社区全咨服务是按照未来社区'139'建设理念要求，以实现未来社区建设项目'三化九场景'系统落地为目标，涵盖未来社区建设工作全过程的各类咨询服务活动的总称"；"未来社区全咨服务应包含综合性咨询的全部内容，以及按需在菜单式的前期专项咨询和工程建设专项咨询的服务事项中选择有关内容"。

《全过程工程咨询合同》由实施主体与未来社区全咨服务单位签订。综合性咨询、前期专项咨询、工程建设专项咨询均由实施主体委托，可有效防止各阶段咨询前后立场不一致，有利于未来社区美好愿景、具体指标的落实，有利于项目全生命周期各阶段目标的实现。

1. 签约主体

《全过程工程咨询合同》签约主体的甲方为实施机构，乙方为未来社区全咨单位。

2. 项目概况

（1）明确未来社区项目名称；

（2）明确未来社区项目的建设地点；

（3）明确未来社区项目的建设内容，包括商品住宅、安置住宅、人才公寓、邻里中心、商业、幼儿园、市政配套等工程；

（4）明确未来社区项目的建设规模，载明项目地块土地的总面积、项目所涉及的各地块用地及总建筑面积；

（5）明确未来社区项目的投资估算金额；

（6）明确未来社区项目的资金来源。

3. 服务范围

明确向委托人提供的全过程工程咨询服务范围：按照《浙江省未来社区试点建设全过程工程咨询服务指南（试行）》文件要求，招标范围内的全过程工程咨询（"1+N+X"），包括综合性咨询"1"、前期专项咨询"N"、工程建设专项咨询"X"三部分工作内容，具体内容如下：

（1）综合性咨询"1"，贯穿未来社区建设全周期，由以下内容构成：场景系统咨询；资金平衡咨询；技术体系管理咨询；实施方案管理；土地供给与履约监管咨询；运营管理与评估考核咨询。

（2）前期专项咨询"N"，针对未来社区项目创建的前期阶段，按照实际需要开展菜单式前期专项咨询服务，可选择的服务有：专项政策研究咨询；土地使用权转让方案咨询；开发模式咨询。

（3）工程建设专项咨询"X"，是土地供应后未来社区建设可能涉及的以单个赋码项目为主体的各类咨询服务事项，包括但不限于：项目报审咨询；工程勘察咨询；招标（采购）咨询；工程造价咨询；工程监理与施工项目管理。

4. 委托人代表与咨询项目总负责人

明确未来社区项目的委托人代表、咨询项目总负责人。

5. 服务费用

明确项目全咨服务费用暂定签约价，包括综合性咨询"1"、前期专项咨询"N"和工程建设专项咨询"X"咨询服务费。

6. 服务期限

明确服务期限计划，即从合同签订之日起到缺陷责任期满且通过发改委对未来社区的评估考核，完成所有合同服务内容为止。

7. 合同文件的组成

明确组成《全过程工程咨询合同》的合同文件，包括：协议书、中标通知书、投标函及其附件，通用合同条件、技术标准和要求及其他合同文件。

8. 双方承诺

（1）明确委托人的承诺事项，原则上委托人应遵守合同中的各项约定，为咨询人提供相关资料及设施，并按本合同约定支付款项。

（2）明确咨询人的承诺事项，原则上咨询人应遵守合同中的各项约定，按照工程咨询服务范围和内容，承担工程咨询任务。

9. 词语含义

载明合同协议书中的词语含义与通用合同条件和专用合同条件中赋予的含义相同。

10. 合同订立及生效

明确合同的订立时间、订立地点等与合同订立有关的事项要求。

（二）《国有土地使用权出让合同》

《国有土地使用权出让合同》由自然资源和规划局与土地受让方根据土地出让相关法律法规签订。

通过土地出让合同设置土地使用性质、建筑物容积率、建筑密度、建筑高度、配套建筑等详细条件，约束土地受让方按实施方案落实未来社区建设，保障项目不变形不走样。

1. 签约主体

《国有土地使用权出让合同》签约主体的甲方为自然资源和规划局，乙方为土地受让方。

2. 总则

（1）《国有土地使用权出让合同》的总则阐明与国有土地出让有关的政策法规文件，具体有《中华人民共和国物权法》《中华人民共和国合同法》《中华人民共和国土地管理法》《中华人民共和国城市房地产管理法》等法律及有关先行政策法规、土地供应政策规定。

（2）强调签约主体双方应本着平等、自愿、有偿、诚实信用的原则签订合同。合同中同时应明确出让土地的所有权属于中华人民共和国，出让人应根据法律的授权出让国有建设用地使用权，地下资源、埋藏物不属于国有建设用地使用权出让范围。

（3）受让人应依法对取得的国有建设用地，在出让期限内享有占有、使用、收益和依法处置的权利，有权利用该土地依法建造建筑物、构筑物及其附属设施。

3. 出让土地的交付与出让价款的缴纳

（1）明确合同下出让宗地编号、出让宗地面积、出让宗地区位、出让宗地的平面界地址。出让宗地空间范围是以上述界址点所构成的垂直面和上、下界限高程平面封闭形成的空间范围。

（2）明确合同下出让宗地的用途。一般有以下五类用途：居住用地（出让年限70年），工业用地（出让年限50年），教育、科技、文化、卫生、体育用地（出让年限50年），商业、旅游、娱乐用地（出让年限40年），综合或其他用地（出让年限50年）。

（3）明确合同下出让宗地以受让人缴清全部土地出让价款之日视为交地，签约双方同意以现状土地交付。同时应载明如地块内涉及地下管线等通信设施需要迁移或拆除的，受让人应在合同约定的开工日60日前负责向有关部门申请办理迁移或拆除手续，并书面告知出让人，迁移或拆除所涉及的相关费用由出让方承担。如申请不被有关部门批准，出让地块不能开发建设的，受让人可以提出解除出让合同申请，出让人应在解除出让合同之日起30日内全额返还受让人已支付的出让合同定金。

4. 国有建设用地使用权转让、出租、抵押

（1）明确受让人按照合同约定支付全部国有建设用地使用权出让价款，领取不动产权证书后，有权将合同项下的国有建设用地使用权转让、出租、抵押。受让人按照合同约定进行投资开发，完成开发投资总额的百分之二十五以上，可以部分或整体转让。

（2）明确国有建设用地使用权的转让、出租及抵押合同，不得违背国家法律、法规规定和本合同约定。

（3）明确国有建设用地使用权全部或部分转让后，本合同和土地登记文件中载明的权利和义务随之转移。国有建设用地使用权的使用年限为合同约定的使用权年限减去已使用年限后的剩余年限。

（4）明确国有建设用地使用权转让、抵押的，转让、抵押双方应持合同和相应的转让、抵押合同及不动产权证书，到自然资源和规划部门申请办理土地变更登记。

5. 期限届满

（1）明确合同约定的使用年限届满，土地使用者需要继续使用本合同下宗地的，应当至迟于届满前一年向出让人提交续期申请书，除根据社会公共利益需要收回本合同下宗地的，出让人应予以批准。

（2）明确当土地出让期限届满，土地使用者申请续期，因社会公共利益需要土地获

批的，土地使用者应当交回不动产权证书，依照规定办理国有建设用地使用权注销登记，国有建设用地使用权由出让人无偿回收。

（3）明确当土地出让期限届满，土地使用权没有申请续期的，土地使用者应当交回不动产权证书，依照规定办理国有建设用地使用权注销登记，国有建设用地使用权由出让人无偿收回。

6. 不可抗力

（1）明确合同双方当事人任何一方由于不可抗力造成的合同部分或全部不能履行，可以免除责任。但应在条件允许下采取一切必要的补救措施减少因不可抗力造成的损失。当事人延迟履行期间发生的不可抗力，则不具有免责效力。

（2）明确如遇有不可抗力的一方，应在一定时期内将不可抗力情况以信函、电报、传真等书面形式通知另一方，并在不可抗力发生后一定时期内，向另一方提交合同部分或全部不能履行或需要延期履行的报告及证明。

7. 违约责任

（1）明确受让人应当按照合同约定，按时支付国有建设用地使用权出让价款。受让人不能按时支付国有建设用地使用权出让价款的，自滞纳之日起，每日按延迟支付款项的一定比例向出让人缴纳违约金。

（2）明确受让人因自身原因终止该项目投资建设，向出让人提出终止履行合同并请求退还土地的，出让人报经原批准土地出让方案的人民政府批准后，分别按不同情形进行约定，退还除合同约定的定金以外的全部或部分国有建设用地使用权出让价款（不计利息），收回国有建设用地使用权，该宗地范围内已建的建筑物、构筑物及其附属设施可不予以补偿；如出让人愿意继续利用该宗地范围内已建的建筑物、构筑物及其附属设施的，应给予受让人一定补偿。

（3）明确出让人未能按期交付土地或交付的土地未能达到本合同约定的土地条件或单方改变土地使用条件的，受让人有权要求出让人按照规定的条件履行义务，并赔偿延误履行而给受让人造成的直接损失。土地使用年期限自达到约定的土地条件之日起算。

8. 适用法律及争议解决

（1）明确合同签订、效力、解释、履行及争议的解决，适用中华人民共和国的法律。

（2）明确因履行合同过程中发生争议，由争议双方协商解决，协商不成立的，依法向人民法院起诉。

9. 附则

（1）明确合同下宗地出让方案应经地方人民政府批准。合同自双方签订之日起生效。

（2）明确合同双方当事人均保证合同中所填写的内容符合实际情况。

（三）《履约监管协议》

根据《浙江省未来社区试点建设全过程工程咨询服务指南（试行）》约定，履约协议应保障实施方案承诺的综合指标，符合省级未来社区项目33项约束性指标要求、力争达到引导性指标要求，并将实施方案中承诺的相关响应措施列入协议。以履约协议为基础，跟踪监管项目在报建、施工、竣工、试运营等环节中的实际情况，出具相应的评估报告，对其中风险提出规避措施及优化建议。

《履约监管协议》由建设主体与土地受让方签订。以协议条款的形式落实实施方案中核心指标、空间设计、功能配置、技术应用、运营模式等相应要求。实施方案确定的标准与要求，是未来社区建设的核心依据，原则上不得变更。

核心要素除常规条款，还应包括：①土地的出让价格对应边界条件的明确，例如经济技术指标：装修标准、配套建筑及政府回购等；②由实施主体委托未来社区全咨单位对项目建设、运营及验收等进行全过程咨询，相关费用纳入用地主体开发建设成本，由用地主体通过实施主体向未来社区全咨单位支付；③若违背"带方案"土地出让中关于经济技术指标的约定，以不高于退地的情形进行违约条款的设置等。

1. 签约主体

《履约监管协议》签约主体的甲方为建设主体，乙方为土地受让方。

2. 履约监管内容

（1）明确未来社区项目的实施主体，授权其监督未来社区项目的建设工程质量、进度、安全方面的工作开展，监管和督促用地主体全面落实未来社区的规划设计、运营条件，监管和督促用地主体及项目公司建设的未来社区项目符合满足未来社区的验收条件，监管未来社区项目的直接受益居民数及引进人才数符合未来社区的要求。

（2）明确法人项目的土地出让价格对应的边界条件，例如经济技术指标，内容包括装修标准、配套建筑及政府回购等。

（3）由实施主体委托全咨单位对项目建设、运营及验收等提供专业的全过程咨询，并约定产生的相关费用纳入用地主体的开发建设成本，且由用地主体通过实施主体向未来社区项目的全咨单位支付。

（4）明确在未来社区项目建设、运营条件配置等环节涉及政府其他行政部门的，应授权实施主体与其他行政部门共同及时确定以保障项目实施不受影响，必要时当地人民政府应予以及时协调，最大程度保障项目的推进不受影响。

（5）约定土地受让方就未来社区项目开展筹备和设立项目公司，积极配合完成项目公司新设登记手续和土地权属变更手续。在以后的未来社区项目实施中，项目公司须严格按照相关政策要求和合同约定开展项目的开发建设和运营，以确保通过未来社区项目的验收程序。

（6）为保障政府方的合法权益，项目公司任何股权变更或可以导致股权变更的情形，均须经政府书面同意后方可执行。未来社区项目涉及销售备案价须上报实施主体后报送相关部门备案，项目公司须按相关部门要求执行。

3. 运营企业资格

（1）为保障未来社区项目开发及九大场景运营质量，履约监管协议约定用地主体引进运营企业的资格要求和筛选标准，确保经筛选后的运营企业具备未来社区项目整理管理和运营的专业能力。

（2）规定了土地受让方与运营企业的合同签署时间，按项目实施计划实现各相关工作有序推进。

4. 违约责任

（1）若违背"带方案"土地出让中关于项目地块经济技术指标的约定。

（2）针对土地受让方不履行或不完全履行约定义务情形（如未按期成立项目公司、未按协议与实施主体签署建设运营协议、选定的运营企业未满足资格要求等）设置违约条款和金额，并明确违约金额不足以弥补损失的情况下政府拥有向土地受让方的追偿权，在未来社区项目实施环节保障政府的各项权益。

（3）约定项目投资、建设和运营未来社区项目而导致的对于第三方侵权损害的各类情况以及相应的处理原则和办法。

5. 保密责任

对于双方提供的签署和履行未来社区项目有关未公开信息应履行保密义务。在未获得披露方书面同意前，接收方不得将保密信息披露、复制、转交给任何第三方或与本项目无关的内部人员或不受相应的保密义务约束的内部人员，接收方亦不得将保密信息用于任何与履行协议无关的用途。

6. 争议解决

为应对协议履行阶段的争议事项，设置相应的解决条款并就争议事项签订补充协议进行约定，或在协商不成的情况下提请项目所在地人民法院裁定。

（四）《投资合作协议》

《投资合作协议》是建设主体（用地主体）中有政府出资的情况下，由政府出资代表与土地受让方签订。

核心要素除关于项目公司组织架构、股权比例、股东权利义务等常规条款，还应包括：①建设单位实际操盘和经营的管理制度应符合国资监管的相关要求；②建设单位市场化操盘将会发生前期物业管理费、项目管理费、营销管理费、招商及运营管理费等各种名目费用（包括品牌使用费等），需事先约定费用计算基数、费率或者金额包干等机制，超出部分的承担机制等；③股东会决议机制，常规必须经代表三分之二以上表决权的股东通过的条款之外，增加例如"审议批准公司年度财务预、决算方案以及利润分配、弥补亏损方案""审议实施方案调整及运营方案"等未来社区项目特有的监管约定。

1. 签约主体

投资合作协议签约主体的甲方为地方政府的出资代表，乙方为土地受让方。

2. 合作目的和原则

政府出资代表和土地受让方根据约定联合竞买项目地块后设立项目公司，遵循"共同投资、共担风险、共享收益"的合作原则，明确双方各自持有项目公司的股权比例，按持股比例依法享有国有建设用地使用权、目标开发建设和经营权及其他附带权利和权益。

3. 项目公司的设立

（1）实际操盘和经营的管理制度应符合国资监管的相关要求。

（2）增加股东会议机制条款，包括审议批准公司年度财务预算、决算方案及利润分配、弥补项目亏损方案、实施方案及运营方案的调整等未来社区项目特有的监管约定。

（3）针对项目公司设立的实质性条件，对项目公司的注册资本及双方出资比例、出资实缴及后续资金安排进行约定。

（4）项目经营管理应参照用地主体的运作模式和管理制度独立运营和独立核算，项目的建设开发与运营应由用地主体负责操盘，实施主体根据法律规定和协议约定享有项目公司相应的权利、履行相应的义务。

（5）项目公司治理结构也是项目公司运作的重要事项，应按照《中华人民共和国公司法》等相关法律法规，约定实施机构于项目公司股东会和董事会的席位、重要事项的议事规则和提名项目公司高级管理人员的权限。

4. 项目公司管理费用的归属及承担约定

市场化操盘而发生变化时，如前期物业管理费、项目管理费、营销管理费、招商及运

营管理费等各种名目费用（包括品牌使用费等），需事先约定费用计算基数、费率或者金额包干等机制，超出部分的承担机制等。

5. 股权、债权及权益的转让禁售期

《投资合作协议》应设立合理的前置条件以规范项目公司资产处理原则，约定政府出资代表和土地受让方在规定的期限内不得擅自处置各自持有的项目公司股权、债权及表决权、管理权及分配权等股东权益。

6. 风险利润分配

（1）项目公司的股东按照各自的持股比例分配税后利润。

（2）为确保项目公司经营工作的正常开展，协议约定项目公司的利润应依法弥补亏损、提取法定公积金。

（3）弥补亏损和利润分配的预案由项目公司董事会制订并经公司股东批准后执行。

7. 保密责任

对于双方提供的签署和履行未来社区项目有关未公开信息应履行保密义务。在未获得披露方书面同意前，接收方不得将保密信息披露、复制、转交给任何第三方或与本项目无关的内部人员或不受相应的保密义务约束的内部人员，接收方亦不得将保密信息用于任何与履行协议无关的用途。

8. 争议解决

为应对协议履行阶段的争议事项，设置相应的解决条款并就争议事项签订补充协议进行约定，或在协商不成的情况下提请项目所在地人民法院裁定。

（五）《开发建设运营协议》

根据《浙江省未来社区试点建设管理办法（试行）》约定，县（市、区）政府或设区市政府派出的开发区（新区）管委会与项目建设单位、运营单位签订建设协议，协议内容应包括九大场景具体实现方案，并明确落实各项场景约束性指标要求的场景联合体供应商或相关责任主体。

《开发建设运营协议》由实施主体与建设单位（用地主体）签订。根据土地"带方案"出让（转让）要求，制定相配套的开发建设运营履约协议，协议保障未来社区建设承诺的综合指标，符合省级未来社区项目33项约束性指标要求、力争达到引导性指标要求，并将实施方案中承诺的相关响应措施列入协议。核心要素除常规条款，还应包括：①建设单位（用地主体）按照系统设计、去房地产化要求，立足社区建设运营资金总体平衡，做到建设期和运营期均实现资金平衡；②建设单位（用地主体）无条件配合并执行实施主体（或其委托的未来社区全咨单位）、建设主体及相关部门对未来社区的运营、验收等进行的监督和监管；③项目实施方案约定的九大场景具体落实要求；④关于建设阶段、运营阶段核心指标，销售、自持、回购等核心要求的违约罚则相关条款。

1. 签约主体

开发建设和运营协议签约主体的甲方为实施主体，乙方为项目公司（即用地主体）。

2. 项目总体要求

（1）按照系统设计、去房地产化要求，立足社区建设运营资金总体平衡，做到建设期和运营期均实现资金平衡。

（2）无条件配合并执行实施主体（或其委托的全咨单位）、建设主体及相关部门对未来社区的运营、验收等进行的监督和监管。

（3）项目公司应配合好全咨单位对未来社区项目的建设咨询、场景落地咨询、项目管理、运营咨询及项目验收咨询等工作。

（4）未来社区项目的建设和运营须符合《浙江省人民政府关于印发浙江省未来社区建设试点工作方案的通知》（浙政发〔2019〕8号）等未来社区有关的政策文件要求，项目公司须落实项目建设、场景落地等工作，并配合人民政府及指定单位后续组织的针对该项目的评估考核程序，所有单位完成竣工备案后在一定时期内通过省级未来社区项目的验收。

3. 建设要求

（1）开发建设和运营协议应约定项目公司须按照规划条件、出让须知、实施方案要求开展方案优化、初步设计深化及施工图设计，优化方案则需报送实施主体及人民政府审查，确保未来社区项目九大场景的空间配置和指标落实规划符合未来社区项目"三化九场景"的建设标准。

（2）未来社区项目范围内住宅、人才公寓须按照约定的装修标准落实装修，并在"交付样板房"完成后由相关主管部门和单位组织验收，验收合格后经相关部门同意后留存影像资料以备后续核查。

（3）未来社区项目的配建工程、人才公寓、商业建筑住宅均须同步设计、同步建设、同步竣工验收合格后方可交付使用。未来社区项目的九大场景主体应按项目实施计划完成竣工备案及后续的交付工作。

（4）未来社区项目的工程质量和安全应由项目公司全面负责，确保项目安全文明施工达到浙江省安全文明标准化工地的要求。针对未来社区项目的配建工程范围、移交时间及移交后的维修责任应予以明确。

（5）项目公司须根据浙江省对未来社区数字化运营要求，落实未来社区项目社区数字化建设和运营的相关工作，并为实施单元内其他地块数字化运营预留接口。

4. 运营要求

（1）约定项目公司编制的九大场景运营方案须满足《浙江省发展改革委关于开展浙江省未来社区建设试点申报工作的通知》（浙发改基综〔2019〕138号）等有关政策文件要求。

（2）约定项目运营期限及项目公司，负责未来社区项目的整体运营，明确运营范围、运营企业的服务要求、九大场景具体要求、运营验收程序、运营期满后移交程序，以确保高质量落实未来社区"三化九场景"运营标准并通过验收。

5. 销售要求

（1）约定未来社区项目申请住房预售许可证前，除须满足《城市商品房预售管理办法》及规定外，需完成该项目具体的社区运营方案编制工作并报人民政府及相关主管部门审核同意，特殊情况下须经人民政府批准。

（2）针对违反上述销售要求而设置相应的违约惩罚条款。

6. 违约责任

（1）关于建设阶段、运营阶段核心指标，销售、自持、回购等核心要求的违约罚则相关条款。

（2）设立相应的违约金条款，以督促项目公司落实项目建设质量和安全管理工作，按约定工期完成该项目建设并完成竣工备案，在运营期内应全面负责引进符合条件的优质运营企业，落实未来社区九大场景运营任务，力争在约定期限内该项目通过验收。

7. 保密责任

本协议约定，在未获得披露方书面同意前，接收方不得将保密信息披露、复制、转交给任何第三方或与本项目无关的内部人员或不受相应的保密义务约束的内部人员，接收方亦不得将保密信息用于任何与履行协议无关的用途。

8. 争议解决

为应对协议履行阶段的争议事项，设置相应的解决条款并就争议事项签订补充协议进行约定，或在协商不成的情况下提请项目所在地人民法院裁定。

三、履约监管体系

未来社区各相关参建主体之间的关系、履约监管合同体系如图3-2所示。

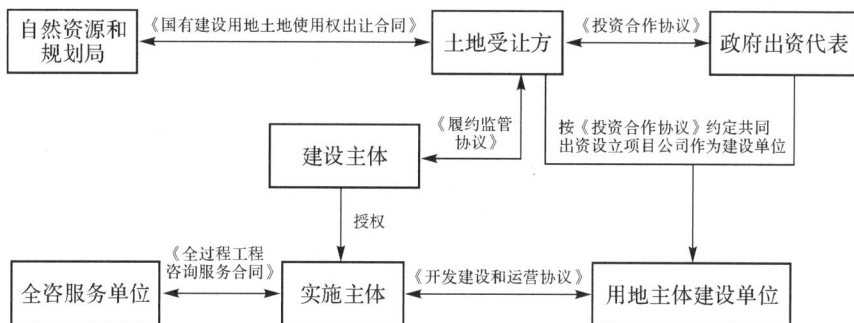

图3-2 履约监管体系

四、案例分析

（一）项目基本情况

某地省级第一批未来社区项目，其规划单元面积152.3万平方米，实施单元面积20.16万平方米，其中开发面积约12.27万平方米（不含公园面积），投资（建安）约21.5亿元。

（二）项目各方主体

该未来社区创建项目的各方主体如下：

（1）建设主体为该市人民政府；

（2）土地受让方为未来社区开发商等企业；

（3）实施主体为当地政府平台公司；

（4）用地主体由土地受让方共同出资成立；

（5）全咨单位为杭州城投建设有限公司。

（三）履约监管有关的核心协议

1.未来社区项目履约监管协议

协议签订甲方为该市人民政府，乙方为土地受让方企业。

依据本协议的约定，甲乙双方明确乙方的权利和权益并达成如下共识：甲方有权对未来社区项目建设和运营开展监管，督促土地受让方按照协议约定落实该项目"三化九场景"的建设和运营，并确保未来社区项目建设和运营内容符合浙江省、该市未来社区创建有关政策和要求；在取得项目地块的国有建设用地使用权后，乙方按约定持股比例共同出资成

立项目公司；在取得项目地块的国有建设用地使用权后，项目公司应与实施机构签订《未来社区项目开发建设和运营协议》，并按照实施方案中核心指标、空间设计、功能配置、技术应用、运营模式等相应要求，实施该项目的开发建设和运营工作；如实施主体委托第三方专业机构对项目建设、运营及验收等进行全过程咨询，相关费用应由项目公司支付。

2. 未来社区项目投资合作协议

协议签订甲方为政府出资代表，乙方和丙方为土地受让方企业。

在《投资合作协议》中明确，项目地块受让后三方合资成立项目，落实项目地块的开发建设和运营，并按持股比例间接享有对项目公司名下地块的一切权利和权益；出资成立的项目公司实际操盘及经营的管理制度应符合国资监管的相关要求；项目公司市场化操盘过程中应设计好费用超出部分的承担机制等；设立股东会议决议机制，常规必须经代表三分之二以上表决权的股东通过的条款之外，增加例如"审议批准公司年度财务预、决算方案以及利润分配，弥补亏损方案""审议实施方案调整及运营方案"等未来社区项目特有的监管约定等。

3. 未来社区项目开发建设和运营协议

协议签订甲方为实施主体，乙方为用地主体。

根据本协议的约定，乙方拥有项目地块的开发建设权。甲方根据《未来社区项目履约监管协议》与乙方签订该协议，明确乙方按未来社区有关政策标准及实施方案要求开展未来社区项目的建设和运营工作；用地主体应按照"系统设计、去房产化"要求，立足社区建设运营资金的总体平衡，做到建设期和运营期均实现资金平衡；用地主体应无条件配合并执行实施主体（或其委托的全咨单位）、建设主体及相关部门对于未来社区的运营、验收等进行的监督和监管；关于建设和运营阶段的核心指标，销售、自持、回购等核心要求的违约情况设立惩罚条款等。

4. 未来社区项目全咨服务协议

协议签订甲方为实施主体，乙方为全咨单位。

在协议中双方约定，甲方委托乙方开展未来社区项目的全咨服务，范围为《按照浙江省未来社区试点建设全过程工程咨询服务指南（试行）》文件要求，提供全过程工程咨询"1+N+X"，包括综合性咨询"1"、前期专项咨询"N"、工程建设专项咨询"X"三部分工作。明确组成《全过程工程咨询合同》的合同文件，包括：协议书、中标通知书、投标函及其附件，通用合同条件、技术标准和要求及其他合同文件。

第五节　各方权利义务边界

依据未来社区有关的政策文件，结合项目实施的实际情况，未来社区建设的参与主体涉及建设主体、实施主体、用地主体、土地受让方、政府出资代表及全咨服务单位。厘清上述参与主体的工作界面及流程，理顺各方的权利和义务边界，有利于规范未来社区建设环节的各类工作程序，确保未来社区创建有序推进、高质量落实建设标准。

一、建设主体

1.建设主体的定义

根据《浙江省未来社区试点建设管理办法（试行）》约定，项目所在县（市、区）政府或开发区（新区）管委会为建设主体，负责制定未来社区建设配套政策，统筹协调推进项目的前期及实施阶段的工作，协调和督促项目建设单位及有关政府部门按照要求依法履行职责。建设主体同时也是绩效考核的承担主体。

2.建设主体的权利义务

（1）依据现行未来社区有关的政策，建设主体应指定未来社区项目的实施主体，组织编制建设方案等相关材料。

（2）按照宽进严定的申报建设制培育方式，由建设主体自愿申报方案，并经所在设区市政府审核，由省发展改革委员会同省级有关单位比选核定，报省政府同意后确定省级未来社区项目的建设名单。

（3）建设主体应贯彻项目所在地区的综合、建设、民生、产业等领域的各项工作要求，积极落实自身责任，做好市、县（市、区）政府协调工作，明确未来社区项目的任务分工，强化协同推进，以确保未来社区建设的各项任务落到实处。

（4）建设主体应当明确实施主体开展未来社区项目建设过程中各项具体的工作事项，如申报方案和实施方案编制、有关前期手续办理等。

（5）在创建项目申请环节，建设主体应以文件形式提出申请，附上《浙江省未来社区创建项目申请表》和创建方案，全域类附上未来社区创建中长期规划，按照有关规定流程申请上报。

（6）建设主体应据实填写《浙江省未来社区创建项目申请表》（见表3-11）后，由县（市、区）人民政府、设区市人民政府盖章上报，而创建方案由实施主体根据《浙江省未来社区创建方案参考大纲》组织编制，主要聚焦实施单元，同时提出规划单元统筹推进安排。创建方案的编制深度应参照概念方案设计深度，兼顾城市设计要求。

表3-11　浙江省未来社区创建项目申报

项目名称		
类型	□旧改类 □新建类（□拆除重建　□规划新建）	
参与主体	建设主体	
	申报方案编制单位	
项目概况		
规划条件	实施单元面积（公顷）	
	总建筑面积（万平方米）	
	地上建筑面积（万平方米）	
	地下建筑面积（万平方米）	
	住宅类建筑面积（万平方米）	
	非住宅类建筑面积（万平方米）	
	容积率（总建筑面积/总用地面积）	
	绿地率（%） （城市绿地与广场用地不计入）	
	建筑密度（%） （总建筑占地面积/总用地面积）	
老旧小区房屋状况	拟拆除建筑总面积（万平方米）	
	拟拆除建筑结构类型	
	拟改造建筑总面积（万平方米）	
	拟改造建筑结构类型	
居民数据	受益居民数	
	拟建商品房（套）	
	拟建人才房（套）	
	拟建回迁安置房（套）	
	拟改造住房（套）	
投资统计	总投资（亿元）	

项目名称			
建设进度	计划开工时间		
	计划竣工时间		
联系人及联系方式		职务	
县（市、区）政府意见（盖章）			
设区市政府意见（盖章）			

（7）实施方案编制完成后，由建设主体进行初审。集审项目通过初审后，由建设主体报送省城乡风貌（未来社区）工作专班办公室，由专班办公室组织召开实施方案专家评审；其他项目通过初审后，由建设主体报送设区市城乡风貌（未来社区）工作专班，市专班组织召开实施方案专家评审会，根据《浙江省未来社区创建实施方案编制及评审要点》的要求展开评审，确保方案的合理性和可行性并形成评审意见。省级、市级评审专家组应涵盖城市规划、建筑工程、能源资源、数字化、社区运营、技术经济等领域，不少于7人；原则上专家组成员中省级专家库成员不少于3人，专家组组长由省级专家库成员担任。

（8）未来社区项目地块出让后，建设主体与土地受让方签订《履约监管协议》，在协议中应明确：

建设主体授权实施主体对未来社区的建设工程质量、进度、安全进行监督，监管和督促用地主体全面落实未来社区的规划设计、运营条件，监管和督促用地主体及项目公司建设的项目符合浙江省、市对未来社区项目的验收要求，监管和批准该项目的销售方案满足未来社区受让和居住人群（包括但不限于回迁率要求）的规定等。

建设主体同时明确，未来社区建设、运营条件配置等过程中，涉及政府其他行政部门的，授权实施主体与其他行政部门共同及时确定，保障项目不受影响，必要时建设主体予以协调。建设主体、实施主体和其他行政部门在该项目建设、运营、监管及验收等过程中做出的合法、合理的决定和行为，用地主体及项目公司应无条件配合并执行。

（9）对于如期完成规划建设目标、符合建设评价指标体系的未来社区项目，由建设主体向省发展改革委提交验收申请报告，第三方按照未来社区有关的评价指标体系进行实地核查评估。

二、实施主体

1. 实施主体的定义

根据《浙江省未来社区试点建设管理办法（试行）》约定，建设主体应授权实施主体负责未来社区建设过程的申报方案和实施方案编制、委托全咨服务、有关前期手续办理等具体事项。实施主体是建设主体的载体和抓手。

2. 实施主体的权利义务

（1）未来社区项目的实施主体由建设主体指定和授权，负责建设过程的申报方案、实施方案编制、有关前期手续办理等工作事项，或组织公开招标以选定和委托设计院、全咨单位并开展相关工作。

（2）由实施主体根据《浙江省未来社区建设试点实施方案参考大纲》编制浙江省未来社区实施方案。

（3）实施主体根据《浙江省未来社区建设试点申报方案参考大纲》编制浙江省未来社区申报方案。申报方案应明确规划单元、实施单元的规划范围，划定用地控制边界。原则上规划单元用地面积为 50 万—100 万平方米，实施单元用地面积不低于 20 万平方米。申报方案主要聚焦实施单元，但要提出规划单元统筹推进安排。

（4）实施方案由实施主体负责编制。未来社区名单公布后，原则上规划新建类项目半年内完成实施方案编制和评审，改造更新类项目考虑拆迁安置进度等因素，1 年内完成实施方案编制和评审。

（5）未来社区建设项目的实施主体委托全咨单位开展未来社区建设的全咨服务，并满足《浙江省未来社区试点建设管理办法（试行）》（浙发改基综〔2020〕195 号）第八条所明确的程序要求（见图 3-3）。

```
┌──────────────┐      ┌──────────────┐      ┌──────────────┐
│  发布申报通知  │ ───→ │  编制申报方案  │ ───→ │  申报方案评审  │ ←┐
└──────────────┘      └──────────────┘      └──────────────┘  │
    由省发改委发布        由实施主体组织编制      省发改委委托第三方进行   │
                        明确规划单元、实施单元范围   集中评审、实地调研      │
                        进定用地控制边界         省发改委会同省级有关部门   │
                        应在3个月内完成          进行综合比选            │
```

```
┌──────────────┐      ┌──────────────┐      ┌────────────────┐
│  实施方案评审  │ ←─── │  编制实施方案  │ ←─── │  确定试点建设名单  │
└──────────────┘      └──────────────┘      └────────────────┘
    区市政府初审         由建设主体负责编制   同步开展   择优拟定试点建设名单
  省发改委委托第三方会同地方  规划新建类：试点名单公布后半年内  征拆收储   予公告后，报省政府批
  规划等部门进行联合评估，报  改造更新类：试点名单公布后1年内  规划修改   准，向社会公布
    省发改委备案                          资金平衡细化
```

```
┌──────────────────┐      ┌──────────────┐      ┌──────────────┐
│  土地"带方案"出让  │ ───→ │  签订建设协议  │ ───→ │  实施推进建设  │
└──────────────────┘      └──────────────┘      └──────────────┘
    实施方案评估通过后      实施主体与建设主体、运营主体  规划新建类：土地"带方案"
    应依法供应土地          签订建设协议          公开出让2年左右完成
                        落实九大场景实现方案及场景   改造更新类：土地"带方案"
                        联合体供应商或相关责任主体   公开出让1年左右
                                            综合提升类：实施方案评审后
                                                1年左右完成
```

```
┌────────────────┐      ┌──────────────┐
│  评估考核与命名  │ ←─── │    试运营    │
└────────────────┘      └──────────────┘
  省发改委会同省级有关部门   省发改委会同省级有关部门
  组织评估考核结果经省政府   组织评估考核结果经省政府
  同意后正式命名公布       同意后正式命名公布
```

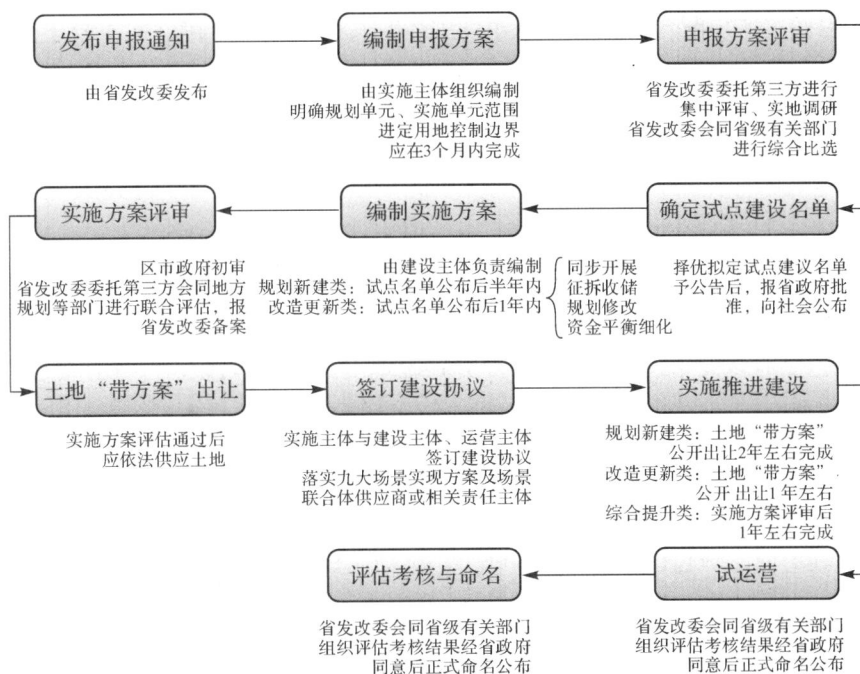

图3-3　浙江省未来社区创建工作流程

三、用地主体

1.用地主体的定义

根据《浙江省未来社区试点建设管理办法（试行）》约定，未来社区项目的用地主体是项目建设单位。项目建设单位可以自行运营，也可以委托专业公司开展运营。未来社区项目可按照不同项目建设单位（用地主体）赋码形成若干个政府投资或企业投资的工程建设项目。

2.用地主体的权利义务

（1）用地主体应按照有关规定与实施主体签署《未来社区项目开发建设运营协议》。

（2）用地主体须严格按照《浙江省人民政府关于印发浙江省未来社区建设试点工作方案的通知》（浙政发〔2019〕8号）、《浙江省发展改革委关于开展浙江省未来社区建设试点申报工作的通知》（浙发改基综〔2019〕138号）、《浙江省发展改革委关于公布首批未来社区试点创建项目名单的通知》（浙发改基综〔2019〕363号）、《浙江省人民政府办公厅关于高质量加快推进未来社区建设工作的意见》（浙政办发〔2019〕60号）以及省级、市级政府对于未来社区建设的要求。

（3）用地主体须配合实施机构委托全咨单位对未来社区项目进行建设咨询、场景落地咨询、项目管理、运营咨询、项目验收咨询等，相关费用由用地主体承担。

（4）用地主体须配合实施机构、建设主体及其指定单位（包含但不限于全咨单位、实施方案编制单位）组织的未来社区项目的评审考核工作，取得以上各单位书面意见书，并在未来社区项目所有单体完成竣工备案之日起规定年限内通过浙江省未来社区项目验收。

四、土地受让方

1. 土地受让方的定义

依法取得国有建设用地后，土地受让方在土地出让期内享有占有、使用收益和依法处置的权利，有权自主利用该土地建造建筑物、构筑物及其附属设施。

2. 土地受让方的权利义务

（1）土地受让方在竞得未来社区项目地块并签订《网上交易成交确认书》后指定时间内须与自然资源和规划局签署《国有建设用地使用权出让合同》。

（2）土地受让方对于未来社区项目宗地开发投资强度应按国家有关规定执行。

（3）土地受让方在未来社区项目宗地范围内新建建筑物、构筑物及其附属设施的，应符合市（县）政府自然资源和规划行政管理部门确定的出让宗地规划条件。

（4）土地受让方应承诺项目公司须按《国有建设用地使用权出让合同》相关约定将配建工程无偿移交给建设主体指定部门，并配合办理不动产登记手续。

（5）在未来社区项目宗地内进行建设时，土地受让方需按有关规定办理有关用水、用气、污水及其他设施与宗地外主管线、用电变电站接口和引入工程。

（6）《土地受让方案》应按规定的土地用途、容积率利用土地，不得擅自改变。在出让期限内，需要改变合同约定的土地用途的，应依法办理改变土地用途批准手续，签订《国有建设用地使用权出让合同变更协议》或者重新签订《国有建设用地使用权出让合同》，由土地受让方按照批准改变时新土地用途下建设用地使用权评估市场价格与原土地用途下建设用地使用权评估市场价格的差额补缴国有建设用地使用权出让价款，办理土地变更登记。

（7）土地受让方按照合同约定支付全部国有建设用地使用权出让价款，领取不动产权证书后，有权将国有建设用地使用权转让、出租、抵押。受让人按照规定进行投资开发，完成开发投资总额的百分之二十五以上，可以部分或整体转让。

（8）土地受让方应按照《履约监管协议》约定筹备和设立项目公司，并积极配合完成项目公司新设登记手续和土地权属变更手续。

（9）《土地受让方案》应承诺项目公司严格按照相关政策要求和协议约定开展项目

的开发建设和运营，并通过浙江省未来社区项目验收。

（10）土地受让方应同意实施主体委托第三方机构对项目的建设、运营及验收等环节进行全过程咨询，相关费用由项目公司承担。

（11）土地受让方应承诺项目公司任何股权变更或可能导致股权变更的情形（包括但不限于为项目公司股权设置权利、权限等），均须经建设主体书面同意方可执行。

（12）土地受让方应承诺未来社区销售备案须报实施主体后方可报送相关部门备案，项目公司须按相关部门要求执行。

五、政府出资代表

1. 政府出资代表的定义

政府出资代表是政府委托的履行政府出资行为的代理人。建设单位（用地主体）可由政府出资代表与土地受让方共同出资成立。

2. 政府出资代表的权利义务

（1）政府出资代表按照"共同投资、共担风险、共享收益"的原则进行合作，按照持股比例履行出资义务，享有项目公司的合法权益。

（2）政府出资代表应就项目公司组织架构、股权比例、股东权利义务等常规条款与土地受让方进行具体协商。

（3）政府出资代表与土地受让方签署《投资合作协议》等合同文件。

六、全咨服务单位

1. 全咨服务单位的定义

《浙江省未来社区试点建设全过程工程咨询服务指南（试行）》约定："未来社区项目全咨服务的受托方是未来社区项目的第三方技术支持机构，为实施主体开展未来社区建设提供全过程工程咨询服务，满足《管理办法》第八条所明确的程序需要。"

2. 全咨服务单位的权利义务

（1）全咨单位应按《管理办法》第八条约定程序自"发布申报通知"至"评估考核与命名"的全过程为实施主体提供全咨"1+N+X"服务。

（2）全咨单位应立足于未来社区建设"有为政府和有效市场并重"的原则，协助政府方确定未来社区项目交易边界、调动市场主体、投资主体积极性、激发社会活力，同时协助政府强化政策引导作用，保障未来社区建设工作有序推进，深入探索良性且可持续的未来社区建设模式。

（3）全咨单位应以国家法律、法规、未来社区有关的系列政策、土地"带方案"出让所蕴含的《实施方案》《履约监管协议》《开发建设和运营协议》及相关过程纪要等为依据，为未来社区项目的实施主体提供全方位专业化的未来社区全咨服务。

（4）对照《实施方案》中有关建设运营资金的总体平衡情况、分项费用设置等设定，全咨单位应对实际的土地出让价格、建设投资、各分项费用等项目公允偏差开展动态评价监测，协助政府方落实工程建设审计监督制度，确保工程建设"三化九场景"经得起各项审计，实现未来社区民生工程定位。

（5）未来社区建设的事前策划阶段，全咨单位应协助政府方把握《申报方案》《实施方案》编制的要点，对专班工作机制、项目运作模式、整体推进计划、市场测试等工作进行综合性协调。

（6）未来社区建设的事中服务与监督阶段，全咨单位应对项目管理、监理、造价审计等工程咨询及履约监管和动态财务测算模型开展事中跟踪，确保项目建设按照事前策划的路径稳步推进，掌握和把控项目财务收益的动态变化，以保障各方利益和未来社区项目的公共属性得以实现。

（7）未来社区建设的事后评价阶段，全咨单位应对项目的前期准备工作、工程建设、场景运行、合同履约、监管体系等环节开展科学系统的事后评价，总结宝贵的经验教训，为确保未来社区项目高质量落实九大场景的运营标准提出有效的对策建议。

第六节　场景系统咨询与实现

未来社区是以满足人民对美好生活的向往为中心，聚焦人本化、生态化、数字化三维价值，突出高品质生活主轴，使人民有归属感、舒适感、未来感的新型城市功能单元，将社区打造成未来邻里、未来教育、未来健康、未来创业、未来建筑、未来交通、未来低碳、未来服务和未来治理九大场景创新有机统一的新人居空间，绿色低碳智慧的"有机生命体"，宜居、宜业、宜游的"生活共同体"，资源合理配置的"社会综合体"。为落实未来社区建设，浙江省政府提出了"139"具象化顶层设计，即一个中心、三个未来价值坐标、九大未来场景，作为未来社区样板蓝图，如图3-4所示。

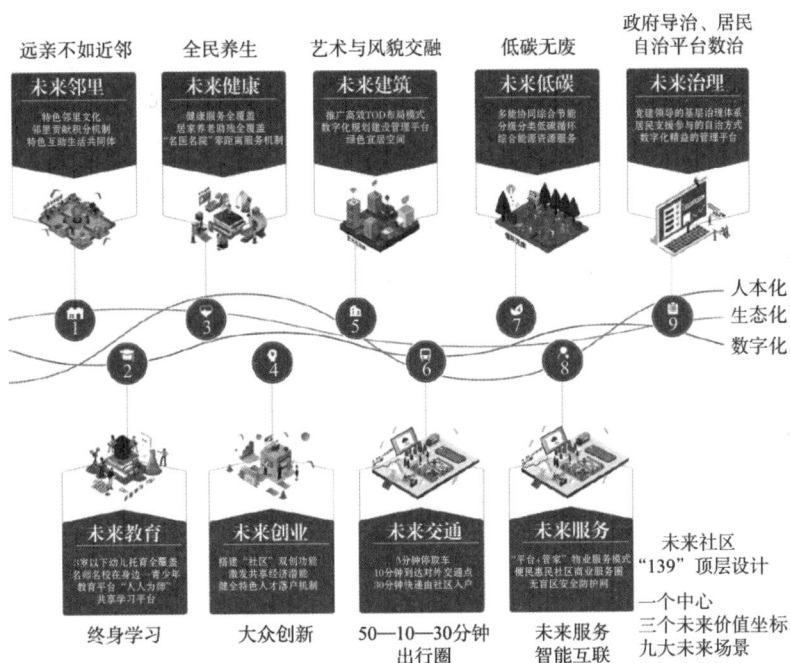

图3-4　未来社区样板蓝图
资料来源：未来社区实施方案。

实施主体应依据未来社区政策文件中对于九大场景的指标要求，结合未来社区建设有关在地文化、生态基底、软硬设施等实际条件，明确九大场景的落位区域、技术体系及实施路径，在硬的层面应有物理空间承载，软的层面应落实到文化的传承，合理规划九大场景系统的落地方案，确保未来社区九大场景的落地举措符合33项约束性指标要求，力争达到33项引导性指标要求。

一、未来邻里场景咨询

（一）创建指标

突出"社区即城市文化公园"定位，提炼社区特色文化，提出社区开放、邻里公约、共享邻里空间、社群社团活动、邻里贡献积分机制等方面具体方案和实施路径，重点包括场景系统架构、空间载体、视觉设计、规模标准、机制保障等（见表3-12）。

表3-12　未来邻里场景指标

一级指标	二级指标	指标性质	指标内容
未来邻里场景	邻里特色文化	约束性	打造社区特色文化公园；明确社区特色文化主题；丰富社区文化设施，配置不小于600平方米的社区礼堂；构建社区文化标志
		引导性	整合提升类、全拆重建类、拆改结合类注重历史记忆的活态保留传承；规划新建类发掘、传承优秀传统文化价值，引入社区新文化等
	邻里开放共享	约束性	优化设置"平台+管家"管理单元；打造宜人尺度的邻里共享空间
		引导性	提升"5分钟生活圈"服务配套；建立多形式邻里服务与交往空间，鼓励多主体参与建设共享生活体系
	邻里互助生活	约束性	构建贡献、声望等积分体系，明确以积分换服务、参与社区治理等机制；制定社区邻里公约
		引导性	引导建立邻里社群社团组织；鼓励居民积极参与邻里活动；促进居民互助资源共享等

（二）场景实现

为确保未来邻里场景约束性指标的顺利实现，未来社区应具有鲜明的人文特色元素，表达形式包括但不限于静态展示、线上数字传播、建筑形态视觉系统设计等；明确本社区特色文化公园、文化服务类设施的规模、布点、类型等；明确社区文化活动内容，拥有本社区的LOGO、文化地标等。明确社区内部管理单元划分图示、开发社区形态示意图；封闭单元间应注重共享空间的营造，"平台"是指全省统一的智慧服务平台，"管家"管理子系统要接入省级智慧服务平台，同步明确接入计划；明确管家培训计划；强化公众参与社区建设和运营，营造居民共同参与社区邻里活动的良好氛围；明确积分机制上线的工作计划，落实建设期、交付期、运营期的宣传、培训、试运转、正式运转的具体工作内容和责任主体；激发居民参与社区邻里活动的积极性，形成社区邻里公约，健全线上线下的宣传通道。

为确保未来邻里场景引导性指标的顺利实现，未来社区建设应突出挖掘地方特色文化，鼓励结合数字技术开展创意研究；将文化建设融入社区的软硬件建设；明确配套服务内容清单；明确邻里活动与空间匹配表；邻里激发机制的交互机制顺畅运作，成为连接社区运营和社区治理的纽带；探索建立邻里社群、社团组织，进一步激发社区居民参与邻里活动的积极性、主动性，促进社区居民互助资源共享等。

（三）技术要点

未来社区建设应明晰社区居民人员构成，精准定位社区居民类型。按照项目的不同类型，明确安置居民、城区外溢居民和产业人员的结构。面对不同的人员背景、文化层次、年龄区间需要有针对性的设计。通常情况下要确保安置房、商品房小区一盘棋。从空间尺度、功能布局、景观营造上，应保证小区的协调一致、空间的有序过渡，避免出现差异化；邻里运营管理环节，应注意小区的差异性、管理的针对性；管理运营需完全根据社区居民构成预测制定相应的管理体系；在整个社区的积分体系中，应充分利用新建公共服务设施以丰富整个系统，以积分换服务，充分调动整合社区居民参与积分系统的积极性。

二、未来教育场景咨询

（一）创建指标

提出3岁以下托育服务全覆盖、幼小扩容提质、幸福学堂全龄覆盖、"知识在身边"数字化学习平台、跨龄互动学习机制等方面具体方案和实施路径，重点包括场景系统架构、设施类型、平台载体、规模标准、机制保障、服务供应商等（见表3-13）。

表3-13 未来教育场景指标

一级指标	二级指标	指标性质	指标内容
未来教育场景	托育全覆盖	约束性	按社区人口规模配置3岁以下养育托管点，设施完备，安防监控设备全覆盖；专业托育员持证上岗
		引导性	通过公建民营、单位办托、幼托一体等方式举办托育机构，推动普惠托育服务全覆盖；探索家庭式共享托育等新模式；搭建社区育儿一件事掌上服务平台
	幼小扩容提质量	约束性	做好与社区外义务教育资源衔接
		引导性	扩大优质幼小资源覆盖面；打通社区与中小学近远程交互学习渠道
	幸福学堂全龄覆盖	约束性	根据运营需求，合理配置功能复合型社区幸福学堂，满足多龄段需求；建立分时段课程制度，提升活跃度、参与度的运营机制；社区与街镇社区学校协同制定并公布"社区幸福学堂学习清单"
		引导性	社区与非学科类培训机构建立合作；依托社区智慧服务平台建立项目制跨龄互动机制，组织艺术创作、公益帮扶等活动
	知识在身边	约束性	打造数字化学习平台，设置专业技能等各类社区达人资源库；构建学习积分、授课积分等积分应用机制；配建社区共享书房；制定城市公共文化资源下沉政策
		引导性	引进大型连锁书店、城市图书馆等资源，合建社区共享书房；依托社区智慧服务平台对接社区周边博物馆、美术馆等场馆资源，拓宽社区学习地图

（二）场景实现

为确保未来教育场景约束性指标的顺利实现，未来社区建设应明确托育点位置、布局形式（独立型、幼托一体）、类型（公益、普惠、中高端）；托育点的人均用房面积、户外活动场地人均面积均不低于 3 平方米；托育点监控报警系统全覆盖；专业托育员持证上岗；做好社区与周边义务教育资源接口，制定教育资源统筹方案；学区信息接入智慧服务平台；明确幸福学堂规模、布点；明确幸福学堂全龄段功能组织和分时段利用方案；制定幸福学堂活跃度提升方案；设置社区达人资源库，社区达人特长类别、资格证书等信息接入社区智慧平台；明确共享学习的积分机制激励方案。

为确保未来教育场景引导性指标的顺利实现，未来社区建设应提供普惠性、中高端等多层次托育服务；采用公建民营、单位办托、幼托一体等方式，引入优质社会托育机构，给予租金减免等优惠；提供家庭"领托"、临时托管、特殊儿童托管等多类型托育服务，探索家庭式共享托育等新模式；搭建社区育儿一件事掌上服务平台；设置社区未来教室，预留 5G、VR、双师设备等接口，分时段开展四点半课堂、双师课堂、绘本共读、儿童体适能训练等活动；与优质兴趣培训机构建立开展精品体验课、名师飞行式授课等合作；依托产业联盟，整合科普考察、艺术创作、公益帮扶、创客教育等项目制教育活动供应商资源，供居民自主选择；依托社区智慧平台，整合社区周边博物馆、美术馆、科技馆、户外营地等教育场馆设施信息、活动信息等，拓宽社区学习地图，发动居民成为文化艺术活动的策划者、组织者和参与者；设置共享图书馆、24 小时微书吧、亲子绘本馆、品质书屋等阅读交流场所。

（三）技术要点

未来社区建设应推动"保教融合"幼托服务、"名校名师在身边"青少年教育和"人人为师"共享终身学习三个方面落到实处，通过对优质教育资源的统筹，提升幼托服务标准，打造学习型社区。加强科技融合，实现幼托服务。建造高配托儿服务设施，重点发展普惠性公办托育机构，结合 5G 技术开发云看护系统，探索临时看护、家庭式托育等多元化模式，强化专业托育员培训和监管体系建设，实现 3 岁以下幼儿托育全覆盖。按照合理的区位划定建造社区学校、社区托儿、育儿机构以满足社区基本的育儿教育需求，在此基础上插花式地在社区间"点缀"临时看护机构，并结合 5G 技术开发的云看护系统和托儿机构培训的专业看护人员情况，探索临时看护、邻里看护等多元化看护模式。打造青少年教育平台，扩大优质教育资源供给。将社区内教育资源与社区附近优质师资力量等教育资源通过 5G 搭建的教育资源共享平台相连接，打破校园壁垒，扩大优质幼小教育资源覆盖面。平台中开创的线上交流功能实现师生线上实时交流，为学生答疑解惑，并配置功能复合型社区学堂，满足多年龄段需求，建立兴趣培育教育与素质教育相结合的教学体系，与兴趣培育机构合作，依托智慧平台举办以兴趣为导向的社会实践活动与公益活动。搭建共享学习平台，倡导终身学习新风尚。在社区居民组成较为完善的基础上，通过社区社群在社区平台上设置的各类专项社区达人资源库，实现社区内部答疑解惑自循环，并将积分制与答疑解惑机制相结合，形成邻里互帮互助、内部答疑的良好氛围。小区内引入共享图书馆、非遗博物馆等具有教育意义的场馆设施，拓宽社区学习地图，建设"知识文化在身边"的良好环境。

三、未来健康场景咨询

（一）创建指标

未来社区建设应围绕全民康养目标，提出社区高质量医疗服务、数字化健康管理、智能健康终端应用、社区养老助残服务、活力运动健身、中医保健服务、健康积分应用等方面具体实施方案，重点包括场景系统架构、模式机制创新、场所设施、规模标准、智慧模块搭建、产品设计等（见表3-14）。

表3-14　未来健康场景指标

一级指标	二级指标	指标性质	指标内容
未来健康指标	活力健康指标	约束性	15分钟步行圈内配置健身场馆、球类场地等场所设施；5分钟步行圈配置室内、室外健身点
		引导性	慢跑绿道成网成环；配置智能健身绿道、全息互动系统等智能设施；建立运动社群组织、运动积分机制
	智慧健康管理	约束性	15分钟步行圈内配置智慧化社区卫生服务站（智慧健康站）或智慧化社区卫生服务中心；建立居民电子健康档案，完善家庭医生签约服务
		引导性	推广社区健康管理O2O模式，个人或家庭终端与区域智慧健康平台数据互联；提供营养膳食指导等个性化健康管理服务
	优质医疗服务	约束性	辖区的社区卫生服务中心与三级医院合作合营建立医联体，提供远程诊疗、双向转诊等服务；社区卫生服务中心（站）能提供康复、护理等医养结合服务，提供中医保健服务
		引导性	鼓励发展社会办全科诊所、智能医务室、医疗商场（medical mall）等
	社区养老助残	约束性	充分考虑回迁老年居民意愿，按需配建适老化住宅；15分钟步行圈内集约配置居家养老服务设施；公共服务设施实现无障碍；对社会养老机构给予租金减免和税费优惠等政策支持
		引导性	改造提升类未来社区，应建有嵌入式养老机构，配置护理型床位和失智症照护专区；推广适老化智能终端应用；培育乐龄老人自组织；跨代合租、时间银行等新模式落地

（二）场景实现

为确保未来健康场景约束性指标的顺利实现，未来社区建设应明确健身场馆、球类场地、室外健身点规模、布局；休闲健身场地与公园、绿道、架空层、邻里中心等公共空间布局相结合，满足多样化运动需求；引入优质市场主体，实现健身场所可持续运营；依托智慧服务平台实现健身预约、付费、获取健身报告等功能，以及运营主体可视化监管功能；明确社区卫生服务中心/服务站规模、布局；社区卫生服务中心/服务站在功能设置、人员配置、信息化等方面实现升级，明确升级的具体内容（功能需涵盖"院前"检查、常见病和慢性病防治、双向转诊、健康评估、紧急救助、保健理疗、心理咨询、健康教育等）；居民电子健康档案接入智慧服务平台，数据内容包括基本信息、相关病史、医疗服务记录、体检报告、健康管理数据等，在尊重个人隐私前提下，可供居民随时查看；通过信息化等手段提升家庭医生服务能力，明确注重实效的家庭医生考核机制；通过预留规划布点、推动模式革新、促进资源下沉等方式，优先配置文化教育等优质公共服务资源。

未来社区居民基层首诊率达90%以上。社区与三级医院间建立紧密型医联体合作机制；与传统医联体相比，在医疗数据共享互认、就医流程优化、双向转诊、远程医疗等方面实现升级，在人财物关系、利益风险共担权责关系、考核激励机制等方面实现优化，须明确升级优化方案；打通线下药品配送平台，提供24小时送药上门、急用药半小时送药服务。通过中医机构与社区卫生服务中心合作等方式引入中医保健服务，依托智慧服务平台实现服务预约、养生科普教育等功能。结合未来社区居民年龄结构合理配建适老化住宅（含适老化装修及设施），普通住宅应预留适老化改造条件（如空间尺寸、一键呼救电气线路等），公共空间强化"老年友好"及无障碍设计。到社区级居家养老服务设施步行时间不超过15分钟，兼具日间照料功能，根据需求设置全托功能；日间照料中心按5分钟生活圈布局。明确居家养老服务清单。积极引入优质社会化养老服务运营主体，出台租金减免等优惠政策细则。鼓励志愿者团队、公益组织等社会力量参与社区养老助残，并明确具体支持政策。

为确保未来健康场景约束性指标的顺利实现，未来社区建设应使慢行系统成网成环，营造兼具景观性与功能性、富有吸引力的公共空间。应用人工智能等技术，配置智能健身绿道、全息互动系统等设施。依托智慧服务平台建立社区运动社群，组织开展各类体育休闲活动，支持居民在线报名、签到、参与活动、分享活动图片和视频，并纳入居民积分体系，创建社区运动文化IP。社区卫生服务中心、服务站医疗数据以及可穿戴设备、家庭终端、健康屋设备等健康数据上传至电子健康档案，并同步到家庭医生，通过AI技术辅助家庭医生开展及时有效的健康管理，建立依托智慧服务平台的家庭医生评价机制。提供多元化、定制化健康膳食服务，可与邻里中心、社区食堂等相结合，引导开展各类营养改善计划的社群活动。结合社区实际，合理配置 AED 紧急救援设施、智能医务室、智慧健康屋、medical mall 等设施。合理应用人工智能、物联网等新技术，提供人工智能辅助诊断等服务。依托智慧服务平台开展"时间银行"互助养老，居民通过提供助老服务获得时间币，可兑换相关健康产品及服务，并与积分机制联动。养老机构达到国家五星级认定标准，并配备护理型床位。在适老化住宅、社区卫生服务中心等推广适老化智能家居和可穿戴设备，以及健康风险预警、防走失数字地图、医疗救援数字响应等数字化功能。依托邻里中心等载体，提供社交娱乐、老年大学、兴趣社团、志愿活动等多元化活动选择。

（三）技术要点

主要为健康生活、优质医疗和幸福养老三个元素，倡导健康的风尚，完善社区养老，提升社区医疗服务。

1. 建立生命周期档案，完善家庭医生签约服务机制

结合居民健康数据，建立全生命周期健康电子档案系统。完善家庭医生签约服务机制，推广可穿戴设备等智能终端应用，探索社区健康管理线上到线下（O2O）模式。通过远程诊疗、人工智能 AI 诊断等方式，促进优质医疗资源普惠共享。

2. 科学配置运动设施，创新社区健身服务模式

创新社区健身服务模式，科学配置智能健身绿道、共享健身仓、虚拟健身设备等运动设施，同时加强社区保健管理，普及营养膳食、保健理疗等养生知识。在 15 分钟出行圈内插花式建立开放式健身房、社区绿色跑道等公共设施，以满足居民的健康需求。组织建设运动社团，将积分制与运动量数据相结合，鼓励居民健康锻炼，强健体魄。社区软件开发健康管家模块，依据穿戴式身体记录仪器上传的数据给出针对性的健康意见，并定期更新营养膳食、健康理疗方面的知识。

3. 完善养老场所配置，促进养老服务全覆盖

促进居家养老助残服务全覆盖，创新多元化适老住宅、居家养老服务中心、日间照料中心、嵌入式养老机构、老年之家等场所配置，支持"互联网＋护理服务"等模式应用。通过租金减免等优惠措施吸引养老机构、老年之家等入驻社区。以插花式形式分布在社区内部，实现"在家旁边养老"的养老场景。联合养老机构打造终端数据库和线上家属信息交互平台，确保家属可以实时查看老人生理和心理健康状况。

四、未来创业场景咨询

（一）创建指标

未来社区建设应按照"未来创客厅"理念，提出社区双创空间的组织方案；提出创业者服务中心、创客学院、社区众筹服务平台等创业孵化服务平台的实施方案；提出人才安居、落户、创业扶持相关的配套机制保障方案。重点包括空间功能、模块组织、规模标准、服务运营、平台搭建、机制保障等内容（见表3-15）。

表3-15　未来创业场景指标

一级指标	二级指标	指标性质	指标内容
未来创业指标	创新创业空间	约束性	根据实际需求，配建弹性共享、复合优质、特色多元的社区众创空间
		引导性	因地制宜建设社区众创空间，根据社区布局、业态等条件灵活设计空间产品，打造高性价比办公场所
	创业孵化服务及平台	约束性	依托社区智慧服务平台搭建创业者服务中心功能模块，提供全方位的创业指导、咨询服务等；完善创业服务机制
		引导性	提供创业孵化的金融服务；建立社区创客学院；促进社区资源、技能、知识等全面共享
	落户机制	约束性	新建类可售住宅销售价格不高于周边均价；建立住房租售"定对象、限价格"的特色人才住房供给机制
		引导性	按需配建人才公寓；制定人才公寓租售同权支持政策；建立创新人才落户绿色通道，引进年轻高层次人才落户；打造各类特色人才社区

（二）场景实现

为确保未来创业场景约束性指标的顺利实现，未来社区建设应结合实际需求与特点，构建专业化、差异化、多元化创业空间，创业空间规模不低于300平方米。社区创业空间注重与其他公共场所在空间上的弹性转化和时间上的错时共享。社区创业空间应提供基础办公、会议、接待、展示等复合弹性使用的功能模块，以及路演、交流、学习等活力交往模块。依托社区智慧服务平台，打造或植入创业者服务中心模块，集成创业指导、政务服务、金融服务、人力资源、市场营销等全方位创业服务。定期定向推送创业政策资讯。完善创业者与创业服务无缝衔接的互联、互评、互惠的"线上+线下"创业服务机制。未来社区项目入驻人才利用居所、共享办公空间等开展自主创业，参照相关支持政策给予补助等优惠。建立个性化、有针对性的社区创业激励机制。积极探索以房引才，按照分层分类原则，对未来社区项目新引进的人才根据其专业水平、业绩贡献等，分别给予住房激励、购房优惠、房租减免等奖励政策。科学规划、合理设置人才公寓规模与户型。住房出售拟报审的预售价格应不高于政府发布的近期周边新房均价。

为确保未来创业场景引导性指标的顺利实现，未来社区建设应因地制宜地选择社区创业空间布局，邻近公共交通中心、公共服务中心或智力中心布局。灵活设计独立型或共享型创业空间组织形式。

（三）技术服务

主要包含"生活无界""机制无忧"和"服务无距"三个要点，着重在创业保障、创业服务、创业载体三个方面有所创新和完善。打造"双创"空间，营造良好社区生态。结合地方主导产业培育，按照数字经济、文化创意等领域特色创业需求，配置孵化用房、共享办公、家居办公（SOHO）等"双创"空间，配套共享厨房、共享餐厅、共享书吧、共享健身房等生活空间，营造社区创新创业良好生态。按照创业产业指向规划建设300平方米以上的社区双创空间，并通过低价或免费开放公共办公区域等方式鼓励居民创业，此外配备共享书吧、共享健身房等复合功能生活服务空间，营造良好的创业生活环境。构建智慧平台，实现供需对接资源共享。依托社区智慧平台，形成共享服务需求与供给零距离对接场景，促进社区资源、技能、知识等全面共享。依托智慧平台，打造全方位创业答疑解惑的交流空间，提供全方位创业指导、创业咨询服务并逐步完善创业服务机制，提供一线创业融设规划创客学院，促进社区资讯、技能知识共享。完善特色人才落户机制，吸引人才入住。健全特色人才落户机制，推出多类型人才公寓，采用定对象、限价格等方式，建立利于招才引智的出售出租政策机制。打造各类特色人才社区，吸引更多特色人才安家落户。

五、未来建筑场景咨询

（一）创建指标

聚焦空间集约开发创新，以构建"疏密有致"的空间布局形态和"宜居宜业"的社区环境品质目标，提出基于TOD社区开发模式下的土地混合使用、开发强度梯度配置、地上地下空间复合利用、立体绿化全面覆盖、建筑与公共空间全时段融合利用等建设导则与组织方案；以构建"有辨识度、有地域感"的城市文化地标为目标，提出基于地方文化特色、应用现代科技的建筑原创方案；推广装配式建筑和建筑装修一体化技术应用，提出集"标准化设计、工厂化加工、机械化施工、信息化管理"于一体的建造技术集成方案。重点落实空间布局规划、形态风貌设计、建筑产品创新、人文环境营造、建造技术集成、信息平台搭建、指标标准设定等方面内容（见表3-16）。

表3-16　未来建筑场景指标

一级指标	二级指标	指标性质	指标内容
未来建筑指标	CIM数字化建设平台应用	约束性	应用统一的社区信息模型（CIM）平台，建立数字社区基底
		引导性	CIM平台功能向城区拓展，运用到城区的连片开发建设
	空间集约开放	约束性	新建类落实TOD导向；实现土地混合利用、空间功能复合利用、地上地下综合开发；新建类基本实现资金平衡
		引导性	公共服务设施与交通站点无缝衔接体系
	建筑特色风貌	约束性	注重延续历史文化记忆、加强历史文化遗存保护，建筑风貌体现地域文化特色；采用地面、平台与屋顶相结合方式，创新配置空中花园，打造立体多层次复合绿化系统
		引导性	基于地方风貌基底与城市肌理，建立完整风貌控制体系；打造社区文化标志建筑物（含构筑物）；合理配置花园阳台
	绿色建筑与建筑工业化	约束性	新建建筑不低于绿色建筑二星级且不低于当地绿色建筑专项规划的星级建设要求；新建建筑应用建筑工业化（含内装），采用标准化设计、工厂化生产、装配化施工、一体化装修、信息化管理，并符合《浙江省装配式建筑评价标准》要求
		引导性	单体新建建筑绿色建材应用比例高于70%；新建建筑应用新材料新技术新工艺；鼓励对标健康建筑标准
	公共空间与建筑	约束性	灵活采取集中式或分布式布局，建设综合型社区邻里中心；利用新建建筑底层架空、保留建筑功能改造、各类户外场所复合利用等方式，合理配置社区共享空间
		引导性	推广建筑弹性可变房屋空间模式

（二）场景实现

为确保未来建筑场景约束性指标的顺利实现，未来社区建设应用社区信息模型（CIM）平台，集成数字化规划设计（含申报方案、实施方案）、征迁（首批未来社区项目可适当放宽要求）、施工管理。CIM平台系统架构完整，子业务系统模块明确，能与省级CIM平台无缝对接。CIM平台系统应用覆盖实施单元，相关LOT等物联网设备完善；有条件的，配建大数据管理中心等信息设施场所。按照公共交通导向开发（TOD）理念，有效进行疏密有致、功能复合开发。加大城市存量用地盘活利用力度，打破一刀切模式，科学合理确定地块容积率、建筑限高等规划技术指标。开发利用高效集约、功能复合，实现地上地下综合利用和土地混合开发。在建筑设计、建设运营方案确定后，可以"带方案"进行土地公开出让。除国家和省另有规定外，改造更新类项目对应土地出让收益，剔除上缴国家部分，其余全部用于支持未来社区项目建设，保障资金总体平衡，切实提升财政资金使用绩效。

积极争取相关国家补助资金，科学引导省市各类专项资金补助等优惠政策优先向未来社区项目倾斜。给予实施主体房屋预售、按揭贷款等政策支持。合理配置屋顶绿化、空中花园阳台、垂直绿化等立体绿化空间。未来社区项目空中花园阳台的绿化部分不计入住宅建筑面积和容积率。公共立体绿化合理计入绿地率，支持建立社区农业等立体绿化综合利用机制，推行绿色建筑。住宅类建筑装配率不低于20%，商业和公建类建筑达到浙江省《装配式建筑评价标准》（DB33/T1165-2019）A级装配式建筑要求。回迁房、人才房、商品房等住宅，提供模块化户型选择及菜单式的装修选择服务。应用装配式建筑（含内装），装配率达到地方先进水平。根据浙江省《装配式建筑评价标准》，装配式建筑的认定标准为：公共建筑装配率不低于60%，并达到A级及以上标准；居住建筑装配率不低于50%。打造5~10分钟社区生活圈，建立以邻里中心、街巷共享空间、庭院与建筑架空空间为重点的社区生活服务设施体系；建设公益性与商业性相结合的综合型社区邻里中心。保障公益性设施建设，完善社区居民24小时生活服务供给，按每百户不少于80平方米标准落实社区配套用房面积比例，鼓励邻里中心一站式集约配置服务空间。惠民型和品质型商业并重，保障足够商业经营规模，实现运营期资金平衡。未来社区项目架空空间和公共开敞空间不计入容积率。

为确保未来建筑场景约束性指标的顺利实现，未来社区建设应将CIM平台应用范围扩大至规划单元，乃至更大范围的城市建设区域。CIM平台应用阶段更加前移，实现数字征地、拆迁、安置等决策辅助功能。运用"站城一体化"模式，整合轨道交通站点或公交站点，与公共服务设施共建TOD综合体。地下空间实行整体规划与建设，多地块实现"共通互联"。建有个性鲜明、富有特色的社区文化标志性建筑（构筑物）。社区风貌管控体系完整，纳入土地出让的规划条件之内。达到《绿色建筑评价标准》（GB/T50378-2019）要求的二星级及以上绿色建筑，实现全覆盖。拆迁安置采用套内建筑面积计算规则。推广建筑"弹性可变房屋空间模式"。

（三）技术要点

包含"空间形态""建筑产品"和"建造技术"三个维度，注重在效率和人文、符合与共享以及标准化与信息化三方面有所突破。TOD模式集约空间，实现模块独立统一。推广集约高效TOD布局模式，围绕公交枢纽形成大疏大密布局模式，推动地上地下空间高强度复合开发，统筹做好地下综合管廊建设衔接。由项目设计团队开展对于项目空间布局的规划设计，对地上地下空间开展高强度复合型开发，使得社区既有相对独立的空间区块，又有联合统一的整体模式。提高空间利用率，打造绿色宜居宜业空间，促进空间集约利用

和功能集成。探索弹性功能组合空间模式，优化青年创业公寓、新型养老公寓等配比。推广智慧家居系统应用，建设个性化、泛在化绿色公共空间。提高立体复合绿化率，完善配备服务设施，打造艺术与风貌交融的未来建筑场景。加强建设管理数字，推广集成化技术。搭建数字化规划建设管理平台，构建社区信息模型 (CIM) 平台。实现规划、设计、建设全流程数字化，建立数字社区基底，应用推广装配式建筑、室内装修工业化集成技术。

六、未来交通场景咨询

（一）创建指标

围绕未来社区居民出行、车辆通行以及物流配送等三方面交通服务需求，提出社区TOD 对外交通衔接、内部街区路网布局、"人车分流"交通组织管控、无障碍慢行交通体系、智慧出行服务、智慧共享停车、新能源汽车供能保障、非机动车管理、物流配送集成服务、车路协同接口预留等实施方案，包括物理设施、组织理念、技术平台、建设标准、制度保障、产品设计等内容（见表3-17）。

表3-17　未来交通场景指标

一级指标	二级指标	指标性质	指标内容
未来交通指标	交通出行	约束性	步行10分钟内到达公交站点；做到"小街区、密路网"；打通社区内外道路，提高出行便捷性
		引导性	社区路网空间全支路可达；社区对外公交站点慢行交通换乘设施全覆盖；建立交通信息发布系统和平台；提供定制公交等个性化出行服务
	智能共享停车	约束性	公共设施内建立智能停车系统，提供车位管理、停车引导等功能；利用社区周边公建配套，通过错时停车、共享停车提高车位利用率
		引导性	应用自动导引设备（AGV）、自主代客泊车系统（AVP）等智能停车技术
	功能保障与接口预留	约束性	新建车位预留配电设备安装条件
		引导性	开展停车位充电设施改造；预留无人驾驶、智能交通运行等车路协同建设条件
	社区慢行交通	约束性	建立安全、完整以及对所有人开放的步行环境
		引导性	建立安全、完整的自行车道网络；提高社区慢行交通网络密度；配置社区风雨连廊等
	物流配送服务	约束性	设立智能快递柜、物流服务集成平台等智能物流设施；配置物流收配分拣和休憩空间
		引导性	采用智能配送模式，如末端配送机器人等

（二）场景实现

为确保未来交通场景约束性指标的顺利实现，按照公共交通导向开发（TOD）理念，未来社区应围绕快速公交站点布置，社区慢行主出入口与公交站点距离不应大于800米。设计"小街区、密路网、开放街区"空间形态，社区内部支路"毛细血管"高度发达，控制道路间距不超过300米。街道按照沿线活动、功能分级等进行模块化设计，实现街道与开敞空间、邻里生活设施配套、沿线景观融合一体。社区内部次干路及以下等级道路设计吸纳采用收窄车道、减小交叉口转弯半径、收窄过街口、抬高人行横道、设置减速缓冲带和限速标志标线等稳静化手段。加快建设应用社区智慧服务平台，探索社区居民依托平台集体选择有关配套服务，推广共享停车模式。配建标准配建社区停车泊位数量。统筹社区租售及公共车位资源，创新车位共享管理机制。对新建小区，租售车位实现100%建设充电基础设施或预留建设安装条件，公共车位实现充电设施100%覆盖。实行充电车位分时共享机制，满足无固定停车位用户需要。优化社区慢行交通环线设计，确保社区内部无断头路。道路横断面设计充分保障非机动车及行人路权，与机动车道实行机非车道分离。新建小区构建地面—地下多维立体分层交通空间形态，统筹均匀布设地下车库出入口，保证社区主出入口与机动车停车出入口的顺贯连接，避免与社区地面慢行交通流线交叉干扰。提升智能快递柜、智慧物流终端、物流服务集成平台等社区智慧终端覆盖率，以楼层或单元为基本单位配置。综合快递分发、餐饮配送、食材代购等多种需求，依托社区智慧服务平台，搭建"社区—家庭"30分钟物流智慧集成服务系统，嵌套开发线上留言、接单查询、定位搜索、寻路导航等功能模块。完善社区物流技术设施配套，将物流用房与社区公共用房、物业用房统一规划建设，划定预留社区物流快件中转存储场地和作业人员休憩整备场所。

为确保未来交通场景引导性指标的顺利实现，社区慢行出入口与公交站点之间应设有专门慢行通道，相应配置无障碍设施；条件允许情况下，应通过连廊、地下通道等形式保证慢行通道的连续不间断。因地制宜控制社区支路网覆盖密度，宜控制在不低于8公里/平方公里水平。推广应用AGV（自动停车导引设备）、机械立体停车库等智慧停车技术设施。街道布设路测传感器，预留智能网联汽车应用接口。优化设计连续成环的分级交通路网，提升社区支路交通联通度，慢行交通网络密度达到14公里/平方公里以上。社区内非归属于街道的慢行空间考虑结合社区建筑布置，如风雨连廊等。鼓励探索智能机器人、无人车、地下管道物流等新技术和新模式的应用，探索区块链等在物流配送领域的智慧化应用。

（三）技术要点

主要体现为"人"畅其行、"车"畅其道和"物"畅其流三个层次，其对空间路网的规划、交通的组织与管理、物流服务的智慧集成均包含开放有序的理念。加强技术智能化，实现 5 分钟停车圈。以车实现 5 分钟取停为目标，统筹车位资源，创新车位共享停车管理机制。推广应用自动导引设备（AGV）等智能停车技术，完善社区新能源汽车充电设施供给，预留车路协同建设条件，为 5G 环境自动驾驶和智能交通运行留白空间。优化公共交通网络，实现 10 分钟出行圈。以人实现 10 分钟到达对外交通站点为目标，创新街区道路分级，慢行交通便利化设计，倡导居民低碳出行。通过信息服务实现一键导航、交通无缝衔接，打造居民便捷交通站点出行圈。规划建设道路实行人车分离，慢行道分布为密集的网状道路，以控制路口之间的距离。社区对外交通站点出行乘换设施全覆盖，并在社区利用软件开发交通信息发布功能，为居民设置适合的交通出行方式及路线。打造智慧配送系统，实现 30 分钟配送圈。以 30 分钟配送入户为目标，运用智慧数据技术，集成社区快递、零售及餐饮配送，打造"社区—家庭"智慧物流服务集成系统。运营管理企业或集团组织各商铺与专业物流配送企业结盟，打造社区内部独立安全的物流配送系统，结合智能存储柜、机器人配送等新兴技术，实现点对点转移配送。

七、未来低碳场景咨询

（一）创建指标

提出未来社区"光伏建筑一体化 + 储能"的供电系统、集中供暖（冷）系统、智慧能源网布局、可再生能源利用、非传统水资源利用、垃圾分类和回收利用、互利共赢能源供给模式改革等具体方案和实施路径，重点包括设施布局、设备标准、技术创新、管理平台、政策机制、产品设计等内容（见表 3-18）。

表3-18　未来低碳场景指标

一级指标	二级指标	指标性质	指标内容
未来低碳指标	多元能源协同供应	约束性	应用光伏发电等多种新能源技术，提高可再生能源利用比重
		引导性	新建类进行互利共赢能源供给模式改革，引入综合能源资源服务商；公共建筑采用区域集中供热（暖）供冷；采用"热泵+蓄冷储热"技术；预留氢能和燃料电池技术应用接口；构建近零碳能源利用体系
	社区综合节能	约束性	新建建筑采用被动式低能耗建筑技术，提高社区综合节能率；依托社区智慧服务平台，搭建公共设施智慧集成的能源管理及服务平台
		引导性	创新能源互联网、微电网技术利用；布局智慧互动能源网；推广应用近零能耗建筑
	资源循环利用	约束性	建立生活垃圾源头减量机制；生活垃圾分类全覆盖；绿化、环卫用水采用非传统水源；新建类采用节水型洁具
		引导性	促进垃圾分类和资源回收体系"两网融合"；提高垃圾资源化利用率；鼓励开展海绵城市建设；促进分质供水，提高雨水和中水资源化利用

（二）场景实现

为确保未来低碳场景约束性指标的顺利实现，根据实际选择与建筑可分离或不可分离的光伏组件，建设分布式供电系统，光伏组件集中并入社区变配电系统，同时要求具备储能功能。综合考虑项目资金承受能力、居民习惯与接受度、资源条件等因素，根据安置房、人才房、商品房、公建等类型，合理选择区域能源站、适配型被动房＋补充空调、区域能源站＋适配型被动房等技术方案，统一解决供热（暖）供冷。区域能源站方案应落实冷热源，采用高效热泵，以及蓄能、调峰等辅助手段。实现冬季供暖，夏季供冷，全年供应热水。合理确定用能使用费收取方式和标准。适配型被动房＋补充空调方案应落实墙体保温、门窗、新风及空调、生活热水的标准配置。采用集中供暖供冷或超低能耗技术需实现实施单元全覆盖。应用超低能耗技术的标准为比现行建筑节能标准再节能20%—30%，其中围护结构热工性能提高15%以上。鼓励进行超低能耗、近零能耗、零能耗建筑示范。采取特许经营权等方式，积极引进社区综合能源资源供应商，根据项目特点、服务需求、项目生命周期、投资回收期等综合因素确定特许经营期限。综合能源资源服务商，可以整合能源生产、污水处理、废弃物回收处理等设施功能，协同生产供应热量、冷量、热水、中水等。搭建社区能源资源智慧服务平台功能模块。实现与智慧服务平台统一接口。创新应用装配

式超低能耗建筑，通过绿色节能建筑（或适配型被动房）、高效的能源供给系统、可再生能源利用、智慧节能终端设施、优化社区智慧电网、气网、水网和热网布局、智慧管理平台等方式提高综合节能率。建设期按设计要求，最终要按运营期的实际效果评判。餐饮服务引导消费者理性、适量点餐。集贸市场里的瓜果蔬菜皮就地处理，菜场共建净菜处理流程。整治限塑行动，整治一次性消费用品，整治过度包装。人均垃圾产生量呈现负增长。合理选择集中定点投放等垃圾分类方式。其中，可回收垃圾纳入回收利用体系。其他垃圾纳入城市垃圾处理体系。易腐垃圾可纳入城市餐厨垃圾收集系统，也可就地资源化利用。有害垃圾由专业机构统一处理。要求垃圾分类居民参与率100%，垃圾分类准确率90%以上，生活垃圾回收利用率达到35%。提升非传统水资源利用。

为确保未来低碳场景引导性指标的顺利实现，未来社区建设应提高可再生能源利用比重，达到20%以上。预留户用氢能燃料电池和车用燃料电池技术应用接口。通过提高可再生能源利用比重、开展碳中和等途径，构建近零碳能源利用体系。创新能源互联网、微电网技术利用。商品房、公建等较大面积采用近零能耗建筑。提高生活垃圾回收利用率，达到38%以上。提高垃圾资源化利用水平。提高雨水和中水资源化利用，非传统水资源利用率至少达到20%。

（三）技术要点

优化供能体系布局，打造超零耗能社区。打造多能协同低碳能源体系，构建社区综合能源系统。创新能源互联网建设，利用微电网技术，推广近零能耗建筑。建设"光伏建筑一体化＋储能"的供电系统、"热泵＋蓄冷储热"的集中供热（冷）系统，优化社区智慧电网、气网、水网和热网布局，实现零碳能源利用比例倍增目标。构建资源循环利用系统，打造无废社区。构建分类分级资源循环利用系统，打造海绵社区和节水社区。推进雨水和中水资源化利用，完善社区垃圾分类体系，提升垃圾收运系统功能，促进垃圾分类和资源回收体系"两网融合"及建筑垃圾资源化利用，打造花园式无废社区。引进综合能源服务商以实现互利共赢，创新互利共赢模式，引进一体化开发、投资、建设和运营的综合能源服务商。搭建综合能源智慧服务平台，实现投资者、用户和开发商互利共赢，有效降低能源使用成本。

八、未来服务场景咨询

（一）创建指标

未来社区建设提出未来社区"平台＋管家"物业运行机制、基本物业服务"零收费"可持续运营方案；提出社区应急体系、无盲区安全防护、生活便民服务、商业服务、智慧物业运营平台等实施方案，重点包括系统架构、空间载体、功能模块、规模标准、机制保障、产品设计等内容（见表3-19）。

表3-19　未来服务场景指标

一级指标	二级指标	指标性质	指标内容
未来服务指标	物业可持续运营	约束性	依托社区智慧服务平台构建"平台+管家"物业服务模式；合理配置经营用房，用于保障全生命周期物业运营资金平衡；旧改类需灵活利用空间资源增加公共服务经营拓展，提出物业服务降本增效方案
		引导性	除基本物业服务外，提供房屋增值服务、O2O服务等增值物业服务
	社区商业服务供给	约束性	引入优质生活服务供应商，发展社区商业O2O模式，建立社区商业服务供应商遴选培育机制；配置与居民日常生活密切相关的品质服务功能
		引导性	注重创新型生活服务，引入专业化物业服务供应商，提供定制化、高性价比的生活服务
	社区应急与安全防护	约束性	建立完善的社区消防、卫生防疫、安保等预警预防体系及应急机制；构建无盲区安全防护网，推广数字身份识别管理，建设智安社区
		引导性	通过社区智慧服务平台预警救援、地图定位、一键式求助、联动报警等功能，实现突发事件零延时预警和应急救援

（二）场景实现

为确保未来服务场景约束性指标的顺利实现，未来社区建设应推广"平台＋管家"物业服务模式，建立线上需求线下响应的社区服务体系。在方案编制阶段，明确物业运营资金平衡方案，推算在零物业付费前提下所需的经营性用房的规模。未来社区项目建设盈余资金按一定比例纳入社区运营基金。支持成立或引进连锁机构进行相关服务标准化管理，优化运营机制，有关公共设施可通过移交、授权委托等方式，由政府部门和专业机构统一维护管理。未来社区项目的经营性收支细则有明确的公示的渠道、程序和频次。形成产业联盟支撑的可持续建设运营模式。创新未来社区项目社区业态和生活服务供给，配置满足日常生活所需的服务功能［包括但不限于超市、银行、邮政（快递）、餐饮店、洗衣房、美容美发店、药店、文化用品店、维修店、菜场］。依托智慧服务平台，通过线上商城、线上预约服务等功能发展社区商业O2O模式。针对社区商业服务供应商制定明确的遴选

原则、监管机制，配置基于人脸识别的人员管理、电子周界防护、高清智能监控、智能车辆管理等智慧安防设施设备，配置烟感传感器、线路火灾探测器、可燃气体探测器等数字预警传感器。制定线上线下联动的安防预案，形成与公安、消防等相关职能部门的线上快速联动。制定应急安防定期培训及演练计划。

为确保未来低碳场景引导性指标的顺利实现，未来社区建设应开展家居生活、社交生活、房屋经纪、资产运营、健康养老、文化教育、社区理财、咨询信息等增值物业服务。加快建设应用社区智慧服务平台，探索社区居民依托平台集体选择有关配套服务。依托大数据分析和评价反馈机制，掌握社区居民特征和比例，精准匹配，动态调整社区商业供应商。鼓励引进经验足、品质优的物业服务供应商，统一提供社区商业运营、招商、管理等专业化集成式服务。洽谈邻里积分制合作商家。明确智慧服务平台的一键报警进入路径，实现线上报警、线下管家响应的联动功能，明确突发事件零延时救援的责任主体，建议将响应效率与管家奖惩机制挂钩。

（三）技术要点

主要体现在"便民惠民"社区服务体系、"平台＋管家"服务模式和"无盲区"安全防护网三个要素上，其最终呈现为一种物业零收费、生活服务高品质以及社区安防智无忧的状态。开发社区软件，推广智慧物业服务。推广"平台＋管家"物业服务模式，依托社区智慧平台。按照居民基本物业服务免费和增值服务收费的原则，合理确定供物业经营用房占比，统筹收支平衡。联合社区经营管理企业或集团开发社区软件，对已入住的租客和住户提供及时的社区活动信息通知更新、线上缴费、智能 AI 管家及时处理房屋问题等服务。对未入住的潜在居民提供线上看房、线上安全签约、线上预约看房等服务。在社区软件内开创社区内部商业服务消费功能，新增各个商铺线上服务预约、线上采购功能服务，实现线上线下商业圈互通，通过广告宣传、减租等策略吸引商铺入驻，对入驻的商铺进行筛选，选定商铺入驻社区的同时也入驻平台，发布相关政策支持本地品牌的培育发展，此外，社区软件还可增加"跳蚤市场"板块，结合 O2O 模式实现社区居民内部互利共赢。社区安全管控科技化，打造安全社区。应用人脸识别等技术，推广数字身份识别管理，建设无盲区安全防护网，围绕社区消防和安全生产，应用智能技术实现零延时数字预警和应急救援。运用 5G 技术搭建智能化平台，结合数据收集的人脸身份数据，依靠人脸识别技术实行智能身份识别，打造更加安全的社区环境，引入 CIM 技术，在建筑内部安装感应器与终端互联，实时监测建筑自身以及内部环境的状况，察觉问题并及时发出警报。

九、未来治理场景咨询

（一）创建指标

整合统一社区和居委会边界，围绕党建引领的治理创新、社区自治组织、开放协商的议事机制、数字化精益管理机制等方面提出落地组织架构、制度设计、人员组成等方案，以及需要配置的空间载体规模、数字化支撑平台和相关参与企业等内容（见表3-20）。

表3-20　未来治理场景指标

一级指标	二级指标	指标性质	指标内容
未来治理指标	社区治理体制机制	约束性	建立社区党建引领的治理机制；社区各单位权责明晰、服务优良、管理优化，群众满意度高；深化社区治理体制改革，构建社区综合运营体系；居委会、社区边界统一
		引导性	吸引社会力量参与社区事务，社区事务多元化参与治理体系健全
	社区居民参与	约束性	建立有效可行的社区居民自治机制；配置社区议事会、社区客厅等空间载体，建设服务性、公益性、互助性社区社会组织和志愿者队伍；建立联合调解机制
		引导性	社会组织活跃，居民参与踊跃，居民社区认同感、归属感强；因地制宜创新社区参事议事模式，建设线上线下结合的参事议事模式
	精益化数字管理平台	约束性	依托社区智慧服务平台，促进"基层治理四平台"整合优化提升，配置社区服务空间，设置无差别受理窗口
		引导性	推进精益化政务流程，实现社工任务清单化

（二）场景实现

为确保未来治理场景约束性指标及引导性指标的顺利实现，根据社区实际出台明确社区治理架构的文件成立或引进连锁机构进行社区相关服务标准化管理。出台社区居民自治的文件，明确社区自治空间的规模、布局。为社会组织提供登记注册、业务申请和项目推进服务便利。通过社区基金会等公益性组织，对社区居民自治和公益性活动以支持，并明确使用细则。明确社区运营资金的主要来源，确定建设盈余资金纳入社区运营基金的比例。建设应用社区智慧服务平台，社区居民依托平台集体选择有关配套服务。建立"一平台、一窗、一人"的全科社区工作者服务模式。

（三）技术要点

主要体现为"公民参与""社会协同""智慧治理"和"党建引领"四个维度，其包

含多个社区组织，如基金会、志愿者协会等，由党组织领导，通过平台实现和谐建设和治理。两阶段六步走做好积分机制。积分机制的设计必须明确导向、因地制宜，要用"绣花"功夫做精做细基础工作。总体上，按照筹备、运营两个阶段六步走计划推进落地。

第一阶段：筹备期，做好设计、宣传等基础工作。一是空间规划设计先行。落实未来社区建设理念，科学规划设计社区邻里活动空间，与社区教育、养老、运动、服务等配套设施有机融合、相互衔接。二是居民参与积分设计。充分动员本社区居民参与邻里贡献积分范围和权益兑换规则的设计，设置符合本社区居民结构特点和彰显地方文化特色的邻里互助项目。三是公众宣传氛围营造。引入场景联合体，启动"社区管家"培训计划，宣传邻里积分制应用场景，举办公益性沙龙、讲座等活动，吸纳社区居民（包括志愿者）注册积分平台，形成活跃气氛。

第二阶段：运营期，做好积分运作管理和治理应用。一是积分启动运作。未来社区正式交付后，由社区运营主体运作邻里积分平台，通过多种方式密集宣传本社区上线的邻里互助活动和特色课程安排，吸引居民使用积分平台参与邻里活动。二是邻里积分闭环运作。未来社区运营主体、社区居民、社区管家共同参与，组织多样化邻里活动、响应居民互助需求、联动社区商业资源，形成邻里积分积累和兑换的顺畅机制；发挥志愿者组织的影响力和带动作用，进一步引导形成"全民参与"的良好氛围。三是加强社区党组织领导。落实党建引领的治理机制，建立未来社区党组织，参考居民贡献积分类型和声望值等级，遴选社区"声望达人"，形成"未来社区工作委员会党委 — 管理单元长（社区管家/声望达人）—家长"的网格式组织架构，在党组织领导下开展社区治理活动，引领未来社区可持续发展。

十、案例分析

（一）项目基本情况

某省级第三批未来社区项目，规划单元范围面积 106.36 万平方米，是市域中心发展区的重要节点；实施单元范围面积 26.26 万平方米，以居住功能为主。

（二）场景系统咨询

1.未来邻里场景

（1）邻里特色文化

①约束性指标落实举措

通过打造社区中央花园，作为面向全年龄段的室外交往活动中心，为社区居民提供邻里主题节庆与日常兴趣活动场所，包括口袋公园、绿道等形式，并为市民提供多样的休闲体验。设立展现在地特色的社区文化主题。在邻里中心设置社区礼堂，为居民提供社区级的活动场所与丰富的文化生活。以诗韵作为社区文化标志。

②引导性指标落实举措

从耕读文化、在地文化汲取灵感，打造片区文化活力地标，并通过全年不间断邻里活动的组织增强居民归属感。

（2）邻里开放共享

①约束性指标落实举措

针对邻里开放空间，硬性规定优化设置"平台＋管家"管理单元。以住宅小组团为封闭式管理空间单元，外围的空间皆为开放空间。

②引导性指标落实举措

加强邻里互助，提升"5分钟生活圈"服务配套，在300米的服务半径内建立社区商业、办事配套建立多形式邻里服务与交往空间，鼓励多主体服务圈。社区内配有多种形式的健身空间、文化设施，促进楼栋组团内的邻里互动；由社区居委会、社群自治组织、组织多元邻里交往活动。

（3）邻里互助生活

①约束性指标落实举措

采取贡献换积分，积分换服务的模式，同时融入弘扬孝廉文化积分体系。通过邻里公约、规章等形式建立起软性、硬性的制度，实施社区服务换积分制度；建立起自觉维护小区秩序，倡导绿色出行，关怀帮助老人，共同参与社区活动，健康生活，慢速行车，礼让行人等邻里公约。

②引导性指标落实举措

基于"同频、同趣、同价值观"形成社群群体，组织专业性特色文化社团与各类为主题的邻里社群。鼓励居民积极参与邻里活动，营造亲善、守信、互助的邻里氛围，并在社区积分制度里面体现。依托邻里发布平台App，进行居住房源共享、闲置物品发布、共享技能发布、社区活动发布等，促进居民互助资源共享，构建"远亲不如近邻"交往、交融、交心的人文氛围生活场景。

2. 未来教育场景

（1）托育全覆盖

①约束性指标落实举措

在幼儿园设置一个养育托管点，加强设施完备度；确保安防监控设备全覆盖，采用社区智慧安防系统，实施全程全时段监控，确保教育安全。严格实施专业托育员持证上岗制度。

②引导性指标落实举措

引入公益性、高端性等多层次托育机构和教育培训机构；探索家庭式共享托育等新模式。对社会托育机构提供场地，给予租金减免等政策。

（2）幼小扩容提质

①约束性指标落实举措

利用社区外义务教育资源。结合人才引进政策，扩大公立优质幼小教育资源的覆盖人群。

②引导性指标落实举措

推广小班化教学，进行素质化教育。依托智能教学平台，打通社区与中小学近远程交互学习渠道；引入远程学习系统，推广在线学习，加强线上教育与学校教学的紧密关联。

（3）幸福学堂全龄覆盖

①约束性指标落实举措

邻里中心设置社区幸福学堂面积约1000平方米，建立若干功能复合型学堂空间（幼儿、儿童、青年、老年空间）满足多龄段需求，鼓励跨龄交流角；通过分时段课程制度，打造共享型学习机制，依托智慧平台构建学习积分、授课积分等共享学习机制。

②引导性指标落实举措

社区与兴趣培训机构建立合作，开办文创艺术学堂；依托智慧平台建立项目制跨龄（幼小青中老）互动机制，组织艺术创作、公益帮扶等活动。依托智慧平台建立项目制幼小青中老跨龄互动机制；组织未来艺术创作、社区公益帮扶等活动。

（4）知识在身边

①约束性指标落实举措

打造数字化学习平台，设置专业技能等各类社区达人资源库。引导学生共享学习成果，加强社区学校与社区外的学校教辅资源共享机制建设，在社区积分制度内构建学生学习积分、教师授课积分等共享学习机制，增加师生互动与课堂趣味。邻里中心配置200平方米社区共享书房，各生活单元内配置读书角，提供社区共享阅读。在社区内分布多样化的读书角，将城市公共文化资源充分融入居民生活服务配套中。

②引导性指标落实举措

布置综合性书店和城市书房，提供无人自助借阅系统和图书共享服务。依托智慧平台，开展共享微课堂系列活动。

3.未来健康场景

（1）活力运动健身

①约束性指标落实举措

打造社区级运动中心，提供智能化健身设备，依托智慧服务平台，实现健身预约，获取健身报告等功能，以及运营主体可视化监管功能。在邻里街坊或结合户外敞开绿地等5分钟步行圈内，配置多个针对不同年龄层的室内、室外小型健身运动场所和完善的健身器材。

②引导性指标落实举措

在社区中央公园内，打造一个环状慢行绿道体系。为居民配备全息互动运动设施，监测运动数据和体能情况，建立智能化标识系统；利用住宅裙房、公共建筑或景观构筑，建立户外健身服务基地，为居民提供全方位化服务。建立社区运动群、健身群、夜跑团、毅行团，并结合社区积分制度的运动积分制度，实施智能打卡。

（2）智慧健康管理

①约束性指标落实举措

15分钟步行圈内设置卫生服务中心，打造"升级版"健康小屋，为个人、机构、社区用户提供线下首诊、线上复诊、会诊和随访、在线购药等医疗健康服务，同时增加心理健康咨询、家庭医生指导康复训练指导、中医保健等功能。为居民建立完整的电子健康档案，使其享受到家庭医生便捷的健康医疗服务。

②引导性指标落实举措

创立社区健康管理O2O模式，以智能大数据平台采集居民健康指标。邻里中心内设置社区食堂，为居民提供健康营养的膳食计划。

（3）优质医疗服务

①约束性指标落实举措

建立名医名院"远程零距离"诊疗机制，并提供远程健康诊询服务，可以与专属家庭医生视频连线，实现在线问诊、开处方药、跟踪治疗、慢性病管理、日常保健等功能。配建国医馆，以针灸推拿康复理疗为特色化医疗，设有中医内科、中医肿瘤、中医儿科、皮肤美容、中医推拿、针灸理疗等科室。

②引导性指标落实举措

引入社会办诊所、智能医务室、医美诊所、国际医疗中心等子项目，以及配套的商业设施、心理咨询工作室等，满足多元化健康服务需求。

（4）社区养老助残

①约束性指标落实举措

在片区内配建1处适老化住宅，养老住宅设计注重适老化设计，例如采用进深小而敞开的门厅，避免进深大、开口多的门厅，引入柔和的自然光，提供扶靠、安坐的条件，保持视线的通达等。引入第三方健康管理公司，提供实现老人日间看护、理疗、健康管理功

能的场所，打通社区安防系统，在 App 上可以查看老人实时画面、位置动态，通过老人穿戴的健康设备获取老人实时身体状态信息；作为社区内居家养老的服务保障中心，服务半失能老人，提供个人照顾、膳食供应等日间服务。对社会养老机构给予租金减免、税费优惠、水电气热价格优惠等政策支持。

②引导性指标落实举措

适老化住宅内部，面向失能、失智老人照护服务需求，体现基本生活照护功能和与生活密切相关的医疗护理服务功能的床位设施。通过智能健康风险评估设备＋智慧健康管理大数据平台＋智能物理调理设备＋智能穿戴设备＋App；构建完整的智慧健康绿色管理闭环服务，结合未来社区建立智慧健康管理服务站，提供体检＋物理调理＋健康教育＋健身指导等系统性、综合性、绿色化健康促进服务。培育乐龄老人自组织，提高老年人的生活质量和健康水平。依托老年服务平台，鼓励独居、空巢等老人利用闲余房屋，发展跨代合租模式。

4. 未来创业场景

（1）创新创业空间

①约束性指标落实举措

在双创大楼内设置双创空间，提供弹性共享的办公空间和路演大厅，提供优质多用途的服务空间，作为创业团队、人员互动交流的场所。

②引导性指标落实举措

在双创中心 2 楼设置双创办公空间，提供基础办公、会议、接待、展示等复合、弹性使用的共享功能空间。

（2）创业孵化服务及平台

①约束性指标落实举措

双创大楼内设置创业者服务中心，为片区创业者提供多样全面的就业服务。鼓励片区邻里服务型创业，结合现有资源和当地特色传统文化，打造教育、养生、文化、服务等创业类型，最终形成创业类型与邻里配套相互依存、可持续发展的机制。

②引导性指标落实举措

建设体制完善、多途径的融资平台，丰富创业者的融资通道，提供强有力支持。邀请国内外顶尖的科创方向的资深专家和技术精英，为初创团队提供个性化、实战化、智能化的卓越线上线下学习体验。采用 CIM 平台搭建创业者服务中心的功能模块、开放化的社交平台，创业者可自由分享知识、经验和技能。

（3）人才落户机制

①约束性指标落实举措

限制住宅的出售价格。实行灵活的落户政策，提供学历＋技能＋职称＋积分＋投资＋纳税＋应届生等各个类型的优惠政策。实施单元配建人才公寓，户型选取充分结合本地市场需求，营造吸引高端人才入户的良好环境。推行人才公寓租售同权政策。

②引导性指标落实举措

建立市人才引进、落户、培育绿色通道，实行人才分类奖励、创业项目扶持、购房补助、人才社区建设、社会保障优化、引才用才机制改革等。社区建立人才优惠服务办事平台，重点打造人才子女"就学绿色通道"、高层次人才"落户绿色通道"。针对不同层次人才，打造可负担、高品质的社区空间。

5. 未来建筑场景

（1）CIM 数字化建设平台应用

①约束性指标落实举措

构建社区现状数字化基底模型，利用 GIS+BIM 的先进技术手段，绘制数字社区，建立统一的社区数字化信息平台，在全生命周期规划建设管理与未来场景的服务应用，并预留接口，拓展发展连片开发的周边区域。

②引导性指标落实举措

将数字化技术手段运用到社区规划分析之中。

（2）空间集约开发

①约束性指标落实举措

以空间集约化模式，疏密有致的规划布局，实现公共服务设施与公交站点的无缝衔接；实施功能混合，优化土地级差强度；地上地下立体开发，充分开展地下空间建设，提高使用效率；倡导共享开放，优化社区公共空间组织。

②引导性指标落实举措

实现公共服务设施与公交站点的衔接。强化社区垂直生长，注重建筑群落和空间结构的整体协调，提升地下空间开发强度。实现地上、地下、空中串联层叠、立体连通，实现社区功能的多样化。开展综合管廊建设。

（3）建筑特色风貌

①约束性指标落实举措

建筑风貌体现当地地域文化特色，体现江南山水的建筑形态和空间布局。设置屋顶农场、屋顶花园，形成立体多层次复合绿化系统。

②引导性指标落实举措

结合自然环境、历史环境和人文景观三方面进行建构，对该区域城市街道风貌与城市现代气息活力进行有序打造。建设现代功能空间与原有街巷市井的复合型风貌控制体系。传承当地特色，在各个街区间点缀布置雕塑、景观小品、路灯等"城市家具"。

（4）绿色建筑与建筑工业化

①约束性指标落实举措

所有建筑按不低于绿色建筑二星进行设计。所有建筑按《浙江省装配式建筑评价标准》进行装配式建筑设计；浙江省全生命周期建筑模式，提供灵活的模块化户型组合以迎合家庭不同时段的需求，增强建筑的灵活性和生长性，菜单式个性装修定制服务吸引更多年轻人才定居。

②引导性指标落实举措

项目贯彻执行节约资源和保护环境的原则，推进社区可持续发展。采用绿色可再生材料、保温装饰一体板等新材料、新技术。

（5）公共空间与建筑

①约束性指标落实举措

建设1个综合型社区邻里中心。在建筑底层设置共享健身房、邻里活动空间等，建立空间中人和文化、生活、场所的联系。从点到面地激活居住、办公、商业等活动中的空间潜在价值。

②引导性指标落实举措

适老化住宅内部，面向失能、失智老人照护服务需求，体现基本生活照护功能和与生活密切相关的医疗护理服务功能的床位设施；地块建立弹性户型组合。

6. 未来交通场景

（1）交通出行

①约束性指标落实举措

社区附近的公交站将在10分钟步行圈内。小区采用组团封闭式管理，路口和进入组团的入口间距不超过300米。小区采用组团封闭式管理，社区内部干径向城市开放。

②引导性指标落实举措

社区内部路网丰富，并设置连廊，使居民在穿行片区时不需要横穿车行道路。出行中心内设置公交车始末站，内部连接社区微公交站点，并设有共享单车停放点。邻里中心内设有安防中心，利用大数据，通过智慧平台，对接应急指挥中心。依托社区智慧服务平台，开放"邻里共享出行"功能模块，提供社区居民拼车出行、"社区＋出行"特色服务；运用大数据分析和智慧公交 App，开通运营动态排班、线路灵活的社区公交；社区公共场所设置居民生活服务信息显示牌，接入交通路况信息、停车泊位信息、天气预报信息、物业通知信息等功能模块。

（2）智能共享停车

①约束性指标落实举措

智能化的共享停车系统提供车位管理、停车引导等功能；利用办公商业与居住的错时停车方式提高利用率，建立公共停车机制。划定共享电单车、共享单车停放点；引入电单车智能充电运营服务；引入社区第三方共享停车运营平台，提供社区 5 分钟一键取停车 App 服务。

②引导性指标落实举措

应用 AGV（自动停车导引设备）、机械立体停车库等智慧停车设施。

（3）供能保障与接口预留

①约束性指标落实举措

完善社区新能源汽车综合功能服务体系，配套建设社区集成供能（充电）服务站。

②引导性指标落实举措

社区移动充电车，全天候、全时段满足未来社区新能源汽车充电需求。建立智能网联汽车与智能网联设施完整标准体系。

（4）社区慢行交通

①约束性指标落实举措

采用小街区、密路网的道路组织形式，人群穿越道路密集区域实行稳静化处理，各居住组团内部实现完全人车分离。

②引导性指标落实举措

建立社区自行车交通网络，提高可达性。提高社区人行道路的密度，提供安全的慢行交通网络。道路纵向坡道设计考虑行人、残障人士等特殊群体需求，并在生活单元内建筑间建设风雨连廊。

（5）物流配送服务

①约束性指标落实举措

社区单元内设置智能快递柜，实现 30 分钟包裹配送到户。形成物流配送中心—物流快递门店—智能快递柜三级物流配送系统。物流处理空间配置物流收配分拣和休憩空间。

②引导性指标落实举措

运用物联网技术，联合专业物流公司和社区服务平台，建设线上社区物流服务中心；

各生活组团配置智能快递柜。

7. 未来低碳场景

（1）能源协同供应

①约束性指标落实举措

设置储能设施，社区内路灯统一采用光伏路灯。提高社区内可再生能源利用如太阳能等清洁能源的比重。引入综合能源资源服务商，对新建住宅提供能源供给，互利共赢。

②引导性指标落实举措

公共建筑实现集中供暖供冷；多元能源协同供应，近期实现"碳中和"，未来实现近零碳能源利用。

（2）社区综合节能

①约束性指标落实举措

实现互利互赢的能源供给模式，物业公司通过负荷预测实现净收益最大化，用户通过分时电价信息获取实现用户费用最小化；引进综合能源服务商。各系统中采用节能减排的新技术、新设备，在智慧集成管理平台实时监测，对能源设备系统实现有效的控制管理。以服务商为主，搭建能源智慧管理服务平台，构建涵盖绿色认证—系统集成—能源管理的全流程服务体系。

②引导性指标落实举措

建立微型网络，包括就地发电设施、就地电能存储以及建筑间的交互系统，以最大化地利用生产的电能。搭建智能集成的管理和服务平台，对能耗设备运行状态进行实时监测，对能耗计数进行实时采集和动态分析；引导用户对能源结构进行优化，提高社区综合节能率。通过最佳整体设计、利用最先进的建筑材料以及节能设备，达到房屋所需能源或电力几乎自产的目标。

（3）资源循环利用

①约束性指标落实举措

研究完善一次性消费用品的管理办法等方式实现垃圾源头减量。生活垃圾分类全覆盖，提高垃圾资源化利用率。绿地的雨水管理措施，在硬质地面可以通过渗水铺装实现雨水渗透，或通过水渠和沟槽将雨水引流至街道附近的滞留设施中，净化的雨水可以就地消化于水景观中。采用节水型洁具，推广智慧节水。

②引导性指标落实举措

启用智慧垃圾分类系统，开展"互联网＋可再生资源回收"，实现线上交投、线下回收。推进玻璃、陶瓷、塑料制品等生活垃圾综合利用。推动绿化灌溉、车库及道路冲洗、灌溉等采用非传统水源。

8. 未来服务场景

（1）物业可持续运营

①约束性指标落实举措

采用环保、智能化等高科技手段，依托智慧平台构建"平台＋管家"的物业服务模式。合理确定物业经营用房占比，提出全生命周期物业运营资金平衡方案。利用空间资源增加公共服务经营拓展。

②引导性指标落实举措

新增房屋增值服务、O2O 服务等。

（2）社区商业服务供给

①约束性指标落实举措

围绕居民生活服务需求，通过数据提取社区居民生活需求，以需求构建商家协作网络，根据居民意愿度以及服务品质遴选培育社区服务供应商。建设社区邻里中心，引入商业、中介、休闲等配套服务，满足社区居民的生活所需。

②引导性指标落实举措

注重创新型生活服务，通过数据沉淀社区居民需求，优先引入商业服务，提供定制化、高性价比的生活服务。

（3）社区应急与安全防护

①约束性指标落实举措

构建完善的社区消防、安保等预警体系及应急机制。采用互联网、人脸识别、数字身份识别管理等智能技术，由外到内搭建无盲区立体防护圈。

②引导性指标落实举措

社区安防管理一体化，各系统之间信息共享与协同，同时智能化应用，实现一键式求助功能。

9. 未来治理场景

（1）社区治理体制机制

①约束性指标落实举措

确立社区党委的核心引领作用；充分发挥党员先锋模范作用。组建未来社区工作委员会，通过召开定期例会和不定期协调会的方式组织协商解决。深化社区治理体制改革，构建社区综合区管理和服务体系。建设完善社区治理体制，完善社区治理体系，引入优质运营服务商，构建社区综合运营体系。建立未来社区居委会和社区，二者边界统一。

②引导性指标落实举措

制定合理的社区积分制度，吸引社会力量参与社区事务，社区事务多元化参与治理体系健全。

（2）社区居民参与

①约束性指标落实举措

建立有效可行的社区自治机制，设立社区积分制度，积极引导社区和谐。配置社区议事会、社区客厅、社区展厅等空间载体，鼓励服务性、公益性、互助性社区社会组织和志愿者协会参与社区积分制度。加强邻里互助，提升"5分钟生活圈"服务配套，在300米的服务半径内建立社区商业、办事配套，建立多形式邻里服务与交往空间，鼓励多主体服务圈。建立居民代表制度，推行基层自治模式。

②引导性指标落实举措

鼓励社会组织的符合社区制度的活动，纳入社区积分制度。制定创新型、线上线下参事议事模式。

（3）精益化数字管理平台

①约束性指标落实举措

建立智慧平台，整合优化各项基层平台，建设一站式社区服务大厅，设置无差别受理窗口；建设"袁友圈"居民线上平台。

②引导性指标落实举措

针对社区服务需求，建立社工服务制度并将任务清单化。

第七节　动态资金平衡与全过程预算绩效管理

未来社区资金平衡是指未来社区项目在全周期现金流入和现金流出之间的盈亏水平。根据《浙江省未来社区试点建设全过程工程咨询服务指南（试行）》（浙发改办基综〔2020〕30号），资金平衡咨询应按照总体平衡要求，对未来社区项目选址环节的征迁方案资金平衡、申报方案环节的资金测算方案、实施方案环节的资金测算方案、建设施工环节的造价预决算方案，进行全周期跟踪评估，出具资金平衡风险评估报告，并对其中风险提出规避措施及优化建议。动态资金平衡作为未来社区项目运作中的重要支撑，贯穿项目实施全过程直至通过验收。

未来社区全过程预算绩效管理是优化财政资源配置、提升未来社区建设质量的关键举措。不同于其他新建或改扩建项目，未来社区创建工作应按照"139"建设理念要求，以实现未来社区"三化九场景"系统落地为目标，合理支出使用项目资金。为提高政府财政资金使用绩效，保证未来社区建设项目顺利开展和落地，政府方需以动态资金平衡为工具，按照备案实施方案、履约监管协议、运营管理协议等约定对用地主体的建设和运营开展全过程预算管理。

综合上述内容可知，做好未来社区项目的动态资金平衡与全过程预算绩效管理，对于申报方案和实施方案的上报评审，项目实施过程中的监理、造价及项目管理等工作，以及试运营阶段的评审验收具有重要意义。

一、未来社区动态资金平衡

（一）政策背景及意义

2019年，浙江省政府工作报告中首次提及"未来社区"，随后浙江省政府印发《浙江省未来社区建设试点工作方案的通知》（浙政发〔2019〕8号），标志着浙江省未来社区建设工作全面启动。未来社区建设坚持"房子是用来住的、不是用来炒的"定位，以人为核心，满足社区全人群美好生活向往，坚持有为政府和有效市场并重，明确重大民生工程的定位，按照系统设计、去房地产化要求，立足社区建设运营资金总体平衡。关于未来社区资金平衡的相关政策文件梳理，详见表3-21。

表3-21 未来社区资金平衡相关政策文件

政策文件	发布时间	条款	资金平衡相关条款内容
《关于印发浙江省未来社区建设试点工作方案的通知》（浙政发〔2019〕8号）	2019-03-18	三、（一）2.资金平衡	按照系统设计、去房地产化要求，立足社区建设运营资金总体平衡，在交通和环境容量允许前提下，改革城市核心资源要素配置机制。改造更新类在满足原权利人利益、符合未来社区建设标准、可市场化操作前提下，测算设定改造地块容积率，提升开发强度，通过地上地下增量面积的合理限价售租，基本实现资金平衡；规划新建类参照"标准地"做法，实行"带方案"土地出让模式，适度降低用地成本，提高综合配套水平
《关于开展浙江省未来社区建设试点申报工作的通知》（浙发改基综函〔2019〕138号）	2019-03-20	一、申报条件（二）	改造更新类通过地上地下增量面积合理现价出售，基本实现资金平衡；规划新建类参照"标准地"做法，实行"带方案"土地出让模式，适度降低用地成本，约束开发商落实未来社区建设标准
		附件2.九	提出省未来社区项目投资估算、资金筹措方案，以及建设期财务方案，并分析项目落地后预计效益

续表

政策文件	发布时间	条款	资金平衡相关条款内容
《浙江省人民政府办公厅关于高质量加快推进未来社区试点建设工作的意见》（浙政办发〔2019〕60号）	2019-11-11	五、加大资金保障力度	积极争取相关国家补助资金，科学引导省市各类专项资金补助等优惠政策优先向未来社区项目倾斜。省财政出资，联合其他主体共同组建未来社区建设投资基金，通过市场化运作，撬动更多的社会资本共同参与和支持未来社区建设。对未来社区成效突出的县（市、区），省财政予以奖励并适当向加快发展地区倾斜。除国家和省另有规定外，改造更新类项目对应土地出让收益，剔除上缴国家部分，其余全部用于支持未来社区项目建设，保障资金总体平衡，切实提升财政资金使用绩效。（责任单位：省财政厅、省发展改革委、省建设厅、省人防办）
《关于开展浙江省未来社区建设第二批试点申报工作的通知》（浙发改基综函〔2019〕183号）	2019-12-27	一、申报条件（二）资金平衡	在符合未来社区建设标准、可市场化操作前提下，落实浙政办发〔2019〕60号文件有关要求，合理测算改造地块容积率，适度提升混合开发强度，保障建设期与运营期资金平衡。在资金平衡前提下，合理限价出租出售
		附件2"八、项目投资和资金平衡"	提出省未来社区项目投资估算、资金筹措方案，以及建设期财务方案，并分析项目落地后预计效益
《浙江省未来社区试点建设管理办法（试行）》（浙发改基综〔2020〕195号）	2020-06-04	第十条	申报方案资金测算要求：提出建设期投资估算、资金筹措方案和成本回收方案，提出运营期财务收支方案。建设期和运营期均应实现资金平衡
		第十二条	实施方案资金测算要求：提出建设期投资概算、资金筹措方案、成本回收方案，明确具体资金流向和实现路径；在基本物业"零收费"前提下，明晰运营期财务收支方案，分析预计收益，确保全周期资金平衡
		第十五条	实施方案重点评估内容：建设运营资金平衡情况，包括总体平衡情况、分项费用设置、计算方法合理性

续表

政策文件	发布时间	条款	资金平衡相关条款内容
《浙江省未来社区试点建设全过程工程咨询服务指南（试行）》（浙发改办基综〔2020〕30号）	2020-08-20	第十二条（三）	资金平衡咨询。按照建设期与运营期资金总体平衡要求，对未来社区项目选址环节的征迁方案资金平衡、申报方案环节的资金测算方案、实施方案环节的资金测算方案、建设施工环节的造价预决算方案，进行全周期跟踪评估，出具资金平衡风险评估报告，并对其中风险提出规避措施及优化建议。本指南所称的资金平衡，指未来社区项目全周期现金流入和现金流出之间的盈亏水平。资金平衡测算应以征拆方案、规划及建筑设计方案、运营方案等为依据，结合当地经济发展水平和政策性支持情况进行综合分析
《关于开展2021年度未来社区创建的通知》（浙发改基综函〔2021〕228号）	2021-03-25	附件2"一、申报条件"	提出建设期投资估算、资金筹措方案和运营期收支方案
		浙江省未来社区创建方案编制要求	全拆重建类在"去房地产化""建设运营一体化"等前提下，提出项目全生命周期建设运营模式和建设阶段、运营阶段的资金平衡测算方案。整合提升类需说明建设阶段资金投入，运营阶段的收支以及相应的资金筹措方案。拆改结合模式按照以上两种模式统筹明确资金方案
《关于开展第三批未来社区创建项目实施方案评审备案的通知》	2021-08-27	附件2"七、概算与资金平衡"	明确政府方投入收益和资金筹措情况、建设期土地使用方投资概算方案和资金筹措（若有），以及运营期财务收支方案
《关于开展第四批城镇未来社区创建的通知》	2021-09-17	三、（四）资金平衡	在符合未来社区建设标准、可市场化操作前提下，落实浙政办发〔2019〕60号文件有关要求，促进建设期与运营期资金平衡
		浙江省未来社区创建方案编制要求	新建类在"去房地产化""建设运营一体化"等前提下，提出项目全生命周期建设运营模式和建设阶段、运营阶段的资金平衡测算方案。旧改类需说明建设阶段资金投入、运营阶段的收支，以及相应的资金筹措方案

依据《关于印发浙江省未来社区建设试点工作方案的通知》（浙政发〔2019〕8号）、《关于开展浙江省未来社区建设试点申报工作的通知》（浙发改基综函〔2019〕138号）、《关于开展浙江省未来社区建设第二批试点申报工作的通知》（浙发改基综函〔2019〕183号）、《浙江省未来社区试点建设管理办法（试行）》（浙发改基综〔2020〕195号）等政策文件中有关资金平衡的规定，现阶段未来社区的资金平衡主要包括：

（1）在申报方案阶段和实施方案阶段，实施主体和用地主体在建设期和运营期应分别测算各自的盈亏水平且测算结果均实现平衡。

（2）与传统房地产的资金平衡测算相比，未来社区不仅要实现建设期资金平衡，还要保证基础物业费为"零"前提下的运营期资金平衡。

（3）未来社区的资金平衡状况列入项目审批的核心评价指标。

未来社区资金平衡的工作内容主要包括项目收支测算和项目盈余计算，并根据各阶段要求开展资金平衡细化工作。除未来社区申报方案和实施方案的审批要求外，资金平衡还被运用于项目投资的收益性评价、业态组合和运营方式的经济性对比、建造配置和设计方案的耦合性评估等，对落实"一中心三化九场景"建设运营标准、促进未来社区创建的良性发展具有积极意义。

（二）资金平衡的总体思路

依据相关政策文件，未来社区创建项目主要分为整合提升类、拆改结合类、全拆重建类、规划新建类和全域类五种类型。下文以"全拆重建类"创建项目为例，就未来社区资金平衡开展进一步分析。

"全拆重建类"未来社区资金平衡以开发与建设模式、项目设计文件、运营方案建设配置标准、场景落地技术措施等为主要依据，对于拆迁、安置、重建、运营全周期项目收支类目进行汇总和测算，根据"收入－费用＝利润"会计等式计算项目盈余，评估实施主体和用地主体在建设期和运营期的资金平衡状况。实施主体在建设期的资金平衡应满足收入略大于支出，其中实施主体建设期收入主要为土地出让金收益（除去上缴部分），建设期支出主要为征地拆迁费用与安置费用等；用地主体在建设期的资金平衡也应满足收入略大于支出，其中用地主体建设期收入主要为房屋销售、车位销售收入等，建设期支出主要为土地出让金支出、建设工程费用等。

实施主体和用地主体在运营期的资金平衡应满足全负荷运营时，运营收入略大于运营支出，其中运营期的收入主要包括智慧运营收入、房屋出租收入、车位出租收入等，运营期的支出主要包括智慧运营成本、基础物业成本、社区大运营成本等。

未来社区应遵循"去房地产化"要求，体现民生属性，在资金平衡的前提下确保测算结果略有盈余；如盈余超过一定额度，应以资金"回笼反哺"的形式再次投入未来社区九大场景建设（见表3-22）。

表3-22　两类主体在建设期和运营期的资金平衡要求

	建设期	运营期
实施主体	土地出让金收益（除去上缴部分）等收入≥征地拆迁＋安置费等支出	运营收入≥运营支出
用地主体	房屋销售等收入≥土地出让金＋工程建设等支出	运营收入≥运营支出

（三）资金平衡的测算原则

1. 立足未来社区建设理念

按照未来社区"139"建设理念，以实现未来社区项目"三化九场景"系统落地为目标，以不增加政府负债为前提，始终坚持未来社区"重大民生工程"定位及"去房地产化"的要求。未来社区项目创建各阶段中应谋划未来社区各主体的财务测算方法、资金平衡方式及内容，保障未来社区项目建设期与运营期都能够满足不同主体的资金平衡，促进未来社区良性发展。

2. 充分分析项目诉求

以各方利益诉求为导向，通过政府方（实施主体和建设主体）与用地主体（开发商）双方视角分别分析，充分了解各方在项目所在地块土地出让问题上的利益诉求，资金平衡方案应立足于未来社区项目的整体利益诉求，通盘考虑资金来源的最优解决方案，确定合理且相对公允的土地出让价格边界。

同时，基于未来社区的建设目标和民生属性及用地主体的投资建设目的，从项目各方的需求看，政府方的主要诉求是在未来社区资金平衡基础上实现土地出让价格合理化、"三化九场景"具体落实化、树立良好的社会公共形象等，在未来社区项目建设实施过程中若有必要可给予用地主体一定的政策支持；用地主体的主要诉求是在实现各方资金平衡的基础上以较低的价格成交土地，在强监管下承担的风险可对价、做出未来社区示范样板、积累项目经验，必要时可适当让利。

3. 统筹考虑各种要素影响

未来社区项目所涉及的建设开发模式选择、土地出让方式确定、创建流程节点安排、建设运营和履约监管协议条款设置等都会直接影响未来社区的顺利实施和"三化九场景"系统落地。因此，未来社区在土地供应阶段应统筹考虑内外各种要素的影响，并构建未来社区项目的动态财务测算模型，如表3-23所示，根据测算结果检验各因素的约束条件设置合理性，纠正建设运营和履约监管协议条款设置偏差，实现未来社区资金平衡分析结果的正向反馈作用。

表3-23 未来社区全周期资金平衡工作界面

项目阶段	阶段一：申报阶段	阶段二：土地供应阶段	阶段三：实施阶段
工作内容	1.搭建静态财务模型； 2.编制资金平衡方案； 3.提出资金筹措方案和成本回收方案； 4.提出运营期财务收支方案； 5.谋划项目建设期和运营期资金平衡； ……	1.市场测试； 2.搭建动态监测基准财务模型； 3.模拟开发商收益，与开发商进行谈判； 4.细化申报阶段的建设期投资估算、资金筹措方案和成本回收方案，明确具体资金流向和实施路径； 5.评估并反馈调整履约监管协议； ……	1.资金平衡方案动态调整——以项目推进中实际发生的现金流入和现金流出进行测算调整； 2.监督落实开发商未来社区建设标准； 3.全周期跟踪评估； ……

4.打破各方信息壁垒

为吸引市场主体积极主动参与投资，同时保障项目边界条件的合理性和易操作性，未来社区创建在土地供应阶段的前期可开展市场测试，并借此获得各类市场参与主体的意见反馈，有利于进一步完善未来社区项目土地出让方案。

在市场测试中，因政府方和各类市场参与主体对未来社区项目创建的关注点不同，故要求全咨单位应具备"打明牌"的思维和能力，在充分考虑各方诉求的基础上，打破各方信息壁垒，以相对公允的评判标准协助政府方与各类市场主体进行前期沟通，并收集意见反馈，以减少各方因信息不对称而导致项目创建存在弊端。同时，全咨单位须基于相对可靠的主要商务条件、投资回报等信息，搭建可行的资金测算模型并充分论证。

（四）两类主体资金平衡分析

1.实施主体

未来社区项目的实施主体为县（市、区）人民政府或开发区（新区）管委会授权的主管部门或平台公司，负责未来社区创建过程中申报方案和实施方案编制、有关前期手续办理等工作。

（1）建设期资金平衡

实施主体或政府方资金平衡测算要考虑未来社区项目中实施主体或政府方可能发生的收入及支出，收入主要为土地出让收益（剔除上缴部分），支出主要包括征迁安置费、市政配套设施建设费用、政府回购费用（回迁房、公共配套设施等回购）等（见表3-24）。

表3-24 政府方投入收益情况

	项目	金额（亿元）	说明
支出	征迁安置费		主要包括货币安置约××亿元、企业拆迁约××亿元，农户产权安置补偿××亿元，居民产权安置补偿××亿元（包含征地、拆迁及临时过渡费用）
	市政配套设施建设费用		道路、绿化等市政配套设施建设费用
	政府回购费用		回迁房、公共配套设施等回购费用
	数字化运营平台建设费用		建设数字化运营平台的费用
收入	土地出让收益		按土地出让金总额的××%计算
	盈余/缺口		

（2）运营期资金平衡

实施主体或政府方可以根据未来社区项目不同的运作模式，或以政企合资、政企合作的形式与用地主体成立项目公司共同开展未来社区的建设与运营工作，或与用地主体进行约定，仅参与未来社区项目的建设期工作。

2. 用地主体

未来社区项目的用地主体可以是开发商或当地平台公司。由于未来社区具有投资额度大、运营专业性强、质量要求高等特点，实施主体需综合考虑项目所在地及周边地区的土地价值提升，一般会委托国内的品质开发商作为用地主体，按照政策及方案要求开展未来社区的建设和运营工作。

（1）建设期资金平衡

用地主体在未来社区的建设期资金平衡主要为销售收入与项目建设成本之间的平衡，其中销售收入测算考虑包括人才房、可销售住宅、商业办公及停车位等销售收入，建设期成本包括建设工程费用、建设工程其他费用（包括土地出让金支出）、预备费等（见表3-25）。

表3-25 用地主体建设期资金测算（若涉及划拨+出让，需分列）

	项目		金额（亿元）	说明
支出	建设工程费用			说明费用构成，包含回迁房、人才房、可销售住宅、商业办公等公建、基础配套设施等具体支出，需涵盖九大场景落实费用
	建设工程其他费用			包括建设管理费、可行性研究费、环境影响评价费等
	其中	土地出让金支出		
	预备费			（建设工程费用＋其他费用）×××%
收入	销售收入			说明收入构成，包括人才房、可销售住宅、商业办公，以及停车位等销售收入（分别提供销售单价和数量）
	回购收入	政府回购收入		回购总量及构成（单价×数量）
		居民回迁缴纳		单价×增购面积
盈余／缺口				

（2）运营期资金平衡

用地主体在未来社区的运营期资金平衡主要为运营收入与运营成本的平衡，其中运营收入测算主要考虑人才房、商业办公、停车位等租赁收入等，运营成本主要考虑物业运营成本、智慧运营成本和其他支出等（见表3-26）。

表3-26 用地主体运营期资金平衡测算

	项目	金额（亿元）	说明
支出	物业运营成本		
	智慧运营成本		
	其他支出		
收入	房屋出租收入		说明收入构成，包括人才房、商业办公、停车位等租赁收入（分别提供租赁单价和数量）
	智慧运营收入		
	广告等其他经营性收入		
	其他收入		
盈余／缺口			

（五）全周期跟踪平衡

1. 工作依据

按照未来社区"139"建设理念要求，以实现未来社区项目"三化九场景"系统落地为目标。全咨单位重点谋划未来社区财务测算和项目创建各阶段的资金平衡方式及内容，《浙江省未来社区试点建设全过程工程咨询服务指南（试行）》（浙发改办基综〔2020〕30号）资金平衡咨询要求："按照建设期与运营期资金总体平衡要求，对未来社区项目选址环节的征迁方案资金平衡、申报方案环节的资金测算方案、实施方案环节的资金测算方案、建设施工环节的造价预决算方案，进行全周期跟踪评估，出具资金平衡风险评估报告，并对其中风险提出规避措施及优化建议"，促进未来社区良性发展。

未来社区项目建设一般要经历申报方案编制、评审—确定未来社区创建名单—实施方案编制、评审—土地"带方案"出让—实施推进—试运营—评估考核与命名等重要阶段。其中未来社区实施方案中所确定的标准与要求是未来社区项目建设的核心依据。我们对未来社区项目资金平衡咨询首先从资金平衡的财务模型管理入手，通过梳理政府方和用地主体对未来社区的各项工作分工情况，将未来社区全生命周期划分为三个阶段，分别为申报阶段至实施方案编制阶段、土地出让阶段以及建设至运营阶段。

申报阶段至实施方案编制阶段的主要工作内容包括搭建未来社区申报阶段的静态财务模型、编制资金平衡方案、谋划项目建设期和运营期资金平衡方案等；土地出让阶段的主要工作内容包括未来社区周边地块市场调研、资金流向和实现路径分析（含细化申报阶段的建设期投资估算、资金筹措方案和成本回收方案）、全周期动态财务模型搭建、市场测试、土地出让价格区间核算、履约监管协议反馈调整等；建设至运营阶段的主要工作内容包括以项目推进中实际发生的现金流入和流出对资金平衡方案进行动态调整，并进行项目全周期的跟踪评估。

2. 申报阶段至实施方案编制阶段

（1）本阶段资金平衡评估要点、重点分析

为顺利开展实施方案编制阶段各项工作，结合我们在未来社区资金平衡中的实践经验，未来社区创建项目在实施方案编制阶段资金平衡跟踪评估工作要点、重点如下。

①明确收入和支出费用项构成

基于申报方案的边界条件，对实施方案中的建设内容和边界条件的变化情况进行分析比较，罗列项目中可能存在的收入、支出的构成项，减少后续资金平衡测算中因缺项、漏项而引起的盈余资金预估误差。

②进行市场调研，提高测算准确性和完整性

根据"两主体三平衡"原则，对政府方征地拆迁安置费用、周边地块土地出让收入等情况进行摸底，对用地主体建设期工程费用、政府回购收入、同类商品房销售收入情况进行调研。同时，提前考虑可能影响用地主体运营期资金收支情况的因素，如商业、停车位等租赁收入、物业运营成本、智慧运营成本等其他可能的支出项目。全咨单位应尽可能全面调研并收集相关测算数据，提高后续资金测算的准确性和完整性。

③搭建静态财务模型

基于前期市场调研、边界条件以及未来社区"三化九场景"的建设标准，依据资金平衡表模板、项目财务评价要求，全咨单位应考虑资金流入和流出情况，搭建静态财务模型，对此阶段资金盈亏水平进行调整，避免漏项或数据不完整，保障资金总体平衡。

（2）实施路径

①工作思路及安排

根据我们对于未来社区项目全过程工程咨询的经验，实施方案编制阶段资金平衡咨询主要针对未来社区创建过程中实施方案编制以及有关前期手续办理等工作。基于政府方工作内容和未来社区政策文件要求，我们在未来社区资金平衡测算中主要借助静态财务模型实现项目"两主体三平衡"，并根据财务模型测算结果验证未来社区的基本假设条件设定。

因此，基于上述工作开展思路，未来社区项目在实施方案阶段的工作主要包括搭建静态财务模型（测算内容含政府方建设期资金平衡、用地主体建设期资金平衡以及用地主体运营期资金平衡）、编制资金平衡方案等。

②工作步骤

第一，搭建静态财务模型。

一是政府方建设期资金平衡。

实施主体或政府方在建设期的资金平衡主要考虑实施主体建设阶段的项目收入和支出类目。实施主体在建设期的收入类目主要包括土地出让收益（剔除上缴部分）和回迁缴纳收入等；实施主体在建设期的支出类目主要包括征地费用、拆迁费用、临时过渡费用、政府回购费用（人才房、商业回购）、安置费用（分为货币安置和实物安置）、政府建设费用等。

政府方应根据未来社区的政策规定以及创建方案要求开展建设期的相关工作，在确保建设期资金平衡的前提下实现资金略有盈余（见表3-27）。

表3-27　实施主体（政府方）建设期资金平衡模型主要参数

类目		备注
收入	土地出让收益（含返还部分）	土地出让金是指各级政府土地管理部分将土地使用权出让给土地使用者，并按规定向用地主体（即受让人）收取土地出让的全部价款；土地出让金收益（除去上缴部分）比例一般不低于全部地价的40%
	回迁缴纳收入	回迁缴纳收入是指拆迁安置居民回迁后向政府缴纳的款项收入
	其他收入	上述类目以外的其他收入
支出	安置费用	分为货币安置和实物安置，如实物安置将涉及政府后期回购费用
	征地费用	征地费用主要包括土地补偿费、青苗补偿费、附着物补偿费等
	拆迁费用	拆迁费用主要包括房屋补偿费、周转补偿费、奖励补偿费等
	临时过渡费用	临时过渡费用是指拆迁人或房屋承租人在过渡期间可能发生的费用
	政府回购费用	政府回购费用主要是指政府按标准对用地主体建成后的全部安置房、人才房及公建配套等政府自持部分进行回购
支出	政府建设费用	包括安置房、人才房、道路、绿化等市政配套设施的建设，数字化运营平台的建设，建设工程其他费、预备费等
	财务成本、税费等	财务成本、税费等指依据财务会计制度、成本核算、税务法规等要求应缴纳的各项支出
	其他支出	上述类目以外的其他支出
资金盈余		收入—支出≥0

测算说明：
1.政府方资金测算主要是土地划拨或出让资金流入流出，其中收入包括土地出让金、土地出让金收益（除去上缴部分）比例、回迁缴纳收入等，支出主要包括征拆费用、临时过渡费用、政府回购费（安置房、人才房、商业回购）及政府方建设费用等
2.资金盈余：确保略有盈余即可

二是用地主体建设期资金平衡。

用地主体在建设期的资金平衡主要考虑用地主体建设阶段的收入和支出类目。用地主体在建设期的收入类目主要包括住宅销售收入、人才房销售收入、人才公寓销售收入、商业办公销售收入、停车位销售收入、政府回购收入、回迁缴纳收入等；用地主体在建设期的支出类目主要包括土地出让金支出、土地划拨费用支出、建设工程费及建设工程其他费用支出等。

用地主体应根据未来社区的政策规定以及创建方案要求开展相关工作，在确保建设期资金平衡的前提下，合理限定销售价格，坚持未来社区九大场景的建设与运营，以便高质量落实未来社区建设标准（见表3-28）。

表3-28　用地主体建设期资金平衡模型主要参数

类目		备注
收入	住宅销售收入	住宅销售收入是指出售住宅的收入
	人才房销售收入	人才房销售收入是指出售人才房的收入
	人才公寓销售收入	人才公寓销售收入是指出售人才就业配套租赁公寓的收入
	商业办公销售等其他收入	商业办公销售等其他收入是指出售用于商业办公等活动的房屋收入
	停车位销售收入	停车位销售收入是指出售配套停车位的收入
	政府回购收入	政府回购收入主要是指政府按标准向用地主体回购建成后的全部安置房、人才房及公建配套等政府自持部分所产生的收入
	回迁缴纳收入	回迁缴纳收入是指拆迁安置居民回迁后向用地主体缴纳的款项收入
	其他收入	上述类目以外的其他收入
支出	土地出让金支出	土地出让金支出是指用地主体按规定向政府缴纳用于住宅、商业办公房的土地交易金
	土地划拨费用支出	土地划拨费用支出是指划拨土地时用地主体应缴纳的各项支出
	建设工程费支出	包括商品房、人才房、人才公寓、安置房、商业办公用房及配套公共基础设施的建设工程费用，需涵盖九大场景落实费用
	建设工程其他费用	包括建筑安装费用、设备购置费用、建设管理费、可行性研究费用、环境影响评价费用等
	预备费	包括基本预备费和涨价预备费。其中，基本预备费=（建设工程费用+建设工程其他费用）×一定比例
	财务成本、税费等	财务成本、税费等是指依据财务会计制度、成本核算、税务法规等要求应缴纳的各项支出
	其他支出	上述类目以外的其他支出
资金盈余		收入—支出≥0

测算说明：
1.建设期资金平衡主要考虑用地主体资金测算
2.资金平衡主要为销售收入与建设成本之间的平衡，其中收入主要包括商品房销售、人才房销售、商业销售、停车位销售收入，支出包括土地出让金、土地划拨费用支出、建安工程费、九大场景费等
3.资金盈余：确保略有盈余即可

三是用地主体运营期资金平衡。

用地主体在运营期的资金平衡主要考虑用地主体运营阶段的收入和支出类目。用地主体在运营期的收入类目主要包括人才房出租收入、商业办公出租收入、停车位出租收入、智慧运营收入、广告等其他经营性收入、增值物业收入、其他收入等；用地主体在运营期的支出类目主要包括"三化九场景"的大运营成本支出、基础物业服务补贴成本支出、智慧平台运营成本支出、其他支出等。在运营期资金平衡测算过程中，应充分根据项目的运营程度，将运营期划分为孵化期、上升期和成熟期三个阶段，各阶段的收入分别按照满负荷运营收入的50%、75%和100%计算，各阶段的支出分别按照满负荷运营支出的60%、80%和100%计算（见表3-29）。

用地主体应根据未来社区的政策规定以及创建方案要求开展相关工作，在确保运营期资金平衡的前提下，合理限定房屋出租价格，提升综合配套水平，以便高质量落实未来社区建设标准。

表3-29 用地主体的运营期资金平衡模型主要参数

	项目	金额基准值（亿元）	面积（m²）	单价（元/m²）	孵化期（1~2年）金额(万元)	上升期（3-5年）金额（万元）	成熟期（6-8年）金额（万元）	备注
收入	人才房出租收入							（1）智慧运营收入是指未来社区智慧运营所产生的收入（2）增值物业收入是指开展"三化九场景"增值服务所产生的收入（3）根据运营成熟度，充分考虑商业、停车位、广告等经营性收入在各个阶段的实际收入比例，进行运营测算与推演
	商业办公出租收入							
	停车位出租收入（按辆计算）							
	智慧运营收入							
	广告等其他经营性收入							
	增值物业收入							
	其他收入							

续表

	项目	金额基准值（亿元）	面积（m²）	单价（元/m²）	孵化期（1~2年）金额(万元)	上升期（3~5年）金额（万元）	成熟期（6~8年）金额（万元）	备注
支出	大运营成本							大运营成本是指落实"三化九场景"的整体运营成本
	基础物业服务补贴成本							基础物业服务补贴成本主要包括保安、保洁、保修等基础物业服务成本，即"基础物业零收费"的补贴费用
	智慧平台运营成本							智慧平台运营成本主要包括CIM数字化平台建设、电子档案建立等多种数字化场景的运营费用
	其他支出							
资金盈余	收入－支出≥0							

测算说明：
1.根据运营成熟度，考虑人才房、商业、车位、广告以及其他经营收入，进行运营合理测算
2.大运营成本包含类目：结合九大场景进行运维费预估
3.基础物业服务补贴成本：保安、保洁、保修等基础物业服务成本
4.资金盈余：确保项目收入大于支出

第二，编制资金平衡方案。

未来社区实施方案阶段的资金平衡方案是未来社区创建项目顺利建设并成功运营的基础。此阶段，资金平衡方案的主要依据是申报方案的技术经济指标及周边市场调研结果，在初步评估未来社区创建方案资金平衡状况的基础上，项目实施方案的资金平衡为九大场景的建设和运营在方案层面的可行性提供方向和依据。

此外，结合静态财务模型，并基于未来社区项目实际情况，对财务模型中一个或多个因素进行详细分析，例如：对于实施主体来说，土地出让收入和征地拆迁费用是影响建设期资金平衡的主要因素；对于用地主体来说，建设工程费用和销售收入是影响建设期资金平衡的主要因素，而运营成本和房屋租金收入对运营期的资金平衡有较大的影响。基于对以上主要指标的分析，从不同未来社区创建特色出发，编制实施方案阶段的资金平衡方案。

3. 土地出让阶段

（1）本阶段资金平衡评估要点、重点分析

为顺利开展土地出让阶段各项工作，结合我们对未来社区资金平衡实践经验，未来社区项目在土地出让阶段资金平衡跟踪评估工作要点、重点如下。

①重视市场调查及编制依据的收集与分析

市场调研是本阶段工作开展的基础。在工作开展准备阶段，我们将在实施阶段资金平衡市场调研结论的基础上，组织专人作业进行市场深入调查和分析研究。调研内容根据未来社区项目推进的实际情况明确，包括但不限于项目所在地周边房屋建筑市场（含住宅、人才房、商业办公、回迁房）配置标准、项目周边建设条件、建造成本及生产要素价格行情、地方规费、税收规定及减免政策、项目审批报批手续及费用情况、近期周边地块土地成交情况、销售单价、租赁单价、房市政策等。

②控制投资概算成果质量，落实"三化九场景"内容，保障工程造价与建造配置标准适配

在细化建设期投资概算时，建安工程费部分应着重分析和梳理项目组成结构，发掘并补充设计缺失内容，重点关注本项目"三化九场景"的落实情况，并根据运营方案确定不同物业的最终交付标准。建设工程其他费用部分应根据项目前期调查资料和项目报建清单咨询梳理，避免工程建设其他费用项的缺漏。

③核算移交、可售或可租物业规模，准确确定项目收入的计算基数，客观测算项目预期收入

鉴于可售、可租物业是未来社区项目建设期或运营期收入的主要来源，我们在测算未来社区整体预期收入时，将严格依据未来社区场景功能分配及内容组成，按照移交、可售、可租的状态反复核算物业规模，准备确定项目收入的计算基数。同时根据我们前期市场调查或竞品调研资料，并结合市场行情、政策环境、项目品质及限价政策，合理设定预期销售单价，并考虑预售条件、开盘去化率、商品房预售资金监管等因素的影响；出租型物业根据运营主体或运营模式的差异，统筹考虑初始租赁单价与价格梯度或租赁空置率。

④明确资金流入、流出节点，分析项目动态资金流向

资金流入、流出的时点是计算财务内部收益率（FIRR）的关键因素，因此我们在进行费用支出、资金回笼的模拟时，将保持资金流入、流出节点的客观性，根据项目实际情况和拆除重建类未来社区项目实务运作经验，制定项目开发进度计划表，确定资金流入、

流出节点，进行财务模拟测算。

⑤制定资金平衡测算的报表体系，收入与费用科目不缺漏

我们将针对未来社区资金平衡测算的特征，依据静态资金平衡测算表模板、未来社区项目财务评价要求以及项目开发建设模式等，制定适合未来社区项目动态资金平衡测算的报表体系。动态资金平衡测算报表体系是指由建设期投资概算表、项目重大节点安排表、项目开发进度计划表、项目总投资使用计划与资金筹措表、借款还本付息表、销售计划及收入测算表、租金收入测算表、成本测算表、财务收支测算表、投资现金流量表、财务计划现金流量表、利润与利润分配表、资产负债表等组成的一系列财务基础报表和财务辅助报表。同时，各类报表中应设置完整的费用和收入项科目，减少和避免科目缺漏。

⑥注意编制依据变动对资金平衡测算的影响

在编制依据的过程中，应将开发与建设模式、项目设计文件、运营方案、建造配置标准、场景落地技术措施、建设计划、履约监管协议等看作是资金平衡测算的主要依据，主要依据的变化对资金平衡测算结果影响非常大，甚至造成反向结论。同时根据资金测算结果验证主要依据文件的合理性和可落地性。

（2）实施路径

①工作思路及安排

根据我们未来社区项目全过程工程咨询的经验，土地出让阶段资金平衡咨询主要针对政府方的土地收储和土地出让环节开展。其中，充分测算合理的土地出让价格区间、提出风险规避措施及优化建议、协助政府方顺利完成土地出让是本阶段工作的重中之重。未来社区项目土地的最终成交价格关乎政府方与用地主体双方利益，直接影响未来社区建设目标和要求的实现。为秉承"民生工程"的公益属性，保障"三化九场景"系统落地，并兼顾用地主体利益，在土地出让阶段前期进行未来社区项目建设期、运营期及全周期资金平衡分析，通过构建动态财务模型，模拟用地主体收益，测算不同出让模式和边界条件下用地主体的投资回报，在适当考虑土地受让人合理利润的前提下，反复论证相对公允且土地受让人可承受的土地出让价格区间，保障政府方与土地受让人多方诉求，调动市场主体参与项目积极性。在整个阶段推进过程中，根据各要素变化实时调整财务模型测算结果，并根据其正向反馈作用纠正履约监管协议等土地出让相关文件条款的设定偏差。

因此，基于上述工作开展思路，未来社区项目在土地出让阶段资金平衡咨询主要工作包括市场调研、资金流向和实现路径分析（含细化申报阶段中建设期投资估算、资金筹措方案和成本回收方案）、搭建全周期动态财务模型、市场测试、土地出让价格区间核算、履约监管协议反馈调整等。

②工作步骤

第一，市场调研。

未来社区项目市场调研可通过实地调查、资料搜查、竞品调研等方式开展。鉴于我们的未来社区项目全咨经验相对丰富，对省内未来社区项目已有项目资料信息库并定期更新。我们认为市场调研主要侧重于两方面：一是项目维度，包括房屋建筑市场（含住宅、人才房、商业办公、回迁房）配置标准、项目周边建设条件、建造成本及生产要素价格行情、地方规费、税收规定及减免政策、项目审批报批手续及费用情况、近期周边地块土地成交情况、销售单价、租赁单价、房市政策等影响项目收支的内容或因素的调查；二是用地主体维度，调研并分析潜在用地主体融资成本、融资期限及融资环境等情况。项目实施过程中，市场调研根据项目实际情况变化在后续工作开展中做深入调查和研究。

第二，资金流向和实现路径分析。

基于市场调研结论，并依据已批复的实施方案、运营协议及履约监管协议等文件，细化建设期投资概算、资金筹措方案及成本回收方案，明确未来社区的具体资金流向和实现路径，编制运营期财务收支方案，以确保项目创建全周期资金平衡为原则，分析预计收益，并计提一定的风险对价。

一是建设期投资概算细化。

结合未来社区"三化九场景"系统落地方案，分析建设期投资概算计算方法、分项费用设置及增量成本投入等方面的合理性与准确性，联合设计部门完成建设期投资概算的细化和完善，做到不缺项、不漏项。

同时，在建设期投资概算编制过程中要重点关注未来社区"三化九场景"落实情况，包括约束性指标的落实性、数字化方案的完整性，梳理并保障九大场景创建的增量成本投

入满足设施配置标准、技术措施及后期运营模式的要求。建设期投资概算表框架如表 3-30 所示。

表3-30 未来社区项目建设期投资概算

工程或费用名称	内容	增量成本说明
建筑安装工程费	包括建筑主体工程费、基础设施建设费、公共配套设施建设费等	主要为公共配套设施建设费中九大场景投入建设费用、基础设施建设费中市政道路及桥梁建设费用； 增量成本投入应满足设施配置标准、技术措施及后期运营模式的要求
建设工程其他费	包括建设管理费、建设用地费、勘察设计费、可行性研究费等	主要为全咨服务费、实施方案编制费等
预备费	包括基本预备费、涨价预备费	
建设概算投资	建设投资＝建筑安装工程费＋工程建设其他费＋预备费	
建设期利息	是指建设期间贷款融资产生的利息费	按增量成本项投入金额计算
项目概算总投资	未来社区为非生产性项目，无需流动资金，故项目总投资＝建设投资＋建设期利息	

二是资金筹措方案。

根据实施主体对未来社区所要求的开发顺序、时间要求及项目本身实际情况，确定项目重要流程节点，并在此基础上模拟并制定详细的项目开发进度计划，作为项目资金筹措方案的编制依据。项目开发进度计划应将工作程序分解细化，以月份为时间维度，以横道图形式展现，如表 3-31 所示。

表3-31　未来社区项目开发进度计划

单位：万元

主要工程项目		XXX 年				XXX 年		
		1	2	3	…	1	2	…
拿地								
项目核准/备案								
完成各专项评价								
取得建设用地规划许可证								
完成方案设计和初步设计								
完成施工图设计								
取得建设工程规划许可证								
确定监理单位和总包单位								
取得建设工程施工许可证								
住宅工期	项目开工							
	基础工程完成，地下工程至正负零							
	主体施工达到预售条件							
	取得商品房预售许可证							
	开盘预售							
	主体施工至结构封顶							
	中间结构验收完成							
	外脚手架拆除完成							
	公共区域装修工程完成							
	市政及景观工程完成							
	竣工验收及备案							
	交付联合验收							
	合同交付							
商业工期								
……								

项目资金筹措方案基于未来社区开发进度计划而制定，资金主要来源为自有资金、融资资金及建设期收入再投入。其中，建设期收入再投入主要考虑资金成本最小化，充分利用预售收入盈余资金作为还款来源提前还款。

确定项目资金筹措途径后，根据前期用地主体融资成本、融资期限及融资环境等情况的调研分析，合理设定用地主体自有资金比例及融资方式、融资利率等融资条件。同时以提高未来社区资金使用效率、降低资金成本为目标，保证与项目开发进度计划节奏一致的情况下，合理有序地安排资金发生时点，编制以月份为时间维度的项目总投资使用计划与资金筹措表，如表3-32所示。

表3-32　未来社区项目总投资使用计划与资金筹措

单位：万元

项目		XXX 年				XXX 年		
		1	2	3	...	1	2	...
总投资	建设投资							
	建设期利息							
	流动资金							
资金筹措	项目资本金　用于建设投资							
	项目资本金　用于流动资金							
	预售收入　用于建设投资							
	预售收入　用于流动资金							
	债务资金　用于建设投资							
	债务资金　用于流动资金							
	其他资金							
	......							

三是成本回收方案。

分析项目建设期和运营期各项收入和支出，根据项目边界条件核定销售、移交、持有经营等物业规模，以各费用项市场价格及相关政策为依据，编制成本回收方案。其中，建设期收入主要包括住宅销售收入、人才房销售收入、停车位销售收入、政府回购收入、回迁缴纳收入、土地出让金收益（剔除上缴部分）等；建设期支出主要包括土地出让金支出、土地划拨费用支出、建安工程费（含九大场景配置等增量费用）及其他费支出、营销费、管理费等。运营期收入主要包括人才房出租收入、商业办公出租收入、停车位出租收入、智慧运营收入、广告等其他经营性收入；运营期支出主要包括"三化九场景"的大运营成本、基础物业服务补贴成本、智慧平台运营成本等。

基于未来社区项目实际情况，在明确收入和支出类目后，根据当地经济发展水平、政策性支持情况及销售市场销售水平、租赁市场出租水平的市场调查结论，进行建设期收入和运营期收入计算。在具体计算中，摸清租售环节与经营环节具体程序，合理设定相关计算参数。其中，销售型物业需考虑计划销售时间、销售体量和销售价格变化等因素；持有经营型物业需考虑持有期限、持有期内租赁价格变化、转售安排等因素。

第三，搭建全周期动态财务模型。

全周期动态财务模型基于前述对未来社区资金流向和实现路径的分析，主要包括建设期资金平衡测算、运营期资金平衡测算和全周期资金平衡测算。财务模型中涉及的财务基础报表和财务辅助报表包括建设期投资概算表、项目重大节点安排表、项目开发进度计划表、项目总投资使用计划与资金筹措表、借款还本付息表、销售计划及收入测算表、租金收入测算表、成本测算表、财务收支测算表、投资现金流量表、财务计划现金流量表、利润与利润分配表、资产负债表等。其中，现金流量表主要用于现金流分析和计算财务内部收益率、财务净现值、投资回报期等财务评价指标；利润表主要用于净利润率计算；借款还本付息表主要用于借款偿还安排及偿债能力指标计算。

一是建设期资金平衡测算。

通过对未来社区建设期资金流向和实现路径进行分析，编制建设期投资概算表、项目重大节点安排表、项目开发进度计划表、项目总投资使用计划与资金筹措表、销售计划及收入测算表、财务收支测算表等财务辅助报表和现金流量表、利润表等财务基础报表，分析用地主体建设期资金平衡情况。

为提高分析测算的准确性和测算结果的可靠性，用地主体建设期资金平衡以月份为时间维度进行测算分析，其中建设期现金流量表如表3-33所示。

表3-33　未来社区项目建设期现金流量

单位：万元

项目			合计	XXX 年			XXX 年			…
				1	2	…	1	2	…	
现金流入	商品房销售收入	小 / 大高								
		洋房								
		车位销售								
	商业销售收入									
	……									
现金流出	建设投资	建设投资（不含增量费用）								
		九大场景等增量费用								
		土地费用								
	期间费用	管理费用								
		营销费用								
	增值税									
	城建及教育附加费									
	土地增值税									
	……									
净现金流量										
累计净现金流量										
调整所得税										
所得税后净现金流量										
累计所得税后净现金流量										
投资内部收益率（税后）										

二是运营期资金平衡测算。

通过对未来社区运营期资金流向和实现路径进行分析，以年为时间维度编制运营成本测算表、租金收入测算表、财务收支测算表等财务辅助报表和现金流量表、利润表等财务基础报表，分析用地主体运营期资金平衡情况。

运营期资金平衡以年度为时间维度进行测算分析，其中运营期现金流量如表3-34所示。

表3-34 未来社区项目运营期现金流量

单位：万元

	项目	合计	XXX年 1	XXX年 2	……
现金流入	商业租金收入				
	公寓租金收入				
	物业运营总收入				
	人才公寓销售（回购）收入				
	政府补贴收入				
	……				
现金流出	物业运营总支出				
	增值税				
	城建及教育附加费				
	……				
	净现金流量				
	累计净现金流量				
	调整所得税				
	所得税后净现金流量				
	累计所得税后净现金流量				
	投资内部收益率（税后）				

三是全周期资金平衡测算。

基于用地主体建设期和运营期资金平衡分析，编制全周期现金流量表。全周期资金平衡以年度为时间维度进行测算分析，其中全周期现金流量如表3-35所示。

表3-35 未来社区项目全周期现金流量

单位：万元

项目		合计	建设期（年）			运营期（年）		
			1	2	3	4	5	……
现金流入	商品房销售收入							
	商业销售收入							
	商业租金收入							
	公寓租金收入							
	物业运营总收入							
	人才公寓销售（回购）收入							
	政府补贴收入							
	……							
现金流出	建设投资							
	土地费用							
	期间费用							
	物业运营总支出							
	增值税							
	城建及教育附加费							
	土地增值税							
	……							
净现金流量								
累计净现金流量								
调整所得税								
所得税后净现金流量								
累计所得税后净现金流量								
投资内部收益率（税后）								

第四，市场测试。

为提升市场主体参与投资的积极性，并保障项目边界条件的合理性与易操作性，可根据动态财务模型测算结果，分析并调整商务条件设置，开展市场测试环节，借此获得各类参与主体意见反馈，进一步调整完善土地出让方案。在市场测试中，因政府方和各类市场参与主体关注点不同，在充分考虑各方诉求的基础上，打破各方信息壁垒，以相对公允的评判标准协助政府方与各类市场主体开展前期沟通，收集意见反馈，减少因信息不对称而导致的弊端。根据市场测试结果检验土地出让方式、重要流程节点、移交条件、各类业态产权归属等要素设置的科学性、合理性和可操作性。

第五，土地出让价格区间核算。

土地出让价格区间核算主要是指借助敏感性分析，为政府方提供相对公允且可靠的土地出让价格参考值和科学依据。具体操作方法为通过评估区间范围内土地出让价格的敏感性分析，在财务模型中实现动态调整和结果反馈，对本项目经济效益、投资效益所产生的影响及影响程度进行分析，如得到不同土地出让价格下项目投资收益率、净利润率（如表3-36所示）。同时测算过程中，实时检验边界条件设置的合理性，调整边界条件设置偏差。

表3-36　未来社区项目土地出让价格对应的项目收益率

测算指标	土地出让价格（万元）					
	×××	×××	×××	×××	×××	……
项目全投资收益率（%）						
自持按成本法估值的净利润（万元）						
自持按成本法估值的净利润率（%）						

第六，履约监管协议反馈调整。

资金平衡分析过程中充分利用财务测算结果的正向反馈作用验证并调整土地出让环节各要素边界。根据本阶段整个资金平衡咨询财务测算结果，分析履约保证金的缴纳金额、物业移交规模、政府回购价等履约监管协议条款设置的合理性和可操作性，及时纠正履约监管协议条款设定偏差。

4. 建设和运营阶段

（1）本阶段资金平衡评估要点、重点分析

为顺利开展建设和运营阶段各项工作，结合我们对未来社区资金平衡实践经验，未来社区项目在建设和运营阶段资金平衡跟踪评估工作要点、重点如下。

①资金平衡模型的管理

资金平衡模型是进行资金平衡动态监测的基础，是各项边界条件发生变化的实时监测基础。为顺利开展建设和运营阶段资金平衡服务工作，需通过对资金平衡测算模型的管理，实现未来社区建设运营资金总体平衡，为项目建设实施提供重要支撑。

②建设施工环节的造价预决算

建设施工环节的造价预决算的确定是跟踪评估项目全周期资金平衡的重要内容之一，是进行投资测算、指导限额设计的依据。另外，造价预决算边界的确定可以指导投资建设、目标成本管理、风险管理以及招采及合同管理等工作，保障未来社区项目建设工作的落地。

③项目资金流入、流出节点与原假设模型的偏差

结合土地出让阶段项目资金流入、流出节点假设条件，对项目建设及运营阶段实际流入进行客观性分析，对项目实际销售进度、开盘去化率及商品房预售资金、项目运营阶段实际收支情况等因素进行动态监测，对增值费、土地增值税、房产税等期间税费和税金的变化进行调整，并在资金平衡模型中进行动态调整，分析和测算项目财务内部收益率变化情况，保障项目建设期和运营期资金总体平衡。

④编制全生命周期建设、运营资金平衡方案

未来社区政策要求资金平衡是贯穿整个建设、运营全生命周期的。事前能做到对未来社区各阶段的预算边界条件进行确认，在项目实施过程中的各项边界条件发生变化时，进行动态调整，并定期编制资金平衡方案。

（2）实施路径

①工作思路及安排

土地出让阶段动态财务模型是进行建设和运营阶段资金平衡动态监测的基础，而项目建设至运营阶段的全生命周期动态监测是实行全过程预算绩效管理，提高资金使用效率，保障项目顺利实施的重要举措之一。我们将从资金平衡模型管理、造价预决算管理、招采及合同管理、资金信息管理和全生命周期资金平衡监测等维度进行资金平衡测算，并搭建信息化管理系统，立足社区建设运营资金总体平衡，保障未来社区建设工作行稳致远。

因此，该阶段可能包含的咨询服务内容主要有资金平衡模型管理、预算边界管理、招采及合同管理、资金信息管理以及项目全生命周期资金平衡监测等工作。

②工作步骤

第一，资金平衡模型管理。

我们自承接未来社区"1+N+X"咨询服务以来，深入研究未来社区全周期资金平衡方案，多维度解读资金平衡方案，以实现对项目从申报到实施阶段的指导。

本小节以前面阶段资金平衡方案为基础，对资金平衡模型进行管理，对影响关键变量的因素进行敏感性分析，通过资金平衡方案的动态变化，反映未来社区项目实施过程中的行为偏差，保障建设期至运营期资金的总体平衡，并提出相应的规避或者解决措施。

第二，造价预决算管理。

　　基于未来社区项目重大民生工程定位及去房地产化要求，预算边界条件的确定，可以指导投资建设、目标成本管理、风险管理，是进行投资测算、指导限额设计的依据，也是实现资金平衡的重要支撑。

　　立足社区建设运营资金总体平衡，在落实未来社区建设标准的前提下，以批复的实施方案的投资额作为本项目投资控制线，九大场景配置费用及装修标准进行下限控制、住宅建安（土建、安装工程等）费用进行合理控制，主要包括建安工程费预算边界、设备购置费预算边界和工程建设其他费预算边际的管理。

　　第三，招采及合同管理。

　　项目的建设投资一般由工程费用、工程建设其他费用、预备费组成，工程费用一般由建筑安装工程费、设备及工器具购置费组成，工程建设其他费虽然占建设投资比例较小但涉及的科目繁多，包括但不限于勘察、设计、咨询、检测、土地费用等。作为政府强监管下的重大民生工程，未来社区项目中建设投资涉及的招标采购流程的合规性、分项费用的合理性是审计的重中之重，严格的招标采购程序和合同管理能为未来社区的精准落地保驾护航，我们通过系统性的合约、合同策划提高资金平衡的可靠性。

　　第四，资金信息管理。

　　未来社区资金信息管理可通过搭建资金信息管理平台，集资金闭环管理和集成一体化，实现项目建设运营全流程信息管理。我们将着重从项目建安成本支出、销售收入支持以及运营期运营收支三方面实施资金的监测和管控。管理的基准值以备案的实施方案、履约监管协议及运营协议为主。

　　第五，全生命周期资金平衡监测。

　　在项目实施阶段，则基于资金平衡模型、预算边界管理、招采及合同管理、资金信息管理对项目进行全生命周期资金平衡，立足于未来社区建设运营资金总体平衡进行动态监测，为项目进行风险提示。

　　（六）资金平衡实践结论

　　未来社区的资金平衡是未来社区项目顺利建设并成功运营的基础，从浙江省人民政府、浙江省发改委出台的未来社区有关政策文件中不难发现，为保证未来社区创建工作顺利推进，各阶段的资金平衡工作十分重要。

　　在申报方案阶段，资金平衡工作根据申报方案的技术经济指标及周边市场调研结果，初步评估未来社区创建方案的资金平衡状况，为九大场景的建设和运营在方案层面的可行性提供方向和依据；在实施方案阶段，资金平衡工作根据实施方案细化后的主要经济技术

指标，建设和运营方案等关键数据，进一步评估未来社区创建方案的资金平衡状况，为九大场景的建设和运营工作在操作层面的落地性提供重要依据；在项目实施阶段，资金平衡工作更多聚焦未来社区项目建设环节的造价预决算等工作，有助于评估和防范各类相关风险，为建设项目按期竣工交付提供有力支撑；在项目验收阶段，对项目试运营时期的项目盈亏水平进行分析，客观评估九大场景的可持续运营能力，同时对比实际运营收入与提交备案的实施方案中运营测算数据并分析偏差原因，为后续项目的运营方案设计积累宝贵的经验。

资金平衡分析贯穿于未来社区全周期阶段，是推进各个阶段实施过程不可或缺的必要工作，也是未来社区项目成功落地并命名的关键。土地供给与履约监管咨询涉及全咨单位协助确定土地出让方式、制定开发建设运营履约协议、跟踪监管实际情况并出具评估报告、风险提示等多项工作，而就资金平衡分析角度而言，可利用财务测算模型以数据分析结果为各项工作提供决策依据和参考。

作为全咨单位，在资金分析过程中应立足未来社区建设理念和标准要求，以多方视角充分分析项目诉求，统筹考虑土地出让方式、重要流程节点、移交条件、各类业态产权归属等要素设置，利用市场测试等手段检验各类要素设置合理性、可操作性，并调动开发商参与积极性。有效借助动态财务测算模型，立足建设运营资金总体平衡，测算收支平衡点，确定合理的交易边界，实现多方共赢，推动未来社区项目高质量建设。

二、未来社区全过程预算绩效管理

（一）全过程预算绩效管理

1.指导原则

根据《关于进一步加强财政金融支持未来社区试点建设的意见》（浙发改基综〔2020〕297号）第六条规定"建立完善监管激励机制……实施全过程预算绩效管理，提高财政资金使用绩效"、《浙江省未来社区试点建设全过程工程咨询服务指南（试行）》的通知（浙发改办基综〔2020〕30号）第十一条规定"鼓励试点相关建设用地单位将工程建设专项咨询服务一并委托全咨单位承担。自行委托其他咨询机构提供的前期专项咨询和工程建设专项咨询，应当满足全咨单位的协调管理，两者意见相冲突时，全咨单位应立足未来社区建设理念与标准要求，积极发挥其综合协调作用，充分论证并给出客观专业意见供委托方决策，确保未来社区建设有序推进"。从政策背景及政策文件看，未来社区建设除满足基本建设条件外，高质量的未来社区建设意义更为深远。

2. 工作内容

从项目各方主体需求看，政府方主要诉求是在资金平衡基础上实现土地出让价格合理化、落实好"三化九场景"、建立良好社会公共形象等。而用地主体在实现各方资金平衡基础上，希望土地出让价格越低越好，且在强监管下风险可对价。

基于上述各方情况，《浙江省未来社区试点建设全过程工程咨询服务指南（试行）》（浙发改办基综〔2020〕30号）规范和指导了未来社区创建项目开展全过程工程咨询，明确采用"1+N+X"方式组织未来社区全咨服务，以充分发挥全咨服务对未来社区创建的支撑作用。

（二）全咨单位的工作界面

浙发改办基综〔2020〕195号以及浙发改办基综〔2020〕30号文件中均明确指出未来社区创建过程中应委托第三方提供全咨服务，并采用"1+N+X"方式来组织未来社区全咨服务。

这就要求全咨单位能够利用公允的评判标准以及具备"打明牌"的能力和思维，进行未来社区全过程预算绩效管理，实现实施主体与用地主体"共赢"（见图3-5）。

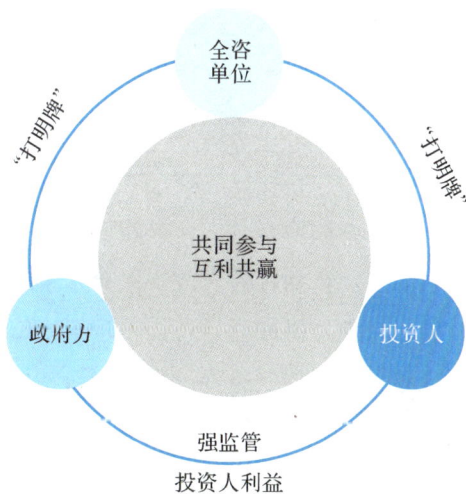

图3-5　三方工作机制

1. 一个原则

基于民生工程的属性，未来社区建设要求有为政府和有效市场并重（浙政发〔2019〕8号）。全咨单位基于全过程预算绩效管理，可确定项目交易边界，调动市场主体、投资主体积极性，激发社会活力，同时协助政府强化政策引导作用，保障未来社区建设工作有

序推进，进一步探索可持续未来社区建设模式。

2. 两个底线

（1）标准线——以法律、法规、合同和会议纪要等为标准的底线

未来社区的建设之初就要符合浙江省对未来社区的建设定位，符合浙江省未来社区政策法规，在创建申报阶段组织编制的申报方案、确定创建名单后报省政府批准备案实施方案以及土地"带方案"出让后实施主体与建设主体、运营主体以附件形式增加未来社区履约监管协议、开发建设和运营协议等，都是全咨单位全过程预算绩效管理的考量标准。同时，项目各方签订的合同以及履约过程中的各类会议纪要，也都可作为全咨单位发挥未来社区建设的考量基础。

（2）审计线——以审计监督制度为标准的底线

未来社区作为重大民生工程，建设"坚持房子是用来住的、不是用来炒的"定位，使得土地出让价格以及建设投资涉及的招标采购流程的合规性、分项费用、申报实施方案与项目实际偏差的合理性都是将来审计的重中之重。未来社区建设如何不偏不倚按照"139"建设理念，实现"三化九场景"，同时又符合重大民生工程属性，需要建立未来社区项目动态评价监测体系，落实工程建设审计监督制度，强化支持政策期权激励，使得项目经得起工程建设及"三化九场景"建设各项审计，确保落实未来社区民生工程的定位。

3. 三个阶段

未来社区全过程预算绩效管理要注重事前确认边界，事中跟踪信息、监管纠偏，事后报告评价三阶段工作。

①事前策划。作为标志性工程的未来社区，其建设坚持去房地产化，项目的建成也是希望能真正改善民生，以人为本。在浙江省发改委发布未来社区创建通知后，实施主体就要结合本地区文化特色、项目特点，协同设计咨询单位组织编制申报方案，明确好规划单元和实施单元范围，确定规划用地的控制边界。根据项目特点和项目类型，咨询单位在申报阶段协助业主对建设期投资估算、资金筹措方案和成本回收方案、运营期财务收支方案进行咨询服务。待项目进入实施方案编制阶段，主要提出建设期投资概算、资金筹措方案、成本回收方案，明确具体资金流向和实现路径；在基本物业"零收费"前提下，明晰运营期财务收支方案，分析预计收益，确保全周期资金平衡。从申报至实施方案编制阶段真正做好项目申报阶段的前期策划。

②事中跟踪。项目事中跟踪主要为项目申报情况跟进，以及成为创建名单项目后，对于征拆收储、规划修改、资金平衡细化等工作的开展。对于涉及土地出让价格，全咨单位可测算一个相对公允的土地出让价格，同时将测算的依据作为实施过程履约调整的数据

基准。

③事后评价。项目事后评价主要是项目全生命周期内外部评价。按照建设期与运营期资金总体平衡要求，对未来社区项目选址环节的征迁方案、申报方案环节的资金方案、实施方案环节的资金方案、建设施工环节的造价预决算方案，进行全周期跟踪评估，出具资金平衡风险评估报告，并对其中风险提出规避措施及优化建议，协助项目精准落地、顺利挂牌。

三、案例分析

（一）项目基本情况

某省级第一批未来社区项目，规划单元面积 152.3 万平方米，实施单元面积 20.16 万平方米，其中开发面积约 12.27 万平方米（不含公园面积），总投资（建安）约 21.5 亿元。

（二）报告编制目的和依据

1. 编制目的

根据《关于进一步加强财政金融支持未来社区试点建设的意见》（浙发改基综〔2020〕297 号）第六条规定"建立完善监管激励机制。……实施全过程预算绩效管理，提高财政资金使用绩效"。全咨单位可从资金平衡模型管理、预算边界管理、招采及合同管理、资金信息管理和全生命周期资金平衡动态监测五个维度，进行全过程预算绩效管理，以提高财政资金使用绩效。

基于民生工程的属性，未来社区建设要求有为政府和有效市场并重（浙政发〔2019〕8 号）。全咨单位基于全过程预算绩效管理，可确定项目交易边界，调动市场主体、投资主体积极性，激发社会活力，同时协助政府强化政策引导作用，保障未来社区建设工作有序推进，进一步探索可持续未来社区建设模式。

2. 编制依据

（1）《浙江省未来社区建设试点工作方案》（浙政发〔2019〕8 号）；

（2）《浙江省人民政府办公厅关于高质量加快推进未来社区试点建设工作的意见》（浙政办发〔2019〕60 号）；

（3）《浙江省未来社区试点建设管理办法（试行）》（浙发改基综〔2020〕195 号）；

（4）《浙江省未来社区试点建设全过程工程咨询服务指南（试行）》；

（5）备案的《未来社区实施方案》；

（6）《未来社区项目投资及履约监管协议》；

（7）《未来社区项目开发建设和运营协议》；

（8）其他有关的项目资料。

（三）项目资金平衡情况

分别对实施主体资金平衡情况及用地主体资金平衡情况进行分析，实施主体资金平衡情况主要考虑未来社区中可能的收入及支出，其中收入包括土地出让金、土地出让金收益（剔除上缴国家的部分）比例及回迁缴纳收入等，支出主要包括征拆费用、临时过渡费用、房屋装修装饰补偿、政府回购费（人才房、商业回购）等；用地主体资金平衡情况主要考虑未来社区中可能的收入及支出，其中收入包括住宅、公寓、商业销售/租赁收入以及增值物业收入等，支出主要包括土地出让金、建设成本、管理费、税费等。

（四）项目建议与问题

针对上述项目完成情况（包括土地出让情况、项目公司组建及合同签订情况、用地主体建设进度情况、用地主体成本支出情况、用地主体成本回收情况）以及项目资金平衡中所存在的问题给出具体的实施建议。

（五）下一步工作计划

1.探索建立资料采集路径

为了保证资料和数据采集的实时性和有效性，我们探索建立合理的资料采集路径，以保障咨询服务工作的连续性、真实性和完整性。

2.提供周期性的全过程预算绩效管理报告

资料采集路径建立以后，可根据数据和资料的更新频次确定全过程预算绩效管理报告的更新频次。

3.试行全过程预算绩效管理信息化系统

根据《关于进一步加强财政金融支持未来社区试点建设的意见》（浙发改基综〔2020〕297号）第六条规定："建立完善监管激励机制……实施全过程预算绩效管理，提高财政资金使用绩效。"我们从资金平衡模型管理、预算便捷管理、招采及合同管理、资金信息管理和全生命周期资金平衡动态监测五个维度，搭建预算管理信息化系统，以提高财政资金使用绩效（见图3-6）。

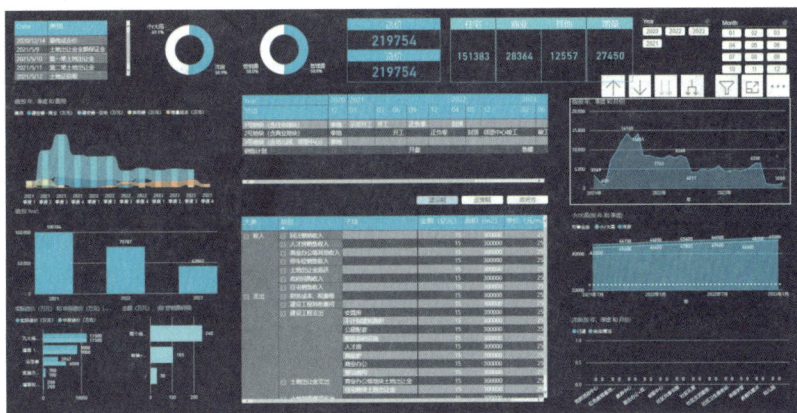

图3-6　杭州城投建设有限公司数据综合分析决策平台

第八节　实施方案评审要点

依据2021年9月浙江省城乡风貌整治提升（未来社区建设）工作专班办公室发布的《关于开展第四批城镇未来社区创建的通知》，要求未来社区创建工作应满足以下要求：

（1）坚持以人为核心，植入未来理念，全面体现高质量、竞争力、现代化和共同富裕示范区基本单元的要求。

（2）围绕"三化九场景"理念，立足自身资源禀赋和现实条件，突出需求导向，落实未来社区项目的特色场景。

（3）持续加快项目建设落地，勾勒凸显"整体大美、浙江气质"的基本元素，探索形成一批高标准样板，积累总结一批高质量典型。

（4）理念上突出有机更新、建设上突出集成集约、动力上突出改革引领、进度上突出质量优先，打造开发建设运营可持续、群众认同感强的未来社区。

（5）发挥好各级党委政府及有关部门、基层一线的主力军作用，坚持上下贯通、条抓块统，充分考虑群众需求、听取群众意见、借助群众力量，提升群众获得感、幸福感、安全感和认同感。

在实施方案评审环节，将结合上述最新的创建要求，从总体要求、规划设计、场景设计及技术要求、数字化系统设计、建设运营组织、实施推进计划、概算与资金平衡、政策与机制保障、专业技术图纸及附件要求等方面开展实施方案的评审工作。

一、实施方案评审流程

未来社区的实施方案在未来社区申报方案基础上的延续和深化，是针对未来社区建设九大场景如何落实的具体方案，具有极强的落地性和可操作性。依据《浙江省未来社区试点建设管理办法（试行）》（浙发改基综〔2020〕195号）、《省风貌办关于开展第三批未来社区创建项目实施方案评审备案的通知》等政策文件的要求，未来社区实施方案的评审方案工作流程具体如下。

（一）评审办法

1. 列入集中评审项目名单的创建项目，采取省级评审的办法。

2. 其他创建项目实施方案采取市级评审、省级备案的办法。

（二）方案评审

1. 实施方案编制完成后，由建设主体初审。

2. 集审项目通过初审后，由建设主体报送省城乡风貌（未来社区）工作专班办公室，由专班办公室组织召开实施方案专家评审。

3. 其他项目通过初审后，由建设主体报送设区市城乡风貌（未来社区）工作专班，市专班组织召开实施方案专家评审会，根据《浙江省未来社区创建实施方案编制及评审要点》的要求展开评审，确保方案合理性和可行性，形成评审意见。

4. 省级、市级评审专家组应涵盖城市规划、建筑工程、能源资源、数字化、社区运营、技术经济等领域，不少于7人；原则上专家组成员中省级专家库成员不少于3人，专家组组长由省级专家库成员担任。

（三）方案报备

除集审项目外，其他项目在设区市政府批准同意实施方案后，向省城乡风貌（未来社区）工作专班办公室提交备案申请，同步抄送修改完善后的实施方案和评审意见。

（四）复核备案

省城乡风貌（未来社区）工作专班办公室复核备案申请、实施方案和评审意见，复核无误后下发备案复函，完成备案工作。

以省风貌办开展第三批未来社区创建项目的实施方案评审工作计划为例，开展实施方案分批评审和备案工作，原则上先完成集审项目评审和整合提升类项目实施方案的评审、备案；后完成其他类型创建项目实施方案的评审、备案，如表3-37所示。

表3-37 第三批未来社区创建项目实施方案评审工作计划

序号	工作计划
1	省城乡风貌（未来社区）工作专班办公室完成集审项目评审
2	各市城乡风貌（未来社区）工作专班完成整合提升类项目评审，提交备案申请
3	省城乡风貌（未来社区）工作专班办公室完成整合提升类项目实施方案备案
4	各市城乡风貌（未来社区）工作专班组织完成其他类型项目评审，提交备案申请
5	省城乡风貌（未来社区）工作专班办公室完成其他类型项目实施方案备案

二、实施方案编制及评审要点

围绕打造共同富裕现代化基本单元的总体目标，为推动省内未来社区建设工作的规范化、标准化，践行未来社区"三化九场景"系统设计理念，实施方案编制及评审要点归纳如下。

（一）总体要求

实施方案应从人本化、生态化、数字化三维价值维度体现未来社区建设的系统性、完整性、落地性、创新性和相关政策贯彻落实情况。实施方案应在申报方案基础上予以深化，申报方案的主题特色、综合指标、规划结构、优势场景等核心内容应得到有效延续；若涉及重大变更，应为正向的优化。实施方案的建设工程设计文件应达到初步设计深度。

（二）规划设计

1.突出本地特色

规划设计前期，应认真分析城市历史脉络、社区文化肌理和社区居民构成及需求，从历史背景、文化传承、精神实质、表现形式等方面，进行文化要素分析和当代价值提炼，形成能让社区居民切身感受和体验到的文化元素及内容。规划设计环节，应避免同质化，体现百花齐放，深入挖掘和融合所在地的文化特色和资源禀赋，以确保规划设计方案充分展现未来社区项目的特色主题。

2.响应现状需求

对周边实体场景供应开展调研；对现状居住居民或回迁安置居民开展需求调研，样本

量不低于居民户数的 50%；在此基础上明确场景功能需求和合适规模。

3. 优化空间布局

基于场景系统策划方案，做好与上位空间规划的衔接，按照 TOD 布局理念，创新空间资源开发利用思路，开展九大场景的布局策划和空间概念设计，提出建筑群体、开放空间、景观环境、建筑设计、交通组织、市政配套等具体布局方案，开展控规调整工作。规划布局应注重用地混合、功能复合，避免机械化功能分区。

4. 明确空间方案

明确创建项目实施单元具体的空间方案，改造及（或）新建部分的建设内容及相应规模。空间方案应以社区空间形态和特色风貌为重点，围绕九大场景策划方案，合理确定地块容积率等开发强度指标，明确开发总量。空间方案应充分衔接运营需求。

5. 落实改造措施

涉及改造的项目应确保改造内容与片区联动城市有机更新相结合，因地制宜实施社区环境和硬件设施的改造工程，系统开展"三化九场景"功能与业态植入，保留部分参考"整合提升类"方式，拆建部分参考"全拆重建类"方式，未来社区项目的改造部分应提出具体措施。

6. 落实规划调整

通过完善国土空间总体规划、专项规划、详细规划，科学优化详细规划调整程序，按照"5、10、30分钟出行圈"要求，健全社区公共服务与基础设施配套，突出自然资源禀赋、城市特色风貌和历史文化传承。涉及新建的项目应提供与设计方案相匹配的控规用地规划图与规划条件，并需获得空间规划行政管理部门认可。

（三）场景设计及技术要求

坚持以满足人民对美好生活的向往为中心，聚焦"人本化、生态化、数字化"三大价值坐标，突出需求导向，重点推进邻里活动、养老托幼、健康管理、商业服务、社区治理等基础公共服务落实，灵活响应场景要求，鼓励探索差异化的未来化建设标准、模式、路径。

1. 场景设计内涵及要求

按照创新社区全生活链功能配置要求，突出以未来社区邻里、教育、健康、创业、建筑、交通、低碳、服务和治理等九大场景创新为重点的系统设计。

（1）未来邻里场景设计

突出"社区即城市文化公园"定位，提炼社区特色文化，提出社区开放、邻里公约、共享邻里空间、社群社团活动、邻里贡献积分机制等方面具体方案和实施路径，重点包括场景系统架构、空间载体、视觉设计、规模标准、机制保障等。

（2）未来教育场景设计

提出 3 岁以下托育服务全覆盖、幼小扩容提质、幸福学堂全龄覆盖、"知识在身边"数字化学习平台、跨龄互动学习机制等方面具体方案和实施路径，重点包括场景系统架构、设施类型、平台载体、规模标准、机制保障、服务供应商等。

（3）未来健康场景设计

围绕全民康养目标，提出社区高质量医疗服务、数字化健康管理、智能健康终端应用、社区养老助残服务、活力运动健身、国医保健服务、健康积分应用等方面具体实施方案，重点包括场景系统架构、模式机制创新、场所设施、规模标准、智慧模块搭建、产品设计等。

（4）未来创业场景设计

按照"未来创客厅"理念，提出社区双创空间的组织方案；提出创业者服务中心、创客学院、社区众筹服务平台等创业孵化服务平台的实施方案；提出与人才安居、落户、创业扶持相关的配套机制保障方案。重点包括空间功能、模块组织、规模标准、服务运营、平台搭建、机制保障等内容。

（5）未来建筑场景设计

聚焦空间集约开发创新，以构建"疏密有致"的空间布局形态和"宜居宜业"的社区环境品质为目标，提出基于 TOD 社区开发模式下的土地混合使用、开发强度梯度配置、地上地下空间复合利用、立体绿化全面覆盖、建筑与公共空间全时段融合利用等建设导则与组织方案；以构建"有辨识度、有地域感"的城市文化地标为目标，提出基于地方文化特色、应用现代科技的建筑原创方案；推广装配式建筑和建筑装修一体化技术应用，提出集"标准化设计、工厂化加工、机械化施工、信息化管理"于一体的建造技术集成方案。重点落实空间布局规划、形态风貌设计、建筑产品创新、人文环境营造、建造技术集成、信息平台搭建、指标标准设定等方面内容。

（6）未来交通场景设计

围绕未来社区居民出行、车辆通行以及物流配送等三方面交通服务需求，提出社区TOD 对外交通衔接、内部街区路网布局、"人车分流"交通组织管控、无障碍慢行交通体系、智慧出行服务、智慧共享停车、新能源汽车供能保障、非机动车管理、物流配送集成服务、车路协同接口预留等实施方案，包括物理设施、组织理念、技术平台、建设标准、制度保障、产品设计等内容。

（7）未来低碳场景设计

提出未来社区"光伏建筑一体化 + 储能"的供电系统、集中供暖（冷）系统、智慧能

源网布局、可再生能源利用、非传统水资源利用、垃圾分类和回收利用、互利共赢能源供给模式改革等具体方案和实施路径，重点包括设施布局、设备标准、技术创新、管理平台、政策机制、产品设计等内容。

（8）未来服务场景设计

提出未来社区"平台＋管家"物业运行机制、基本物业服务"零收费"可持续运营方案；提出社区应急体系、无盲区安全防护、生活便民服务、商业服务、智慧物业运营平台等实施方案，重点包括系统架构、空间载体、功能模块、规模标准、机制保障、产品设计等内容。

（9）未来治理场景设计

整合统一社区和居委会边界，围绕党建引领的治理创新、社区自治组织、开放协商的议事机制、数字化精益管理机制等方面提出落地组织架构、制度设计、人员组成等方案，以及需要配置的空间载体规模、数字化支撑平台和相关参与企业等内容。

2. 两清单一图则

提供两清单一图则，包括场景配套空间配置清单、场景技术应用配置清单以及场景配套空间集成图则。

（1）场景配套空间配置清单

实施方案申报环节应附上场景配套空间配置清单。依据实施方案中有关九大场景的规划布局，合理配置实施单元及规划单元的空间资源，突显社区的主题特色、场景优势，梳理、明确未来社区建设各地块上九大场景的部署方案、用地面积、属性类型、产权权属及专业运营主体（即场景服务供应商）。场景配套空间配置清单如表3-38所示。

表3-38　场景配套空间配置清单

场景	项目	1号地块（平方米）	2号地块（平方米）	……	类型（公益性、惠民性、经营性）	产权权属	运营主体
未来邻里							

续表

场景	项目	1号地块 （平方米）	2号地块 （平方米）	……	类型 （公益性、惠民性、 经营性）	产权权属	运营主体
未来教育							
……							
建筑面积总计							

注：……内表示不计容空间面积或场地面积，数据不计入建筑面积总计；若涉及单位非面积单位，请在数量后单独列明计量单位，如"100（个）"，下同。

（2）场景技术应用配置清单

实施方案申报环节应附上场景技术应用配置清单。在场景配套空间配置清单的基础上，依据实施方案有关要求科学设置场景应用技术，尤其是针对未来建筑、未来交通及未来低碳三个硬场景，明确支撑场景良性可持续运作的技术投入，并以项目的形式予以呈现。场景技术应用配置清单如表3-39所示。

表3-39　场景技术应用配置清单

场景	项目	子项目	1号地块 （平方米或其他 数量单位）	2号地块 （平方米或其他数 量单位）	……	运营主体
未来 建筑	绿色建筑	三星级绿色建筑				
		二星级绿色建筑				
	……					

续表

场景	项目	子项目	1号地块（平方米或其他数量单位）	2号地块（平方米或其他数量单位）	……	运营主体
未来低碳	超低能耗建筑					
	"光伏建筑一体化＋储能"供电系统					
	海绵城市					
	……					
未来交通	智能停车系统					
	车位充电设施					
	……					
……	……					

（3）场景配套空间集成图则

实施方案申报环节应附上场景配套空间集成图则。图则应以平面图或可采用轴测立体图的形式，清晰展示九大场景规划布局，并在附属表格中载明九大场景的配置要素、用地面积、实施单元内的所属地块、规划单元内的所属地块及相关说明。

（四）数字化系统设计

未来社区数字社会，即在社区空间尺度范围内落地数字社会，根据数字化改革总体要求和数字社会系统建设方案，建设社区智慧服务平台，贯通一体化智能化公共数据平台、城市大脑（与数字社会相关的数据、模块及应用），承接社会事业优质公共服务精准落地；基于数据安全与隐私保护准则，高效连接社区个性化、品质化、市场化服务，整合形成社区九大场景高质量应用，打造数字社会城市核心应用场景、共同富裕现代化鲜活单元。

未来社区项目根据数字社会建设一体化的推进要求，应提供规划建设期各类社区信息模型整合方案、智能化设备配置方案以及智慧服务集成对接方案，以实现规划、设计、建设、运营全流程数字一体化。同时，在实施方案中应明确平台建设方案与建设主体。

（五）建设运营组织

实施方案应根据九大场景服务需求，结合社区人群分布情况，明确公益性、惠民及商业经营性业态空间布局，并对实施单元外区域具有开放性。明确九大场景空间规划布局前，应基于市场调研开展科学、合理的场景业态策划。梳理、明确未来社区九大场景服务体系，明确运营主体和运营组织架构。对于实施方案中新建部分，应提供履约监管方案，以协议条款的形式落实实施方案中核心指标、空间设计、功能配置、技术应用、运营模式等相应要求。

（六）实施推进计划

根据未来社区相关时间节点的要求，细化项目实施推进计划，提供项目完成建设、运营、提交验收命名的计划时间，明确各地块主要功能、供地方式及开工（改造）计划安排，力争在规定计划时间内完成未来社区建设的形象进度。项目实施推进安排如表3-40所示，地块平面图如图3-7所示。

表3-40　项目实施推进安排

地块功能 （住宅／商业／办公）	地块编号	供地方式 （若有）	开工（改造）计划安排 （计划开工（改造）时间）

图3-7　地块平面图（示例）

资料来源：《省风貌办关于开展第三批未来社区创建项目实施方案评审备案的通知》。

（七）概算与资金平衡

实施方案应明确政府方投入收益和资金筹措情况、建设期土地使用方投资概算方案和资金筹措（若有），以及运营期财务收支方案，确保在建设期和运营期实现资金平衡。政府方投资收益情况表、土地使用方建设期资金测算表、运营期资金平衡测算表如表 3-41 至表 3-43 所示。

表3-41　政府方投入收益情况

	项目	金额（亿元）	说明
支出	征迁安置费		主要包括货币安置约××亿元、企业拆迁约××亿元，农户产权安置补偿××亿元，居民产权安置补偿××亿元（包含征地、拆迁及临时过渡费用）
	整治提升		
	市政配套设施建设费用		道路、绿化等市政配套设施建设费用
	政府回购费用		回迁房、公共配套设施等回购费用

表3-42　土地使用方建设期资金测算（若涉及划拨+出让，需分列）

	项目		金额（亿元）	说明
支出	建设工程费用			说明费用构成，包含回迁房、人才房、可销售住宅、商业办公等公建、基础配套设施等具体支出，需涵盖九大场景落实费用
	建设工程其他费用			包括建设管理费、可行性研究费、环境影响评价费等
	其中	土地出让金支出		
	预备费			（建设工程费用＋其他费用）×***%
收入	销售收入			说明收入构成，包括人才房、可销售住宅、商业办公，以及停车位等销售收入（分别提供销售单价和数量）
	回购收入	政府回购收入		回购总量及构成（单价×数量）
		居民回迁缴纳		单价×增购面积
盈余/缺口				

表3-43　运营期资金平衡测算

	项目	金额（万元）	说明
支出	物业运营成本		
	智慧运营成本		
	其他支出		
收入	房屋出租收入		说明收入构成，包括人才房、商业办公、停车位等租赁收入（分别提供租赁单价和数量）
	智慧运营收入		
	广告等其他经营性收入		
	其他收入		
盈余/缺口			

（八）政策与机制保障

1. 建设主体应在实施方案编制阶段建立未来社区建设的联合工作机制，联合政府有关部门组建工作专班。在实施方案申报环节，应提供创建项目建设工作专班名单以及工作专班职责分工情况。

2. 实施主体根据工程实际情况及复杂程度，应委托第三方专业咨询机构开展未来社区建设的全过程工程咨询。实施方案编制到申报环节，全咨单位须向建设主体和实施主体提供专业的咨询意见。

（九）专业技术图纸

实施方案中有关建设工程建设内容的设计深度应达到《建筑工程设计文件编制深度规定（2016版）》中初步设计阶段的编制要求，相关技术图纸应在申报环节一并附上。

（十）附件要求

1. 建设主体应从规划设计、场景设计及技术要求、数字化系统设计、建设运营组织、实施推进计划、概算与资金平衡、政策与机制保障等评审要点开展初评初审，形成书面意见并以附件的形式与实施方案一同上报。

2. 设区市城乡风貌（未来社区）工作专班意见及专家评审意见应与实施方案一并上报，但集审项目除外。

3. 在上报前，实施主体应委托全咨单位针对规划设计、场景设计及技术要求、数字化系统设计、建设运营组织、实施推进计划、概算与资金平衡、政策与机制保障等评审要点出具书面自查报告，并以附件的形式与实施方案一同上报。

4. 支持政策、征拆政策、人才认定、前置许可、规划指标调整、专业评估等相关支撑性文件应与实施方案一并附上（若有）。

三、案例分析

（一）项目基本情况

某省级第三批未来社区拆除重建类创建项目，规划单元范围面积 106.36 万平方米，是市域中心发展区的重要节点；实施单元范围面积 26.26 万平方米，以居住功能为主。

（二）实施方案评估

1. 评估依据

（1）《关于印发高质量打造未来社区公共文化空间的实施意见的通知》（浙文旅公共〔2020〕1 号）；

（2）《关于印发浙江省未来社区试点建设管理办法（试行）的通知》（浙发改基综〔2020〕195 号）；

（3）《关于印发浙江省未来社区试点建设全过程工程咨询服务指南（试行）的通知》（浙发改办基综〔2020〕30 号）；

（4）《关于印发关于进一步加强财政金融支持未来社区试点建设的意见的通知》（浙发改基综〔2020〕297 号）；

（5）《省发展改革委、省建设厅关于开展 2021 年度未来社区创建的通知》（浙发改基综函〔2021〕228 号）；

（6）《浙江省市、县（市、区）城乡风貌整治提升行动方案编制导则（试行）》；

（7）其他相关文件。

2. 评估意见

实施方案总体符合未来社区"139"系统框架，基本符合省市未来社区构建新型城市

功能单元的整体目标和有关政策要求。已按照"去房地产化"要求，统筹考虑民生改善、场景落地等因素。实施方案聚焦"人本化、生态化、数字化"三大价值坐标，按照创新社区全生活链功能配置要求，对九大场景进行了系统性的创新设计。九大场景的描述具有较高可行性，实施方案的综合指标、业态布局、交通组织、空间形态、九大场景落位等基本符合未来社区建设要求。

（1）与申报方案的延续性分析

实施方案以申报方案为基础进行优化，以城市治理为主题特色，以"未来治理""未来邻里"为优势场景，有效延续了申报方案中主题特色、优势场景等核心内容。规划结构为正向优化。综合指标略有调整，但比例较小。

实施方案规划东西向"邻里景观轴"与南北向"现代生活轴"，将邻里中心、双创中心、幼儿园等结合布置，突出公建配套的完整性，并搭建观景平台至地块东侧，将蓝绿引入地块内部，与湿地相呼应，较申报方案的规划结构进行了优化。住宅内部增添大花园空间，天际线更具美感，布局疏密有致。双创中心高度突破形成地标性建筑，可提高地块品质，且在系统性、落地性、创新性方面相对比较成熟，为正向优化。

（2）指标落实情况

申报方案综合指标为10100人，实施方案综合指标为9859人。经核实，为满足市1.0日照间距系数，22.26万平方米综合指标折算值相比于申报方案虽略有调整，但比例较小，符合未来社区评审要求。

参照《省发展改革委、省建设厅关于开展2021年度未来社区创建的通知》（浙发改基综〔2021〕228号）提出的九大场景指标体系，并对照《浙江省未来社区试点创建评价指标体系（试行）》（浙发改基综〔2020〕195号）要求，本项目实施方案的33项场景指标约束性条款全部满足，其指标落实的具体路径和举措合理可行。

九大场景指标体系中的引导性指标，实施方案均分别进行了不同程度的响应，且针对本项目的两大特色场景指标——"未来邻里""未来治理"均进行约95%响应度设计，其余非特色打造场景指标，实施方案中也进行约85%响应度设计，指标的落实情况和实现路径可行。

（3）总体规划设计

一是发展背景及需求分析。项目地块位于本市城北区，是当地人才储备库、治理底子好、文化底蕴深厚、教育资源丰富、生态禀赋好。实施方案积极响应现状需求，对本地居民及外来人员均开展了需求调研，并针对居民需求设计完善公共服务配套设施。

二是规划许可。实施方案编制应遵循"多规合一"的规划原则，相对应调整控规。

三是规划设计及功能织补。实施方案对规划单元存在的空间结构、功能业态、产业分区进行了充分调研，也对实施单元缺什么、需补齐什么进行了详细分析。以"一心两轴多街区多组团"为空间设计原则，利用社区中心公园串联各生活组团单元，并在其两侧利用架空层、室外空间，营造各类活动场地、共享空间、服务设施，为居民提供更完善的生活配套条件，营造烟火生活气息，较好地结合了项目规划单元和实施单元与所在区域的城市功能织补，但部分仍需完善。

四是建筑风貌。评估认为，项目建筑设计风貌整体较好，结合了社区周边自然和人文环境，有一定的本地性；双创中心以打造地标为目标，具有一定的设计感和辨识度，但部分仍需完善。

（4）场景设计及建设要求

整体方案对于九大场景33项指标均有较为详细的描述，符合《浙江省未来社区创建评价指标体系（试行）》内的创建评价内容，但部分仍需完善。

（5）数字化系统设计

评估认为实施方案中的数字化系统总体设计较为完善，各场景的数字化方案均有体现，总体达到数字化系统设计的深度，但缺少实施单元与规划单元数字化衔接，缺少基础智能化设备，可提供参考硬件配置、可选品牌、对接标准与模式。要梳理各场景用户端入口与平台的对接路径，要充分考虑老人群体使用的便捷性。数字化系统的设计应与主题相契合，建议打造几个特色数字化场景模块。数字化资源集约利用，建议将现有数字化资源及项目周边数字化资源进行整合，并符合数字化系统设计投资概算。

（6）建设运营组织

评估认为实施方案中的建设运营组织设定较为合理，建设运营阶段的组织策划基本满足未来社区创建的要求。需补充九大场景智慧化建设具体落地思路，核实后期维护成本及未来社区落地运营思路和经济测算部分。建议下阶段进一步深化落地运营思路和经济测算，补充业态策划，深化"平台＋管家"等内容。

（7）实施推进计划

在项目建设时序上，本项目体量为60万立方米且要在3年内完成，其建设难度较大，应根据未来社区相关时间节点的要求合理安排，细化项目实施推进计划，实事求是进行时序排布。

（8）概算与资金平衡

根据浙江省未来社区创建项目实施方案评审相关要点，概算与资金平衡应明确政府方投入收益和资金筹措情况、建设期土地使用方投资概算方案和资金筹措，以及运营期财务

收支方案。

评估认为本项目实施方案中概算与资金平衡部分编制内容基本符合未来社区政策文件要求，概算总投资指标合理，政府方和土地使用方在现假设条件下能够实现建设期和运营期收支盈余。为进一步提高概算与资金平衡测算的准确性和合理性，部分仍需完善。

（9）文化专篇

在项目文化专篇表述中，项目主题设定为"枫桥经验"，突显了当地文化特色。但在方案中并没有与未来社区创建相融合，在邻里场景和治理场景中也缺少与主题相关的特色活动。建议在邻里场景、治理场景中增加与主题"枫桥经验"相关的特色活动和特色文化场景，增加相应的空间及效果图展示；在运营专篇中确定相关社区活动的运营主体，建议在"平台＋管家"模式中增加"枫桥"管家，并明确"枫桥"管家画像设定以契合主题。

（10）政策与机制保障

对照《关于高质量加快推进未来社区试点建设工作的意见》（浙政办发〔2019〕60号）及项目所在设区市实施意见要求，未来社区项目的九大场景机制创新和政策保障基本落实，实现路径合理，责任主体明晰，工作推进机制较健全，积极调研居民需求并吸纳其建议，政府主管部门也积极配合与协调，政策与保障机制较健全。

第九节　运营方案编制要点

有别于传统房产开发，未来社区建设的根本是以人为核心，侧重点从关注建筑本身转变为关注人民对美好生活的需求。为贯彻落实未来社区有关的政策要求，确保运营方案的落地性和可操作性，运营方案应贯穿项目选址、项目定位、申报方案、实施方案、土地"带方案"出让、运营方案深化、施工图设计、运营招标、试运营后评估、验收命名等未来社区建设全过程，并根据项目实际条件的变化，在项目实际推进环节不断更新和具体化方案内容。

运营方案的编制是一个系统工程，内容上应涵盖运营定位、运营主体确定，运营组织机构及机制建立、运营供应商联合体，九大场景运营合理性指标以及运营资金自平衡等，到各项运营专篇（如数字化运营专篇、低碳场景运营专篇、教育场景运营专篇）等方面。总体上运营方案的编制应把握以下要点（见图3-8）：

1. 内容完整性，即运营方案对"九大场景"各项内容覆盖的完整性；

2. 措施可行性，即运营方案应体现基本物业零收费实现模式的可行性；

3. 布局合理性，即运营方案中各类型业态集中与分散布局模式的合理性；

4.规模适宜性，即运营方案中经营性、公益性场所空间的规模及其对应的收益水平的适宜性；

5.主体均衡性，即运营方案中关于运营主体组成需考虑各类主体专业特长与九大场景运营要求的匹配性。

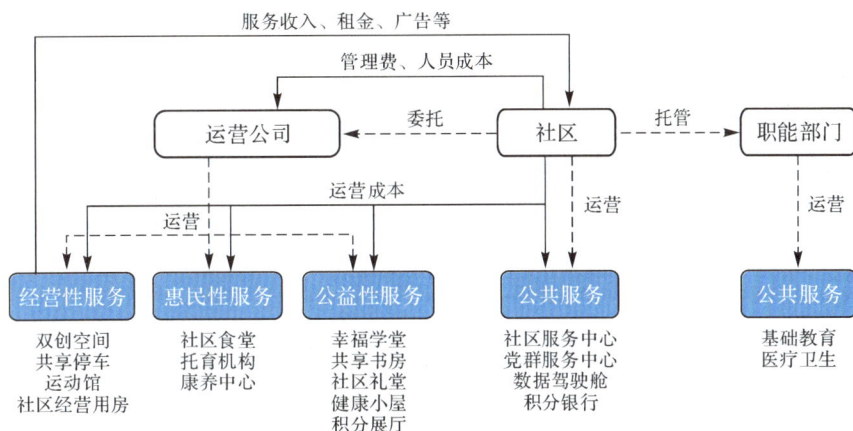

图3-8　运营组织逻辑
资料来源：未来社区实施方案。

一、明确"平台＋管家"模式提出以居民为中心的服务系统

运营方案中应呈现"平台＋管家"对于未来社区运营的赋能价值，明确未来社区"平台＋管家"运作逻辑的根本，形成以社区价值链为核心的本地生活服务，即构建一套以居民为中心、管家为链接、信任为纽带的社区生活服务系统。运营方案应依托未来社区智慧服务平台，借助精服务、懂管理、擅经营的社区各环节，为社区居民提供各类精准生活服务，助力社区空间管理与资产运营，践行未来社区"共治、共享、共生"的生活内涵。依托"平台＋管家"社区运营模式，构建社区的信息化系统平台，实现物业、商业、生活、政务等服务功能的基础，既为管家提供信息化管理服务的工具，又让社区居民能够快捷地分享和使用各种信息，通过大数据的优化算法提升服务效率和质量。利用未来社区"平台＋管家"社区运营模式，还能帮助物业实现从传统的以"物"为管理重心转向以"人"为服务中心的变革。通过社区数据采集及分析，促使大数据的"政用、商用、民用"相互融合形成新的业态产品，为社区居民提供生活服务、社会服务、公共服务等供给侧创新。通过增强社区便民、利民的智能水平，重塑社区治理的供给侧服务平台化、扁平化，实现上下联动、流程透明、管控精准、服务便捷。

围绕"平台＋管家"社区运营模式，运营方案应提出系统构建社区智慧服务平台架构，

合理设置平层业务功能板块，开放标准化的平台服务接口，组织社区居民参与拓宽服务对象覆盖的全面性，深度链接居民需求和品质服务供应商等功能。其中，应用层面应以社区居民需求为导向，居民服务软件全方位整合社区住宅主服务功能、智能办公服务功能、商业基础服务功能，以满足未来社区人群的生活、工作、休闲需求。在此基础上，运营方案还应提出具有前瞻性的城市大脑接入，与省级智慧服务平台的对接计划，建立、完善大数据互联互通机制，提高政府公共服务的质量和效率。

运营方案应聚焦平台管家的实施路径，着眼于提升基础服务管控、生活服务链接及社区治理配合的实效性。制定"平台＋管家"运作体系架构升级计划，不断完善管家的激励考核双向机制、管家的培育成长计划、专业课程设计、多维度认证机制，明确阐述管家职责，提出针对社区管家的能力认证、监督及绩效考核。

二、明确场景供应商的遴选机制及运营方案的合理性论证

运营方案应根据有关未来社区的政策文件，结合社区居民不同结构下多层次、多样化的服务需求，梳理、明确九大场景运营服务方式及服务产品，从以下三个方面开展未来社区项目场景服务供应商的遴选工作。

1. 场景服务供应商名录

对接未来社区产业联盟、未来社区发展研究中心，确定场景服务供应商的工作内容，结合第一批、第二批未来社区运营主体工作成效调研，形成用于运营方案的场景供应商名录。

2. 明确采购方式

根据未来社区项目的通常做法和经验，结合项目的实际情况，确定招标采购的具体方式和实施流程。

3. 编制招标文件

包括服务范围、投标人要求、报价等内容。

三、明确社区运营资金运作的保障机制

运营方案应根据未来社区的实际情况制定专项资金保障措施及计划，载明支持社区运营的社区基金会、社区活动专项资金等设立方案并明确资金募集来源、使用机制、运作方式等；明确向上争取专项资金、财政返还、以奖代补、指标奖励等未来社区运营有关的专项政策，明晰专项政策落地执行的实现路径。梳理、明确未来社区商业性服务收入反哺社区运营支出的机制，谋划未来社区收入反哺支出在形式层面的多样性和在操作层面的可持

续性。

四、明确外部服务资源的合作模式

运营方案应明确阐述社区与外部服务资源的合作模式，包括但不限于社区外义务教育对接、社会公共学习资源引进、社区与三级医院合作方式、数字化服务供应商合作模式等。运营方案的内容应体现合作模式下社区外部供给侧服务系统与未来社区九大场景的匹配程度，明晰系统内部各项收入与支出，对社区外部资源合作可行性进行科学论证，应展现运营方案下外部服务资源合作模式的落地性和可操作性。

五、明确社区共享互助机制和模式的具体思路和实现路径

运营方案应提出社区邻里公约，明确邻里积分制的设计思路、积分规则、管理制度、实施步骤及激励机制，全场景考虑制定积分活动范围，全面覆盖邻里互助、健康服务、青少年服务、养老助残服务、兴趣活动、志愿服务、公益宣传等活动和服务，构建服务换积分、积分换服务的循环机制。探索建立共享停车运营模式，明确未来社区共享停车位运营商的职责，包括整合社区闲置车位资源、搭建线上线下相结合的智能停车管理系统、提供线下停车引导和管理服务，阐明平台搭建、政策突破、收费机制、衍生服务等方面的实施计划。

六、明确各项定制服务的具体内容和操作程序

（一）物业服务

运营方案中应明确基本物业服务和增值物业服务清单，增值物业服务具体可包括家居生活、社交生活、资产运营、健康养老、文化教育、社区理财、咨询信息、O2O服务等。构建线上需求、线下响应的社区物业服务数字平台，阐明平台功能模块设计及社区智慧服务平台接入计划。在基本物业服务居民零付费的前提下，明确物业运营资金平衡方案，对物业经营性收支情况建立公示机制，明确增值物业服务对基本物业服务的反哺机制。

（二）公共活动体系

运营方案应建立完善的未来社区公共活动体系和运作机制，主要包括社区公益服务活动体系和经营性活动体系。社区公益福利活动应以社区老人、儿童及残障人士为服务核心，构建日常公益服务和关怀主题活动。经营性活动可考虑引进品质第三方服务商，进行更灵活多样的设计，覆盖文化、教育、健康、创业、交友、消费等多主题，以满足社区居民日常生活、休闲娱乐、工作学习等多元需求。重点考察运营方案中社区活动体系的居民需求满足度，活动资源库的丰富度，全龄段、全时段的活动覆盖度。

（三）以居民需求为导向的服务定制机制

运营方案应明确建立以居民需求为导向的服务定制机制，重点建立社区居民画像机制，打通居民需求反馈通道。居民画像应明确目标人群、目标信息、数据获取与分析机制等，主要可针对原住民、新人才、新居民、创客、商家、旅居客等不同类型人群，采用居民大数据分析、问卷访谈、市场调研等方式，对未来社区人群的基本属性、职业属性、生活属性、兴趣标签、需求标签等进行特征画像，从画像出发确定未来社区特色服务体系与落地方案。居民需求反馈机制可构建以居民为中心的服务协同平台，通过居民需求的实时采集、大数据分析、精准传递，协同线下服务供应商实现服务定制。

（四）社区专业化运营服务联盟

运营方案中应考虑组建未来社区运营服务产业联盟，联合全过程咨询、投资、金融、运营、技术、服务等众多市场主体，为未来社区项目提供全过程全方位落地支持。联盟的主体领域应包括投资建设、咨询机构、智慧服务、场景服务、双创服务、物业服务等专业服务领域。联盟应设置科学的组织架构，同时明确成员企业的准入机制，吸纳与九大场景相对应的优秀企业成员共同组建联盟。

七、提出配置社区空间的计划及存量空间盘活方案

（一）公益性和经营性空间

运营方案中对于社区运营空间的配置应充分考虑其用地性质的不同，同时充分衔接资金平衡方案，明确公益性和经营性空间的规模及范围。公益性空间以面积不少、功能不缺、服务不减为前提，实现空间布局一网多点、全面覆盖。在保障公益性设施建设前提下，确定经营性空间规模占比的合理性，保障足够商业经营规模。在运营空间管理上，推广人脸识别、物联网、语音交互、视觉传导等新技术应用，推进图书馆、社区公园、文化广场等公益性空间智能化管理。

（二）社区存量空间盘活方案

运营方案应明确社区可利用空间资源的盘活方案，对社区可经营性存量资源进行梳理分类（见表3-44），明确国有资产、私人/企业资产以及社区公共空间三类可盘活资源的规模和现状，设计社区国有资产收购、企业转让闲置所有权、社区居民闲置住房出租等方式实现资源整合、运营盘活，进一步明确社区盘活资源创收反哺社区运营、社区居民就业的机制，对反哺渠道的合理性、可操作性、创新性开展合理论证。

表3-44 未来社区可盘活资产类型

类型	内容
国有资产	菜市场、共享停车、城市路灯等
私人/企业资产	产权车位、人防车位、临时车位、小区经营性用房、小区办公空间、居民居住空间等
社区公共空间	健身场地、共享书房、幼儿园、康养中心、医疗卫生院、邻里中心、架空层、小区活动场地、会所等

八、案例分析

(一)项目基本情况

某省级未来社区整合提升类项目,地处该市中心地区,规划单元面积104万平方米,实施单元面积27万平方米,范围涉及4个居民小区、1座商业大厦,项目总投资约3亿元。

(二)运营方案编制

1. 未来治理场景运营咨询

(1)运营内容及数字化平台

以"入户+共享"的形式采集实现基层数据标准化。引导居民参与形成多层次自治模式。党建引领打造智慧党建平台。构建数字化平台,包括党建云平台、数据采集系统&社区档案系统、事件联动中心及居民说事平台。

(2)数据采集及应用。

以社区管家开展"入户信息采集工作",明确数据采集标准、制表,通过采集、调查、核实、比对等,形成四标数据;在四标数据的基础上,进行清洗、整合、规范形成四实数据,将小区内的人、地、事、物、组织等信息汇集在智慧数字管理平台,实时更新。实现社区数据"统一归口、采集共享",实现基层数据标准化。打通个人数据、房屋信息及房屋内其他人员信息,实现社情一张网。

(3)多层次自治模式

打造线上议事模式。社区管家通过管理后台收集居民反馈的问题,使用移动端,来完成社区各类组织、议事、决策的信息发布,从而提升信息的触达率以及居民的参与率,进一步提升社区问题解决和治理效率。打造线下说事模式,配备社会工作人才进社区,引导居民通过线下多渠道参与社区治理,同时定期组织外部律师事务所、劳动仲裁机构等进入社区,解决群众问题、纠纷。实现线上线下结合引导居民参与,形成多层次自治模式。

2. 未来邻里场景运营咨询

（1）运营内容及数字化系统

未来邻里场景的主要运营内容为，社区文化核心识别，打造多级特色标签，积分互助流转机制，并在具体落实环节打造社团管理系统，积分交互系统。

（2）社区文化核心识别

文化要素挖掘：结合社区日常运营管理，挖掘象山渔文化、象（吉祥）文化、丹（不老）文化等海洋特色文化在社区中的表现形式。在地精神传承：借助亚运东风，兼顾文化传承、创新，打造本土 IP 形象。结合线下主题屏、线上手机端推文，强化社区文化核心，塑造良好的社区文化氛围。为有效传播社区文化要义，加强社区精神文化建设，在手机硬件端设置主题屏幕，以发布邻里公约，宣扬时代精神。

（3）居民、社团、社区多级特色标签

以"乐享艺术生活"为理念，打造"社区名人""社区艺术家"。以"活力老人再青春"的理念，打造特色社团。以"社区文化特色"为理念，借助小区内部底商，整合外部资源，打造社区文创集市。依托线上平台，搭建线上模块，进行社团活动引导；用户自建话题标签，丰富社区特色活动。

（4）积分互助流转机制

制定邻里公约，健全"积分互助机制"，引领全员参与，实现"互助守望共建家园"。首先，通过对未来社区各种场景的归纳将积分分为贡献积分、健康积分、学习积分及公益积分四类。其中，与支付消费、App 操作支付相关的场景获得的积分统称为"贡献积分"；与运动、医疗、康养、绿色低碳相关的场景获取的积分统称为"健康积分"；与学习、教育相关的场景获取的积分统称为"学习积分"；与公益相关的场景获取的积分统称为"公益积分"。

3. 未来服务场景运营咨询

（1）运营内容及数字化系统

未来服务场景的主要运营内容为，"1+N"服务队伍全覆盖，"平台＋管家"双轮驱动，社区商业服务体配给，搭建物业管理系统、商业服务平台。

（2）"1+N"服务队伍全覆盖

按照"1 人：300 户"的模式，为每户家庭配置 1 名专职社区管家，其来源为现有公共民生服务团队的社区经理、客服经理，他们熟悉社区情况，具备信任基础；引入"N"名优质服务导师，提供基于居民需求分析的服务供给模式。

（3）"平台＋管家"双轮驱动

以居民对接专属社区管家，由社区管家统一对接物业服务、物业管理、生活服务、社区运营的模式，实现社区一体化服务。

（4）社区商业服务体配给

更贴合需求的商业配套，对居民生活需求进行调研，对商业配套统一规划布局，引入24小时便利店、快递驿站、社区菜场、社区食堂等设施，商业体系更符合居民需求。

4. 未来教育场景运营咨询

（1）终身教育场景

设立老年大学，开设包括手机使用培训、防诈骗宣传、书法绘图、编织刺绣、插花茶艺、健康养生等有关老年人生活的课程；设立亲子学堂，开设包括亲子关系培养、心理咨询、中国好家风、家庭学习日、育婴课堂等有关家庭生活的课程。

（2）人才集市

组织社区内党员、专长专能者，在社区开展教育、分享及技能课程，纳入社区积分系统，营造"人人为师、互助学习"氛围。打通居民实用知识传输、知识创新渠道，探索内部人才集市，建立社区内部知识库、人才库。

（3）幼托服务"保教融合"

社区全覆盖，依托实施单元新增2个养育托管点，引入STEAM沉浸式教育机构和优秀教学模式，覆盖全社区适龄幼儿。

5. 未来健康场景运营咨询

（1）健康档案管理及健康生活规划

健康需求整理做到"日新—实时更新"。通过多种形式，收集分析社区居民日常健康需求，识别重点服务群体，建立居民健康档案管理，形成"乐享生活"的运动氛围。

（2）建立协同机制链接优质服务资源

多方协同，连接优质适配的服务资源，包括配置社区医生，对接市县级三甲医院，发挥大型医院帮带作用，定期对接市级医院进社区，以及依托线上平台，导入线上诊疗机构、线上家庭医生，并在社区内部配备智能云药房，不出小区即可实现看病取药。

6. 未来交通场景运营咨询

（1）重点整治车位、车辆规范化管理

开展车辆档案收集，健全社区车辆档案，按户合理配置车位；落实停车区块规划，区分小区内外车辆；开展车辆收费管理；对超配及外来车辆溢价；实施停车规范化秩序维护。

（2）智慧出行服务

搭建共享停车系统，实时发布车位信息，共享车位资源；设定车位出租时间和价格，设定车位邻里共享、访客共享、外来车辆共享等不同共享模式。搭建进出权限认证系统，对临时车辆进行权限放行、对固定用户进行认证管理。

7. 未来创业场景运营咨询

针对社区居民，开展适应社区居民需要、国家认可的职业技能培训和技能认定；孵化、支持创业主体，支持未来社区的服务主体和潜在创业人群，充当连接居民的直接纽带。

8. 未来低碳场景运营咨询

运用数据智能化分析管理，结合建筑区域能源规划，将区域内供冷、供热、供电、供气等涉能源的各项规划统一考虑。智能化设备接入社区智能服务平台，实现管网互通互联，运营方后台统一管理、维护，创新功能理念。

9. 未来低碳场景运营咨询

未来低碳场景的主要运营内容为：运行多种反馈渠道，建立高效处理闭环机制，搭建社区 CIM 平台系统。

第四章　未来社区建设展望

在高质量发展的道路上，浙江省始终扮演着开拓者和领头雁的角色。浙江省自 2019 年全面开启未来社区项目的创建工作以来，启动多阶段的工作，落实了近百个省级未来社区项目，取得了较好的成效，受到浙江省乃至全国人民的高度关注。未来，中国人民肩负着全面建成社会主义现代化强国的历史重任，而未来社区建设充分展现社区的现代化属性、家园属性、民生属性及普惠属性，突出高品质生活主轴，以满足人民对美好生活的向往为中心，有利于加速实现共同富裕、破解房地产行业发展困局、变革传统社区建设模式、推行城市综合性开发、加快布局"新基建"等国家层面重大战略部署的有效实施，可以预见，未来社区正逐步成为城市社区建设的主流典范，必然会全面推向全国。

第一节　发展趋势及意义

一、未来社区将会是加速实现共同富裕的重要载体

2021 年 6 月，中共中央、国务院发布《关于支持浙江高质量发展建设共同富裕示范区的意见》，对浙江省率先形成促进共同富裕的目标体系、工作体系、政策体系、评价体系高质量发展体系下达新的动员令，为全国其他地区促进共同富裕探索有效途径，积累宝贵经验，提供省域范例。未来社区的建设坚持以满足人民对美好生活的向往为中心，融合"共建共享、改革创新、系统观念"等与共同富裕建设相适应的特点，为实现共同富裕提供相关硬件和软件设施，正逐步成为推动共同富裕从宏观到微观落地的重要载体。

（一）未来社区建设有利于加快区域公共服务均等化和形成新的文化高地

未来社区建设着眼于社区全生命周期公共服务的共享和共建。社区的九大场景覆盖"幼有所育、学有所教、劳有所得、病有所医、老有所养、住有所居、弱有所扶"的重要民生服务，是加快区域公共服务均等化的具体项目单元。

根据未来社区有关的政策规定，要求提炼社区特色文化主题，旨在展现地方特色文化。未来社区项目的主题通常以社会主义核心价值观为引领、传承中华优秀文化、体现时代精神，对于增强人文精神凝聚力，实现高品质现代文化供给，构建区域现代文化服务体系，提高人民生活品质，加速形成与共同富裕精神相适应的新时代文化高地具有积极意义。

（二）未来社区建设是探索实现共同富裕期待要求的有效途径

未来社区具有共同富裕现代化的基本单元和现代生活的美好家园两个重要属性。全面推广未来社区能解决城市化进程环节的一系列问题，以及在城市升级、需求升级及技术升级的趋势下，推进新内需的发掘、新技术的应用及新治理组织的变革，通过探索城市现代化建设和发展模式成为实现共同富裕要求的有效途径，促使整个社会的共同进步。

二、未来社区将会有助于破解房地产行业的发展困局

在全国如火如荼推进城镇化建设的大潮下，如何在满足人民群众住房需求的同时，认真贯彻落实"房住不炒"政策，以便保障房地产市场健康有序发展，成为各地政府亟待破解的难题。

（一）我国房地产行业发展受"三面一线"的深远影响

历经几十年的快速发展，我国房地产行业集聚了社会各行业资源、资金和人才，成长为一个产业链延展极长、容纳资金和资源极大的行业。现阶段房地产行业发展正受到"三面一线"的深远影响。深究"三面一线"的根源，可以归纳为：

第一个背景面是中国城镇化率刚破60%，发达国家普遍达到80%，我国城镇化进程仍存在高速发展的内在需求，房地产行业的未来依旧会有较大的想象空间。

第二个背景面是发达国家涌现出一批批新型城市运营商，突破传统"黄金法则"盈利模式，推动房地产行业的服务性收入和销售性收入占比向8：2转变，可以预见，我国房地产行业的收入构成和业务模式也将会发生根本性转变。

第三个背景面是科技和互联网的飞速发展，建筑材料、绿色低碳、设计规划、智能设施等领域的融合创新，衍生出房地产科技、智慧社区这类新生儿，跨界相互融合的特征更加显现。

"一线"是指"房住不炒"的政策调控底线，城市升级、产业培育、社会治理、文化交融、智慧应用、系统化集成等对房地产行业的创新发展和精细化管理提出了更高的要求。

在"三面一线"的背景下，传统非精细化野蛮式的房地产开发模式正逐步受到资源要素瓶颈和要素制约，而未来社区具有民生属性，系统集成九大场景资源，切实满足居民群众多层次、多样化的需求，极有可能成为新时期推进我国城镇化建设的新宠儿。

（二）未来社区为房地产行业发展指出了一条转型路

古人所说"老有所终，壮有所用，鳏寡、孤独、疾废者，皆有所养"的大治、大美、大同社区，始终是人民群众从未停息的共同追求。当前，新一轮科技革命、产业革命、城市革命澎湃而来，未来社区以"139"为核心内涵，即以满足居民对美好生活的向往为一个总目标；人本化、数字化、生态化为三维价值坐标；开展邻里、教育、创业、建筑、交通、低碳、服务、治理等场景的创新实践，为房地产行业发展指明了一条转型路。坚持习近平新时代中国特色社会主义思想，借鉴发达国家关于社区建设的重要经验，为确保房地产行业健康有序地发展，应尽力促使房地产行业与政府管理、城市发展、社会民生的"三个结合"。

有别于传统房地产行业，未来社区建设依托当地基础，着重关注社区功能性的完整程度，涵盖业态、交通、环境、运营等内容，有机融合并凸显九大场景功能的差异性定位；创新社区治理机制，构建全方位多元主体模式，整合社区各方共同形成利益共同体，提升社区和谐程度；聚焦社区文化，挖掘地方文化特色和资源禀赋，形成具体可感知的特色主题；履行推动城市发展的职责，以九大场景为载体，从根本上提升社区居民的获得感、幸福感、安全感。

三、未来社区将变革传统社区的建设开发模式

未来社区建设是以人的高品质生活需求为核心对传统城市社区建设模式的系统性重构。未来社区建设聚焦人民群众所盼、所想、所需，经过深入调查、反复研究、大成集智，构建面向美好生活、面向现代化、面向未来的新型社区，深化"去房产化、系统设计"的要求，不断促使城市社区建设的迭代升级。

（一）未来社区深刻影响传统的社区建设开发模式

有别于传统社区建设，未来社区致力于将社区打造成绿色低碳智慧的"有机生命体"、生态宜居的"生活共同体"、资源高效配置的"社会综合体"，融合现代化、家园、民生、普惠等多重优势属性，深刻影响传统的社区建设开发模式：

（1）未来社区具有现代化属性，实现了数字赋能、文化建设、公共服务等相互交融，构建面向现代化、面向未来的九大场景体系，突出社区特色文化主体，防止社区发展呈现平庸化、同质化的倾向；

（2）未来社区具有家园属性，建立邻里交往中心、公共文化空间、美好生活链圈，

系统性推动九大场景落地见效、集成融合，实现从造房子向造家园、造生活的转变，防止社区发展呈现偏商业化的倾向；

（3）未来社区具有民生属性，集聚各类民生服务，促进相关创新产业的发展，推动区域的共建和共享；

（4）未来社区具有普惠属性，其建设理念和要求将会贯彻到城市旧改新建、有机更新的全过程。

（二）未来社区将持续推动社区发展模式的转型升级

现阶段推进的未来社区项目不久将会形成区域标杆性效果，建立完善的"三化九场景"先进模式，正向影响城市发展"蓝图愿景"，高质量落实未来社区的建设和运营标准。未来社区建设将会驱动周边其他社区建设和运营模式的优化，加强政府引导、政策支持、社区各方共同参与，积极探索符合社区自身发展条件的新模式、新路径、新技术，实现百姓真正受益。未来社区建设将创新现有政策体系，促使政府部门加大改革力度、大胆探索创新路径，推动围绕未来社区建设的政策、资源、技术等关键要素集聚。未来社区建设将加快社区建设层面创建制的推广，通过鼓励省内各市县创建未来社区，遵循规律、主动作为，形成层层放大的"滚雪球"效应，逐步建立社区创建制度。未来社区建设将构建社区建设的协同推进机制，加强省、市、县的三级纵向联动，推进地方主管部门的协同实施，鼓励社会组织、个人的参与，聚焦以人为核心的建设理念，推进传统的社区建设开发模式的根本性转变。

四、未来社区将会是推行城市综合性开发的"催化剂"

城市综合性开发是指在城市总体规划和经济社会发展目标的指引下，以创造良好的生产、生活、生态环境，提高经济社会环境的综合效益为目的，以鲜明的开拓性、配套性和统一性，开展规模化城市建设活动。

（一）城市综合性开发对于提升城市品质、促进地方经济社会发展的重要性

城市综合性开发以旧城改造、新区建设、土地一级整理、土地二级开发联动为切入口，为地方政府提供城市发展策划、规划设计、土地开发、工程承包、房地产开发、产业导入及城市资源运营管理等综合性服务。一方面，城市综合性开发通过科学规划突破传统城市"单中心"发展格局，实现城市"多中心"发展局面，同时以人的多元化需求为标准，逐步形成了集聚工作生产、居住生活等综合功能的生活圈，极大提升城市品质和居民生活质量；另一方面，城市综合性开发将土地利用规划、产业发展规划融合为一体，既提升周边

房地产项目品质，又加快周边基础设施建设，对促进地方经济社会发展具有重要意义。

（二）未来社区推动地方规划体系的"多规合一"

中共中央和国务院于 2019 年 5 月正式发布《关于建立国土空间规划体系并监督实施的若干意见》，从根本上明确国土空间规划是国家空间发展的指南、可持续发展的空间蓝图，是各类开发建设活动的基本依据。根据国土空间体系规划有关主体功能区规划、土地利用规划、城乡规划的规定，落实未来社区建设，需要严格遵守未来社区项目所在城市的总体性规划，认真履行多层级的控制性详细规划，有利于推动地方规划体系层面的"多规合一"，持续巩固国土空间规划对城市建设环节的指导和约束作用。

五、未来社区将会是推进"新基建"加快布局的引擎

国家发改委于 2020 年 4 月首次明确"新基建"的应用范围，确立"新基建"应以新发展理念为引领，以技术创新为驱动，以信息网络为基础，提供数字转型、智能升级、融合创新等服务的基础设施体系。新型基建主要包括信息基础设施、融合基础设施、创新基础设施三大类：

（1）信息基础设施是囊括以 5G、物联网、工业互联网、卫星互联网为代表的通讯基础设施，以人工智能、云计算、区块链等为代表的新技术基础设施，以数据中心、智能计算中心为代表的算力基础设施等。

（2）融合基础设施是指智能交通基础设施、智慧能源基础设施等。

（3）创新基础设施是指重大科技基础设施、科教基础设施、产业技术创新基础设施等。

（一）未来社区是"新型智慧城市"的打开方式之一

在推进"新型智慧城市"、加快布局"新基建"的背景下，未来社区将会成为"新型智慧城市"的开发方式之一。未来社区将会推动在"新型智慧城市"中包括市政工程、交通设施、公共事业在内的经济类基础设施，包括文化教育、体育运动、医疗保障在内的社会类基础设施，包括城市湿地公园、森林公园在内的生态类基础设施，并实现与信息基础设施、融合基础设施、创新基础设施之间的共生耦合。在未来社区建设阶段，统筹实施未来社区项目范围内传统基建和新基建的投融资模式、建设和运营模式，通过梳理未来社区项目各类收入和支出科目，以保证"开发有前提、政府不负债；模式有创新、定制居住区；破解老大难，引导老旧改；拉动新产业，创造新就业"等。

（二）未来社区建设助力完善"新型智慧城市"的基础设施

未来社区建设以"人性化、生态化、数字化"为三维坐标，紧密围绕促进人的全面发

展和社会进步，突出高品质生活主轴，满足了人民群众对于美好生活的向往。一方面，在未来社区方案环节，需依据未来社区政策中有关"数字化"的规定，合理布局社区"数字化"硬件和软件设施，构建可持续的智慧化服务社区生态圈；另一方面，未来社区建设以社区为中心，以"三化九场景"为载体，辐射整个规划单元，在一定程度上，能逐步推动较大范围的信息基础设施、融合基础设施、创新基础设施落地，有助于"新型智慧城市"基础设施的持续完善。

六、未来社区将会以全域未来社区为主要发展方向

在全域未来社区模式下，根据不同地块的功能属性、单点未来社区及各类别基础设施的布局，政府方应做好顶层设计，政策引导、分步实施，广泛应用"XOD+PPP+EPC"模式，科学运用"地租理论"，特别是"级差地租理论"，对城市基础设施和城市土地进行一体化开发和利用，形成土地融资和城市基础设施投资之间自我强化的正反馈关系，通过城市基础设施的投入带动土地的增值，通过土地的增值反哺城市的发展。相较于单点未来社区，全域未来社区着眼于大范围内的未来社区创建项目群建设，对于深入落实"139"建设理念、系统布局"三化九场景""拓扑网络"具有更好的推动作用，可以预见，未来社区将会以全域未来社区为主要发展方向。

（一）全域未来社区能高质量、大范围落实"三化九场景"的创建成果

区别于整合提升、全拆重建、拆改结合、规划新建等不同类别下单点未来社区的建设，全域未来社区聚焦条件成熟的相对独立城市区域或主要平台范围，需要系统性制定未来社区创建项目群的中长期建设规划，滚动实施、整体推进各单点未来社区创建工作，阶梯式构建、完善全域九大场景空间网络。全域未来社区相较于单点未来社区，通过规模化创建的优势，能更深入践行"139"建设理念，确保高质量、大范围落实"三化九场景"的创建成果。

（二）基础设施社区化为全域未来社区建设的顺利实施提供有力保障

未来社区建设坚持有为政府和有效市场并重，突出"以人为本、绿色低碳、智慧互联、统分结合、场景营造"五个重点。全域未来社区建设围绕这五个重点，整体性规划全域各单点未来社区建设模式及实施路径，通盘谋划全域教育、医疗、游憩等不同类别的基础设施布局，探索 XOD 模式下的全域土地开发和利用形式。深入践行"基础设施投入带动土地增值""级差地租理论"等理论体系，坚持全域城市基础设施和城市土地的一体化发展，落实基础设施社区化，系统性解决未来社区"钱从哪里来和去、地从哪里来和去、人从哪

里来和去、手续怎么办"等四大难题，为全域未来社区建设的顺利实施提供有力保障。

以杭州市余杭区天元公园社区为例，该社区立足于 EOD 发展模式、"教育综合体"理念和"公园社区"目标，以天元公学为中心，以 15 分钟教育生活圈为覆盖范围，彰显全域城市的生态价值、美学价值、人文价值、经济价值、生活价值、社会价值的教育导向型公园社区，具备鲜明的未来社区属性。天元公学的建设和运营，能有效带动周边其他社区的土地增值，并通过土地增值反哺全域建设下的资金需求，为下一步推动全域范围内城市建设奠定良好基础。

第二节　委托优质全咨单位的重要性和必要性

未来社区建设立足于"重大民生工程"的定位，聚焦以满足人民对美好生活的向往为中心，围绕"人本化、生态化、数字化"三维价值坐标，落实"系统设计、去房产化"要求，重新定义城市社区建设内涵和模式，着力提升广大人民群众生活品质，具有鲜明的民生导向，是构建新型城市建设发展单位的重要样板。

在未来社区建设具体的实施环节，如何落实未来社区理念、指标及提高绩效是政府方十分关切的目标。依据《关于进一步加强财政金融支持未来社区试点建设的意见》（浙发改基综〔2020〕297 号）文件要求，未来社区项目需建立完善监督激励机制，实施全过程预算绩效管理，提高财政资金使用绩效，同时要保障市场投资主体合理利润，激发市场投资主体参与未来社区建设的积极性和主动性，以期真正做到"有为政府"和"有效市场"并重。选择优质全咨单位提供未来社区"1+N+X"服务模式，将综合咨询、专项咨询及工程咨询统一实施，有效防止各阶段咨询碎片化，规避前后不一致的咨询立场，对于高品质推进未来社区美好愿景、具体指标的落实，确保项目全生命周期各阶段目标的实现具有重要意义。

一、有利于推动未来社区九大场景的高质量落地

当前，有关未来社区的政策文件对于未来社区建设的九大场景 33 项约束性指标未作定量解释、未出评分细则，存在标准不够清晰、指标不够具体的情况。缺乏标准化的建设可能会为未来社区项目最终的验收造成一定的难度。例如：未来社区低碳场景的约束性指标要求"建设超低能耗建筑或集中供冷供热"，而其中对于哪些建筑要求超低能耗未明确说明。若按照 100% 比例配置，则会大大增加建设成本，若仅要求公共建筑达到超大能耗要求，又将面临省级验收不能通过的风险。鉴于上述情况，政府方应选择优质全咨单位仔

细复核项目基本情况、围护结构的保温隔热形式、保温隔热材料选择与构造；全方位复核建设项目体形系数、窗墙面积比、窗的热工性能、遮阳的设置、屋顶绿化的设置等；全面复核节能计算书是否完整，是否有准确的计算模型及保温材料的热工参取值依据；并根据项目特性及存在问题提出改善意见及措施。

因此，政府方委托专业第三方机构开展未来社区建设的全过程咨询，对于政府方把握好未来社区有关政策中关键指标内涵、有序推进未来社区项目的标准化建设、高质量构建未来社区项目的九大场景，确保未来社区创建工作顺利通过省级验收评估具有重要意义。

二、有利于确保未来社区在建设和运营期的资金平衡

鉴于未来社区项目土地征用过程中资金构成复杂，如何合理汇总需纳入政府方资金收入及支出科目成为未来社区资金平衡的一个难题。政府方应委托专业全咨单位就无偿移交或政府回购的范围和内容、价格等要素予以明确，合理计算未来社区项目土地的出让价格以保证政府方资金平衡。

未来社区建设过程中，九大场景配套设施要求传统住宅项目偏高（尤其是建筑场景、低碳场景），对土地受让方在建设阶段的投资决策影响较大，鉴于此，政府方应委托专业全咨单位协助土地受让方明确上述支出，并在资金平衡测算时合理设置未来社区建设的增量成本区间。

未来社区建设运营环节，对项目的建设运营状况较为合理的评估对运营期资金平衡测算具有较大影响。政府方应委托专业全咨单位，统筹协调运营相关企业及早接触设计方案，并根据市场调研及其运营优势，形成合理且可持续的运营方案，督促专业运营单位针对物业补贴、公益性物业服务提出较为准确的资金补贴方案，在运营期实现九大场景的标准化运营前提下确保专业运营单位的正常经营。

三、有利于推动未来社区实施方案顺利通过评审

根据未来社区有关政策文件，要求实施方案达到初步设计深度。政府方委托优质全咨单位能够对实施方案中的总体规划、各专业设计、场景方案、数字化系统、建设运营组织、实施推进计划、回迁引才方案、概算与资金平衡等可行性和落地性开展科学评估，督促项目建设按进度计划有序推进，争取早日出形象。

依据2021年6月浙江省发展改革委在未来社区创建培训班上的讲话精神，由设区市负责按照未来社区创建评价指标体系要求严格把关，并邀请省级专家库专家在市级评估通过后报省发改委报备，作为考核验收的依据。浙江省内部分项目所在地的地方政府，对未

来社区评审要点、流程、专家的专业度并不熟悉。鉴于上述背景，实施主体应聘请优质全咨单位详细梳理评审流程，提出与项目特色相匹配的专家建议名单，在评审前对实施方案开展自查工作并出具咨询意见。在评审完成后，协助实施机构督促编制单位尽快优化实施方案以达到"带方案"出让要求，确保未来社区建设的实施方案顺利通过评审。

参考文献

[1] 关于印发浙江省未来社区建设试点工作方案的通知（浙政发〔2019〕8 号）。

[2] 关于高质量加快推进未来社区试点建设工作的意见（浙政办发〔2019〕60 号）。

[3] 关于开展浙江省未来社区建设试点申报工作的通知（浙发改基综〔2019〕138 号）。

[4] 关于开展浙江省未来社区建设第二批试点申报工作的通知（浙发改基综函〔2019〕183 号）。

[5] 关于印发《高质量打造未来社区公共文化空间的实施意见》的通知（浙文旅公共〔2020〕1 号）。

[6] 关于印发《浙江省未来社区试点建设管理办法（试行）的通知（浙发改基综〔2020〕195 号）。

[7] 关于印发浙江省未来社区试点建设全过程工程咨询服务指南（试行）的通知（浙发改办基综〔2020〕30 号）。

[8] 关于进一步加强财政金融支持未来社区试点建设的意见（浙发改基综〔2020〕297 号）。

[9] 省发展改革委省建设厅关于开展 2021 年度未来社区创建的通知（浙发改基综函〔2021〕228 号）。

[10] 浙江省风貌办关于开展第三批未来社区创建项目实施方案评审备案的通知，2021 年 8 月。

[11] 浙江省风貌办关于开展第四批城镇未来社区创建的通知，2021 年 9 月。

[12] 宋维尔，方虹旻，杨淑丽 . 基于"139"理念的浙江未来社区建设模式研究 . 建设科技 ,2020(23):16–21.

[13] 薛飞. 城市规划体系中智慧城市建设探索. 中国管理信息化,2021(24):185–186.

[14] 姜树春. 沿承与创新——传统建筑院落空间与未来社区的探索. 安徽建筑,2020,27(10):45+126.

[15] 刘喆, 白洁. 区块链在装配式建筑供应链信息流中的应用研究. 安徽建筑,2020,27(10):124–126.

[16] 周倍立. 全过程工程咨询发展的分析和建议. 建筑经济, 2019，40(1):5–8.

后　记

写这本书，是水到渠成的事，因为在未来社区全咨（全过程咨询）服务过程中，我们不断地学习和理解政策，不断地了解相关各方的初心、需求、利益和矛盾，不断地出具各种咨询策划、方案、建议、测算和报告书，自然而然有了思考和感悟，一气呵成完成书稿。

先替读者问几个问题：

Q：这本书是写给谁看的？

A：三类人比较适合。

第一是政府相关部门的人员，尤其是领导。从省级层面，可以了解目前社会上是如何思考和落实未来社区政策的，是否沿着当初设计的路径在前进，政策的制定还有什么需要完善和改进的空间。从市县层面，可以更深入地去理解政策，借鉴经验，将未来社区建设好、运营好。

第二类是研究人员。在全国开展城市更新和片区开发的大背景下，未来社区完整的顶层设计具有很多亮点，浙江省内的大学、研究机构可以获得全咨视角的思考与实践资料；浙江省以外的政府、大学、研究机构可以借鉴浙江的政策和经验，研究如何应用于本地。

第三类是有经验的全咨单位。这里强调有经验的咨询单位，是因为本书不是从基本的政策解读和实务操作出发的，而是将政策融合起来去理解，试图解开未来社区魅力的密码，探索各种困境难点的解决之道，甚至是独创了一些咨询和测算方法，这些需要基础。

Q：未来社区的类型很多，本书适用度如何？

A：本书的大部分内容，是针对拆除重建或规划新建类未来社区的，整合提升类基本由政府平台承担建设任务，交易结构相对比较简单，但本书对政策脉络的梳理和解读也非常有意义。

Q：未来社区的全过程咨询和一般建设项目的全过程咨询有什么不同？

A：其实，对于一般建设项目的全过程咨询，政策也是在逐步完善中，各方的理解也是在逐步深入中，本书第二章第一节对此用少量篇幅进行了对比介绍。从我们的实践经验用更通俗的话来回答一下。

一般项目的全过程工程咨询，通常服务的内容都是"硬"内容，比如某地的老旧小区改造项目，我们提供项目管理、工程监理和造价咨询的全过程服务，在业主确定了建设范围、设计、施工等单位的情况下，我们努力让项目能够按照预期的投资、工期、质量完成，这个我们称之为"硬服务1.0版"全过程咨询。

某地整合提升类未来社区，其建设内容除了老旧小区改造的内容，还需要按照未来社区的要求建设九大场景，其中相当大一部分内容属于"软场景"，该项目以"绿色社区、安全港湾、温馨家园"为目标，以"蜂歌萃舞、睦享周邻"为设计理念，力争打造有市井味、烟火味、人情味的人民满意家园。这些"软场景"内容，业主方也不清楚如何建设，会取得什么样的效果，我们提供的"1+N+X"的全咨服务，是"软+硬服务的2.0版"全过程咨询。

某地整合提升类未来社区，实施主体在选定我们作为"1+N+X"全咨单位后，将组织协调政府各相关部门、招标采购、设计方案、建设实施等事项均交给我们，在前两个例子的基础上，还需承担组织协调和确定建设内容的服务，称之为"组织协调+软+硬服务的3.0版"全过程咨询。

某地拟申报全省第四批未来社区试点项目，但该地政府，尤其是街道层面，对未来社区知之甚少，我们从政策培训、选址、主题提炼、九大场景构建、申报方案编制到实施方案编制及建设提供全过程的全方位服务，这是"策划+组织协调+软+硬服务的4.0版"全过程咨询。

有没有5.0版本？有，加上"钱从哪里来"才是最复杂、最具有实操性、最具有"看得见的价值"的服务。本书关于资金平衡测算，关于建设模式、交易结构设计，关于履约监管协议体系的篇幅比较大，都是我们的实践和思考。在不久的将来，我们会在不断总结经验的基础上，提炼其中的内容要点，深化我们对全咨工程的认识，列举更多的实操案例，另行汇编成书出版。

Q：为什么要推"1+N+X"打包的全咨模式？

A：对于"1+N"打包，大多数人都能够理解，"X"的定义为工程建设专项咨询，是土地供应后试点建设涉及的单个赋码项目各类工程建设专项咨询服务事项总和。主要包括：项目报审咨询、工程勘察咨询、工程设计咨询、招标采购咨询、工程造价咨询、工程监理

与项目管理咨询。常规理解，"X"是用地主体，即开发商委托的事，为什么要政府方来打包委托？

这里涉及监管考核体系和建设目标的顶层架构设计。未来社区的监管考核主体是省人民政府，客体是建设主体，即当地人民政府，建设目标是满足人民美好生活向往的九大场景，九大场景的打造，单凭开发商之力是无法完成的，必须由政府各个部门进行整体配合和服务，也就是说，地方人民政府和开发商之间是复杂关系，政府要满足省专班的考核要求，就得依靠并监督开发商来完成各项指标，乃至直接参与，也就是"有为政府与有效市场相结合的开发模式"才能确保项目顺利实施。这样的架构设计，必须将建设实施过程中的项目管理、质量安全、建设品质、资金管理纳入政府方的监管之下。所以，"X"部分由政府委托，才能与这个交易模式相匹配，而"X"的咨询，既要能够实现政府的监管，又要能够服务好开发商，准确把握好相关的界面与界限，才能做好"X"。

以上内容的实践价值在本书中有案例披露，我们内部称为"543"模型。

Q：参与未来社区的开发商，到底如何实现资金平衡？

A：这个问题，是我们在接待其他省份考察和咨询过程中被问及最多的问题，从政策表面来看，要实现九大场景、要落实受益人口、要基本物业零收费，还要运营满十年，商品房售价又不能明显高于市场价，开发商如何实现资金平衡呢？

第一，政府方的资金平衡方案仅要求简单平衡，即土地出让价格基本只考虑拆迁成本和回购内容，如有较大盈余，会增加配套内容建设以增强未来社区的公共属性；对土地出让金计提留存市县部分，用于未来社区建设，保障资金总体平衡。

第二，多部门联合下发文件，金融机构信贷资源向未来社区试点项目倾斜，实施差异化授信管理、落实专项信贷额度、提供利率优惠等，这也是"未来社区不是房地产、是重大民生工程"的一大政策体现。

第三，在土地指标，容积率上给予支持，公共立体绿化合理计入绿地率，防灾安全通道、架空空间和公共开敞空间不计费容积率，空中花园阳台绿化部分不计入注重建筑面积和容积率，这给开发商优化户型设计提供了空间，丽水灵山社区的大阳台设计是标杆性案例。

第四，未来社区九大场景涉及民政、教育、文化、体育、人社、科技等各个与民生、人才相关的部门，这些条线的专项补助均可用于未来社区建设，财政也有奖补政策，并通过省级专项基金予以支持。

Q：对未来社区的前景怎么看？

A：借用在给某开发商培训上的总结，其实对各方都适用：

1. 未来社区模式一定会推向全国；

2. 类未来社区模式一定会占据房地产重要地位；

3. 必须坚定不移地加大力量研究未来社区；

4. 必须具有未来社区策划和方案编制能力；

5. 必须借助未来社区全咨单位的专业力量。

郭树铎

2021 年 12 月

图书在版编目（CIP）数据

未来社区：全过程咨询的浙江理念与实践 / 李雄坤，
郭树锋编著. -- 杭州：浙江大学出版社，2022.6
　ISBN 978-7-308-22615-8

　Ⅰ.①未… Ⅱ.①李… ②郭… Ⅲ.①社区建设—研
究—浙江 Ⅳ.①D669.3

中国版本图书馆CIP数据核字（2022）第080106号

未来社区：全过程咨询的浙江理念与实践

李雄坤　郭树锋　编著

策划编辑	吴伟伟	
责任编辑	陈　翩	
文字编辑	葛　超	
责任校对	丁沛岚	
封面设计	周　灵	
出版发行	浙江大学出版社	
	（杭州市天目山路148号　邮政编码310007）	
	（网址：http://www.zjupress.com）	
排　　版	浙江时代出版服务有限公司	
印　　刷	杭州钱江彩色印务有限公司	
开　　本	787mm×1092mm　1/16	
印　　张	14.25	
字　　数	280千	
版 印 次	2022年6月第1版　2022年6月第1次印刷	
书　　号	ISBN 978-7-308-22615-8	
定　　价	88.00元